플라스틱 게임

일러두기

- 이 책은 한국일보 연재기사 《제로웨이스트 실험실》을 기반으로 만들었습니다.
- 이 책에 나와 있는 기업, 브랜드, 제품명, 환경부 고시, 법령 등은 공공의 이익과
  제로웨이스트 인식 증대를 위해 표기했습니다. 또한 공식 표기법을 반영했습니다.
- 이 책에 실린 내용은 2021년 1월부터 12월까지 취재한 기사입니다.
- 본문에 나온 환율 정보 등은 2022년 12월 기준으로 표기했습니다.
  이와 별개로 특정 시기 표기가 필요한 경우 내용과 함께 표기했습니다.
- 이 책은 글로써 읽히기 쉽고 명확하게 전달되기 위해 표현을 일부 수정하거나
  윤문 및 편집 작업을 거쳤습니다.
- 책의 표지와 내지(본문)는 친환경 종이를 사용했고, 콩기름 인쇄를 했습니다.
  또한 기존 서체보다 인쇄량이 적은 서체를 적용하여 인쇄했습니다.
  우리의 제로웨이스트가 지구에게 도움이 되길 바랍니다.

쓰는 시간 5초
썩는 시간 500년,
애증의
플라스틱 추적기

신혜정
×
김현종

pran:b

당신은 당신이 버린 플라스틱 쓰레기를
온전히 책임질 수 있나요?

도대체
(『일단 오늘은 나한테 잘합시다』 『이왕이면 행복해야지』 『태수는 도련님』 작가)

문득 과자 〈홈런볼〉이 생각났습니다. 평소 과자를 자주 먹는 편은 아닌데, 웬일인지 며칠이 지나도 계속 생각나더라고요. 결국 집 앞 마트에서 사와 비닐 포장을 뜯으니 종이 트레이에 담긴 과자가 나왔습니다. 예전에는 플라스틱 트레이였던 걸로 기억하는데요. '확실히 환경문제가 시대의 흐름인가 보군' 생각했습니다. 과자를 다 먹은 후에 분리수거를 하면서도 기분이 썩 괜찮더군요.

〈홈런볼〉의 플라스틱 트레이가 어느 날 갑자기 종이 트레이로 바뀐 것이 아니라, 플라스틱 사용에 대한 문제 제기를 해온 활동가들이 있었기 때문이란 사실을 『플라스틱 게임』을 읽으면서 알게 되었습니다. 역시나, 세상엔 저절로 알아서 일어나는 변화란 없구나 싶었습니다.

제가 어렸을 적에 밥을 깨작거리고 있으면 주위 사람들이 했던 이야기가 있습니다. '사람이 죽으면, 지옥에서 그동안 남긴 음식물쓰레기를 다 먹어야 된대!' 충격을 더 주기 위해 '그 음식끼리는 다 섞여 있다고!'라고 꼭 덧붙이던 친구도 있었죠. 누가 시작한 건지는 모르지만, 음식 아까운 줄 몰라 함부로 남기지 말고 싹싹 긁어 먹으란 경고를 하기 위해 생긴 이야기일 것입니다.

저 이야기는 현재 이렇게도 응용할 수 있을 것 같습니다. '사람이 죽으면, 지옥에서 그동안 쓰고 버린 일회용 용기들을 짊어져야 된대!'라고 말입니다. 충격을 더 주기 위해 이렇게 덧붙일 수 있을 테고요. '한국인 1인당 연간 플라스틱 포장재 소비량은 약 400kg이래! (2018년 기준)' 단순히 햇수만 곱해 계산하면 80년만 살아도 32톤이네요. 이 정도면 신종 경고가 될 수 있으려나요. 재활용되지 않고 버려지는 종이와 유리 같은 것들은 제외한 것입니다.

가볍게 반 농담처럼 썼습니다만, 사실 사후 세계까지 갈 것도 없습니다. 우리는 이미 현생에서 값을 치르고 있으니까요. 세상엔 재활용되지 않는 일회용품이 끝없이 쌓여가고, 온실가스가 배출되고 있으며, 우리 몸에도 미세 플라스틱이 쌓이고 있습니다. '그 대신 편하게 살고 있잖아. 편하게 사는 대가를 치르면 그만이지!'라고 호기를 부리는 것도 더 이상 마땅치 않습니다. 대가는 우리가 아니라 다음 세대가 더 크게 치르게 될 것이기 때문입니다.

과대 포장 제품을 최대한 피하고, 쓰레기를 분리수거 해서 내놓는 일 외에 뭘 할 수 있을까요? 분리수거 하는 폐기물이 과연 재활용은 잘 되고 있는 건지도 모르겠고요. 무엇보다 '고작 나 하나'가 이러고 있는 게 도움 되긴 하는 건가 싶기도 합니다. 그런 와중에 『플라스틱 게임』을 읽으며 그간 가져온 의문들이 많이 풀린 한편, 막연히 짐작한 것보다도 훨씬 심각한 현재 상황에 놀랐으며, '고작 나 하나'라도 할 수 있는 일은 최대한 하는 게 기성세대의 도리겠구나 생각하게 되었습니다.

다시 〈홈런볼〉 이야기로 돌아가겠습니다. 내심 든 의문이 있었거든요. '그런데 종이 트레이가 플라스틱 트레이보다 환경에 도움이 되긴 하는 걸까?'가 그것이었습니다. 책의 본문에 그에 대한 답도 나와 있더군요. 이 책을 읽으면서 의문이 들 때마다, 기다렸다는 듯 그에 대한 설명이 이어지는 대목을 여러 차례 만났습니다. 참 집요하고 치밀하게 취재해 풀어냈더라고요.

"어느 날, 사람들은 어떤 물질을 만들어낼 능력을 갖게 됐다.
그래서 생긴 그 물질은 엄청나게 빠른 속도로 증식했다. 그리고
절대로, 세상에서 사라지지 않았다."

생각하면 섬뜩한 이야기입니다. 이 이야기가 끝내 비극으로 흘러가지 않기를 간절히 빌며, 『플라스틱 게임』을 추천합니다. 그리고, 우리가 실천하는 제로웨이스트 운동이 지구를 살리는 데 도움이 되길 간절히 기원합니다.

진짜 제로웨이스트 사회로 나아가기 위해서, 우리 모두는 '쓰레기 전문가'가 되어야 합니다

홍수열

(『지금 우리 곁의 쓰레기(공제)』『그건 쓰레기가 아니라고요』 작가,

자원순환사회경제연구소 소장)

2021년, 한국일보에서 《제로웨이스트 실험실》이 처음 연재되었을 때 신선한 충격을 받았던 일이 기억난다. 언론의 취재력과 시민단체의 문제의식, 전문가의 전문성이 결합되어 '실험'이라는 형태로 한국의 쓰레기 문제의 민낯을 생생하게 보여줬기 때문이다. 《제로웨이스트 실험실》은 한국에서 쓰레기 문제를 대중에게 전달하는 수준을 한 단계 높인 혁신적인 연재기사였다.

연재가 올라올 때마다 마음 설레면서 봤던 기사들이 주제별로 잘 분류된 한 권의 책 『플라스틱 게임』으로 나왔다. 우리가 매일 소비하고 쓰레기로 배출하는 물건 하나하나에 담긴 문제를 손에 베일 듯 날카롭게, 감춰진 이야기까지 찾아 풍성하고 재미있게, 생생한 사진으로 정리했다. 책을 한 마디로 요약하면 '제로웨이스트를 향한 시민 행동의 교과서'가 되지 않을까 싶다. 제로웨이스트 실험의 과정이 기업들을 꼼짝하지 못하도록 옭아맬 수 있는 시민 어택attack의 기술이기

때문이다. 교과서적인 실험 내용으로 쓰레기에 관해 제대로 배운 행동가들이 행동을 개시할 때 어떤 변화가 일어날지 생각만으로도 설렌다.

제로웨이스트 강의를 할 때마다, 쓰레기 문제 해결을 위해서는 개인의 실천뿐만 아니라 시민 행동이 병행되어야 한다고 강조한다. 장바구니를 열심히 들고 다니는 것은 개인의 실천이지만 이것만으로 비닐 쓰레기를 줄일 수는 없다. 장을 보면 장바구니 안이 비닐로 가득 차기 때문이다. 물건을 만들 때부터 비닐 사용을 줄여야 한다. 기업이 스스로 해주면 얼마나 좋겠냐마는 그것을 기다리느니 차라리 고목枯木에 꽃피는 것을 기다리는 게 나을 것이다. 시민이 매의 눈으로 기업을 감시하고 문제 제기를 해야 한다. 문제 제기를 위해서는 먼저 무엇이 문제인지 알아야 한다. 기업의 마케팅에 휘둘리지 말고 문제를 정확하게 인식해야 하는 것이 우선이다. 정확한 문제 인식을 위해서는 지속적인 관심과 구체적인 탐구가 필요하다.

시민 모두가 책 『플라스틱 게임』을 읽고 쓰레기 문제를 정확하고 구체적으로 인식하는 방법을 배웠으면 좋겠다. 그리고 시민 모두 '제로웨이스트 실험가'가 되어 기업과 사회를 변화시키는 혁신의 물결을 함께 만들어나가면 좋겠다. 마지막으로 매번 아이디어를 짜내고 현장을 뛰어다니고 수만 수천 번 자료를 뒤졌을 신혜정, 김현종 기자에게 '물개 박수'를 아낌없이 보낸다. 훌륭한 쓰레기 전문가가 되신 두 기자가 오래오래 쓰레기 문제와 기후 위기 문제를 고민할 수 있기를 바란다.

지금 우리에게는
'제로웨이스트 실험'이 필요합니다

고금숙

(『지금 우리 곁의 쓰레기(공저)』 『알맹이만 팔아요, 알맹상점』

『우린 일회용이 아니니까』 작가, 알맹상점 대표)

'그건 니 생각이고.'

『플라스틱 게임』은 쓰레기 없이 세상이 돌아가지 않는다고 믿는 사람들에게 이 한 마디를 던지기 위해 쓰여진 책이다. 책을 읽으며 '알았어, 알았어. 뭔 말인지 알겠지마는 그건 니 생각이고'라는 록 밴드 '장기하와 얼굴들'의 노래 가사를 떠올렸다. 그 노래는 내게 두말할 나위 없는 '띵곡(명곡)'인데, 이 책도 그렇다. 여러분, 여기 제로웨이스트계의 '띵작(명작)'이 나왔습니다!

이 책의 저자들은 한국일보의 기자들이기도 한데, 연재기사를 취재하는 과정에서 "(플라스틱) 포장을 빼면 유통이 안 돼요" "제품 품질을 위해서 어쩔 수 없어요." 등등 이래서 안 되고 저래서 안 된다는 소리를 수시로 듣는다. 기자들은 정말 그런 것인지 미주알고주알 실험해본 후 결론을 날린다. '그건 니 생각이고요.'

실험 과정은 총 4단계로 요약할 수 있다. 첫 번째, 현실 자각 타임(일명 현타). 왜 라면 4~5개를 커다란 포장재에 넣어 또다시 포장할까. 띠지만 둘러도 될 텐데. 왜 스프를 따로 포장할까. 어차피 섞어서 라면을 끓여 먹을 텐데. 왜 단단한 애호박에 비닐 옷을 입힐까. 그냥 팔아도 무르지 않을 텐데. 왜 참기름 유리병에 떼어지지 않는 플라스틱 뚜껑을 달까. 철제 뚜껑을 쓰면 쉽게 분리될 텐데. 라면 제품에서 과자〈홈런볼〉까지, 냉면 제품에서 일회용 컵까지, 먹고 마시고 사용하는 모든 것을 쓰레기 덕후의 눈으로 살핀다. 그리고 이게 이렇게까지 포장할 일인가, 하는 '현타'에 빠진다.

두 번째, 실험. 과학자의 마음으로 가설을 세우고 실험을 한다. 이 지점이 핵심인데, 연재기사 제목이 《제로웨이스트 실험실》이 된 까닭이다. 라면 4개를 종이 띠지로만 묶어도 고정이 될까. 스프 봉지 없이 스프와 면이 같이 들어있는 일본 컵라면 맛은 어떨까. 플라스틱 트레이를 빼고 과자를 넣은 봉지를 떨어뜨리면 과연 과자가 부서질까. 비닐 없이 애호박을 기르는 농부를 인터뷰하고 뚜껑이 쉽게 분리되는 참기름 제품을 찾아낸다. 결과는, 쓰레기 없이도 별일 없다는 것이다. 해맑은 얼굴로 "그게 최선인가요?"라고 쓰레기 없는 방법을 들이민다.

세 번째, 어택attack. 기업을 바꾸기 위한 '플라스틱 어택'을 유도한다. 〈홈런볼〉에서 트레이를 없애고 싶다면 해태제과 본사 앞에서 야구복을 입고 트레이를 날리는 시구를 한다(환경단체 환경운동연합). 롤 케이크에서 빵칼을 없애고 싶다면 빵칼을 모아 파리바게뜨 사에 손편지를 쓰며 어택을 한다(빵칼 반납 운동, 개인). 책에는 기업들이 움찔

하며 변화하는 모습이 나온다.

네 번째, 어퍼컷. '이 모양 이 꼴'이 되게 만든 정부와 정책에 어퍼컷을 날린다. 정부가 규제 신호를 보내야 대기업을 중심으로 환경 수요가 생기고 플라스틱 순환 경제의 생태계가 구축된다. 하지만 한국의 현실은 이와 반대다. 일회용 컵 보증금제 전국 시행을 무산시켜 재활용 가능한 컵으로 전환할 기회를 날려버린 환경부, 영국과 이탈리아의 재활용분담금은 1kg당 1,100원이지만 한국은 200원에 불과한 현실이 펼쳐진다. 재활용 선별장 노동자의 근로 조건과 재활용률을 획기적으로 높일 수 있는 선별 기계에는 세금이 흘러들지 않는다. 시스템은 엉망이다. 하지만 그 시스템을 고치기 위해 목소리를 모으고 어퍼컷을 날리는 사람들이 있다.

『플라스틱 게임』은 쓰레기의 세계는 깊고 넓으며, 쓰레기 덕후가 해야 할 일은 무궁무진하다는 사실을 일깨워준다. 제로웨이스트 유행을 타고 관련 책들이 꽤 나왔지만, 그럼에도 이 책은 특별하다. '플라스틱 어택'을 위한 아이디어 뱅크이자 해설집이고, 뭐라도 해야겠다고 엉덩이를 들썩이게 만드는 기후 우울증 처방전 같은 책이다. 쓰레기 덕후뿐만 아니라 기자 준비생, 자원순환 부처와 지자체 공무원도 꼭 읽어주시면 좋겠다. 언론의 역할과 기자가 어디까지 할 수 있는지를 보여주는 좋은 예시이자 정책의 허점을 짚어내 좋은 제도를 고민하게 만든다.

멀고 먼 기후 대응의 길,
플라스틱에서 시작하는 건 어떨까요

신혜정 기자

2020년 여름을 기억하시나요? 그때의 저는 출근할 때마다 두 꺼운 카디건과 우산을 챙겼습니다. 그해 여름은 유독 춥고 비가 많이 왔기 때문입니다. 2020년 6월부터 9월까지, 한국에는 남부 지역을 중심으로 최악의 폭우가 이어졌습니다. 전라남도 구례군의 화개장터는 완전히 물에 잠겼고, 약 7,000명이 집을 잃었습니다. 물에 빠져 목숨을 잃은 사람도 45명이나 되었죠.

그해 여름의 그늘진 하늘은 제 기자 생활의 전환점이 됐습니다. 상식으로만 알고 있었던 기후 변화의 위력을 처음으로 체감했기 때문입니다. 흔히 '지구온난화'라고 하면 폭염을 떠올리죠. 그와 정반대인 폭우와 추위로 뒤덮인 여름을 마주하니, 우리에게 남은 시간이 얼마 없다는 위기감을 느꼈습니다. 기후 위기를 막기 위해 무언가 하지 않으면 후회할 것 같았죠. 제가 할 수 있는 일은 이 문제를 취재하는 것이라고 생각했습니다. 그리고 그해 겨울, 한국일보 기후대응팀에 합류했습니다.

이 책의 계기가 된 연재기사《제로웨이스트 실험실》은 기후대응팀이 시작한 첫 취재였습니다. 기상 이변도 에너지 정책도 아닌 폐기물 문제를 기후대응팀의 첫 주제로 선택한 이유는 거창한 담론보다 구체적인 실천이 필요한 때가 바로 지금이라고 생각했기 때문입니다. 기후 위기 대응의 먼 길을 가기 위해서는 많은 분들이 공감하는 주제에서 출발해야 한다고 생각했습니다. 그래서 플라스틱과 그와 관련된 문제를 첫 번째 주제로 삼았고요. 끝없이 나오는 쓰레기로 스트레스를 받아본 경험, 다들 살면서 한 번쯤은 해봤을테니까요.

불필요한 플라스틱 사용을 줄이는 일은 장기적으로는 화석연료 중심의 시스템을 바꾸는 일이기도 합니다. 플라스틱의 원료는 원유를 정제하는 과정에서 나오는 나프타naphtha입니다. 전 세계가 온실가스 배출을 줄이기 위해 화석연료 사용을 줄이고 전기차 확산에 노력하고 있습니다. 그렇지만 여전히 우리가 먹고 마시고 쓰는 생활용품은 온통 석유로 만들어진 셈이죠. 실제로 플라스틱에서 온실가스의 양은 무시할 수 없는 수준입니다. 국제환경법센터Center for International Environmental Law는 2018년 조사에서, 우리가 지금과 같은 수준으로 플라스틱 제품 생산을 지속할 경우 배출될 온실가스가 2050년까지 약 525억 톤에 달할 것으로 추정했습니다. 플라스틱 쓰레기를 소각할 때 발생하는 온실가스까지 합하면 약 560억 톤을 넘는 수치입니다. 우리가 지구 평균 온도 상승을 1.5도 이하로 제한하기 위해 지켜야 하는 탄소 예산이 약 4,200~5,700억 톤인데요. 플라스틱이 이중에서 10~13% 비율을 차지하는 겁니다.

연재기사 그리고 책을 통해서 우리가 사용하는 제품의 작은 변화가 플라스틱 감축으로 이어질 수 있다는 점을 보여주고 싶었습니다. 폐기물 대량생산을 방관해온 생산자(기업)와 정부에 변화해야 한다는 책임이 있다는 메시지를 전달하고자 했습니다. 이를 위해 감행한 이상한(?) 실험, 플라스틱 포장을 자르고, 던지고, 묻어보는 등의 과정을 이 책에 담았습니다.

폐기물 선별장을 비롯해 각종 쓰레기의 현장을 함께 취재한 한국일보 현유리 PD와 박고은 PD, 이수연 PD 덕분에 모든 이야기들이 빛날 수 있었습니다. 각양각색의 쓰레기를 찍어달라는 황당한 취재 요청에도 진심을 다해 멋진 사진을 찍어준 한국일보 멀티미디어부의 사진기자 선배들에게도 감사드립니다. 장기간 취재에도 취재진이 길을 잃지 않도록 기둥이 되어준 이진희 선배께도 깊이 감사드립니다. 무엇보다도 인내심을 갖고 저희를 독려하며 멋진 책을 만들어주신 이수정 팀장님, 강경선 편집자님, 프란북스(동그람이북스), 말리북스튜디오에 감사 인사를 전합니다.

그 많은 쓰레기는
어떻게 생겼나

김현종 기자

쓰레기를 버리며 왠지 모를 죄책감을 느껴봤을 겁니다. 부피가 큰 상품을 구매한 적은 많지 않은 것 같은데, 어느새 나도 모르게 플라스틱은 수북이 쌓여있습니다. 마치 월말 가계부를 쓸 때 뭉텅이 돈이 지출되어 당황스러운 것처럼요. '언제 이렇게 돈을 썼지?' 하고 통장을 들여다보면, 1만 원, 1천 원 자잘한 낭비가 눈에 들어옵니다. 하나만 보면 별 거 아닌 것 같은데 모아보니 당혹스럽죠.

『플라스틱 게임』은 수두룩한 쓰레기들이 어떻게 한 푼 두 푼 모였는지 파고든 책입니다. 한국일보 기후대응팀은 2021년을 대형 마트와 폐기물 선별장에서 보냈습니다. 각양각색의 과대 포장을 만나기 위해서였죠. 철제 뚜껑에 플라스틱 뚜껑을 덧댄 이중 뚜껑 음료, 비닐 포장에 플라스틱 트레이를 담은 즉석조리 식품, 종이 상자에 플라스틱 상자를 포갠 어린이 장난감 등등. 개별 제품의 포장만 봐도 눈살이 찌푸려지는 상품들은 모여서 거대한 쓰레기 왕국을 만들고 있었습니다. 한국 전역의 지방자치단체들은 이 폐기물을 처리하는 데 매년 천억 원에 달하는 세금을 쏟아붓고 있지요. 취재진은 그 제품들의 생김새가 어떠한지 어떤 회사가 어떤 제품을 어떤 방식으로 과도하게 포장하고 있는지 추적하고 기록했습니다.

　과대 포장을 하는 기업들에겐 '그럴듯한 이유'가 있었습니다. 물론 생산자도 폐기물 문제가 심각하다는 것 그리고 기업 제품의 과대 포장이 거기에 기여하고 있다는 것을 부정하지는 않았던 것 같습니다. 그러나 변화하고 행동하는 데엔 머뭇거렸습니다. 소비자의 안전, 음식물의 보존, 유통의 편리함, 공정상의 문제 등이 우려된다는 점이 그 이유였습니다. 그러나 같은 이유를 반복해서 듣다보면 그 이유라는 것이 과대 포장만큼이나 부풀려진 것처럼 느껴집니다. 어쩌면, 포장을 바꾸는 데 필요한 비용을 지불하고 싶지 않은 건 아닐지 생각해봅니다.

　우리는 이 그럴듯한 이유가 구실에 불과할 수 있다는 것을 입증하려 애썼습니다. 포장은 결코 과할 필요가 없으며 얼마든지 줄일 수 있다는 것을 보여주고 싶었습니다. 헐겁고 다소 아마추어스러운 방법으로라도 직접 자르고, 묻고, 떨어뜨리고, 흔들며 더 나은 가능성을 실험했죠. 수십 년째 관성처럼 지속된 포장 방법에 문제를 제기하는 일은 힘겨웠습니다. 어찌 보면 사소해보이는 포장 방법에 기업도 정부도 '이만하면 됐다'고 느끼는 제도에 꼬치꼬치 이의를 제기하며 따져 물었습니다. 돌이켜보면, 제 성격이 내성적이어서 기사가 나갈 때마다 마음이 부담스럽고 힘들었던 것 같습니다. 그만큼 튼튼하게 취재하고 기사를 쓰려고 노력했습니다. 책에 담긴 스물네 건의 실험은 그러한 노력의 산물이기도 합니다.

다행히도, 취재진의 실험은 일부 변화를 이끌었습니다. 실험 결과를 보고 기업이나 정부가 포장과 제도를 바꿨습니다. 그러나 그건 실험만의 영향은 아니었습니다. 실험 전후로 수많은 시민들이 문제의식을 느꼈고 힘을 모아 변화를 만들고자 노력하고 있었습니다. 이 실험들은 취재 전에 있었던 누군가의 노력이 확장된 결과였고, 실험으로 인해 새로운 파동이 생겨서 또다른 변화로 이어진 것입니다. 이 책 또한 그런 파동이 되어서, 누군가가 환경문제에 경각심을 느끼고 조금 더 살만한 환경을 만드는 결과로 이어진다면 더 바랄 것이 없겠습니다.

장황하게 썼지만, 사실 저는 기후대응팀의 '팀원 1'에 해당했던 것 같습니다. 폐기물 문제를 의제화한 신혜정 선배와 기획을 이끌어주신 이진희 부장께 깊은 감사의 말씀을 전합니다. 막연한 문제의식이 뾰족한 팩트와 정당한 비판으로 바뀌는 것을 보며 많은 것을 배웠습니다. 기사가 마음처럼 잘 풀리지 않아 머리를 쥐어뜯을 때마다 이 문제제기는 정당하다고 북돋아준 현유리 PD, 정말 고맙습니다. 덕분에 재밌게 기사를 쓰고 취재했습니다. 산으로 들로 수시간 출장을 마다하지 않은 박고은, 이수연 PD와 복잡한 지시에도 일목요연한 성과를 내준 인턴 기자님들께도 감사 인사 전합니다. 끝으로, 이 노력을 알아봐주고 책으로 엮어 널리 전달될 수 있게 애써준 동그람이북스 편집부에게 감사 인사 전합니다. 책을 읽는 여러분께 낭비가 되는 시간이 아니기를 바랍니다.

목차

Intro

알아두면 쏠쏠한 플라스틱 이야기

플라스틱에 대한
짧고 굵은 지식

● 　플라스틱이 인간에게 가져다준 혜택은 셀 수 없이 많다. 플라스틱은 자연에서는 찾을 수 없는 기능을 갖고 있으며, 값도 매우 싸기 때문이다. 그러나 그 혜택은 인간에게만 한정되어 있다. 그 밖의 다른 생물들은 과도한 환경 착취의 대가를 인간 대신 치르고 있었고, 지금도 그렇다. 이제는 인간도 그 대가를 치르고 있다. 그럼에도 편리함에 중독된 우리는 플라스틱 사용량을 줄이지 못하는 게 현실이다.

플라스틱의 첫 발견

▶　플라스틱의 혜택은 어원에서부터 유추할 수 있다. 그리스어 '플라세인plassein' 인데, 형태를 만든다는 뜻을 가지고 있다. 플라스틱이 발명되기 전에는 머리빗 하나 만드는 것조차 제약이 많았다. 미국의 과학 저널리스트 수전 프라인켈Susan Freinkel에 따르면, 고대부터 인

간은 동물 뼈나 나무, 상아 등으로 빗을 만들었다고 한다. 그러나 동물 뼈는 구하기 어렵고 쉽게 상했다. 나무는 물에 젖거나 기름에 번들번들해졌다. 코끼리의 상아나 거북이의 등껍질로 만드는 경우도 있었으나 가격이 비싸서 일반인은 구할 수 없었다. 게다가 아무리 재료를 정성스레 깎고 붙인다고 하더라도 그 간격이나 두께가 정교하지 못했다. (『플라스틱 사회』, 수전 프라인켈, 을유문화사, 2012년 11월)

19세기, 인류는 온갖 물질로 새로운 물질을 만들기 위한 실험을 했다. 자연의 제약을 극복하기 위해서였다. 프라인켈은 "이 시기 특허 목록을 살펴보면 코르크, 톱밥, 고무, 나무 진, 혈액, 우유 단백질 등을 합성해 만든 인조 물질로 가득했다."고 책에 썼다. (『플라스틱 사회』, 수전 프라인켈, 을유문화사, 2012년 11월) 경제가 급격히 성장하며 자원과 생산에 대한 수요는 폭증하는데 자연에서 나온 물질은 수량도, 특성도 제한적이었기 때문이다.

1869년, '최초의 플라스틱'이 발명된다. 미국 뉴욕의 기술자 존 웨슬리 하이엇John Wesley Hyatt이 자신의 집 헛간에서 '셀룰로이드cellu-loid'를 합성했던 것이다. 이는 1863년 미국의 한 당구업체 펠런 & 콜렌더 사가 낸 신문광고에 따른 것이었다. 당시 당구공은 코끼리 상아로 만들었는데, 상아 하나로 공 3~4개밖에 만들지 못해 비용이 많이 들었다. 회사는 이를 대체할 값싼 물질 개발에 1만 달러를 내걸었다. 하이엇은 천연재료 장뇌(녹나무의 부산물)에 질산섬유소를 섞어 셀룰로이드를 만들었다. 이 셀룰로이드는 원하는 대로 모양을 바꿀 수 있었다. 공처럼 둥글게 뭉칠 수도, 종이처럼 얇게 자를 수도 있었다. 그러면서도 소뿔처럼 단단했다. 나무처럼 물에 젖어 축축해지지 않았고, 금속처럼 녹슬지도 않았다. 심지어 산호와 청금석, 흑옥의 색깔도 흉내낼 수 있었다. 무엇보다 다른 자원보다 값이 쌌다. 천연자원의 한계를 극복하기 위한 노력이 결실을 맺었던 셈이다.

다만, 초기의 셀룰로이드는 당구공의 대체재로 쓰이진 못했다. 셀룰로이드엔 상아가 가진 탄력이 부족해 당구공이 부딪칠 때마다 마치 화약이 터지는 것 같은 큰 소리가 났기 때문이다. 프라인켈에 따르면, 일부 살롱에서는 "당구공들이 부딪칠 때마다 살롱에 있는 사람들이 총을 꺼내든다며 하이엇에게 항의 편지를 보내기도 했다."(『플라스틱 사회』, 수전 프라인켈, 을유문화사, 2012년 11월)고 한다.

플라스틱의 활성화

▶ 셀룰로이드의 쓰임새는 대단했다. 빗과 칫솔, 린넨과 선글라스 등 다양한 품목에 사용됐다. 나중엔 성능을 개선해 당구공에도 쓰일 수 있었다. 압권은 영화 필름의 발명이었다. 감광액을 잔뜩 머금은 이 물질은 왕족과 귀족, 부르주아만 누리던 극장 문화를 단돈 10센트짜리 오락으로 대중화시킬 수 있었다. 종이나 나무가 할 수 없던 기능을 셀룰로이드는 완벽하게 수행해냈다.

20세기 들어서 플라스틱은 전환점을 맞이했다. 천연소재가 전혀 들어가지 않은 인공 플라스틱이 등장했던 것이다. 페놀phenol과 포름알데히드formaldehyde를 반응시켜 만든 '베이클라이트bakelite'가 그 시작이었다. 페놀은 벤젠과 산소를, 포름알데히드는 메탄과 공기를 혼합해 만든 화학물질이다. 그중 페놀은 석탄 공정의 부산물이기도 했다. 수전 프라인켈은 "베이클라이트 발명 이후로 과학자들은 자연을 모방할 수 있는 물질을 찾기보다는 자연을 새롭고 창조적인 방식으로 재배열하는 쪽을 추구하게 되었다."고 썼다. (『플라스틱 사회』, 수전 프라인켈, 을유문화사, 2012년 11월) 참고로, 오늘날은 석유 정제의 부산물인 나프타naphtha를 이용해 플라스틱을 만든다.

이후로 다양한 특성을 갖춘 플라스틱이 쏟아지기 시작했다. 1935년, 미국의 월리스 캐러더스Wallace Carothers는 나일론nylon을 발명했다. 미국의 작가 스테판 페니첼Stephen Fenichell에 따르면, 나일론으로 만든 스타킹은 '비단처럼 감각적이고 강철처럼 강하다'는 홍보와 함께 등장해 품절 열풍을 일으켰다고 한다. (『플라스틱 사회』, 수전 프라인켈, 을유문화사, 2012년 11월) 가벼우면서 튼튼하고 습기를 막아주는 폴리에틸렌PE은 포장재의 필수 재료가 되어, 현재까지도 일회용 컵 등에 쓰이고 있다. 이런 플라스틱은 제2차 세계대전에서 무기 박격포, 퓨즈, 낙하산, 항공기 부품, 포탑 등에 사용됐다. 전 세계 플라스틱 생산량은 1939년 9,660만kg에서 1945년 3억 7,100만kg으로 네 배가량 늘었다.

한국과 플라스틱의 관계

▶ 플라스틱은 한국과도 인연이 깊다. 한국은 세계적인 플라스틱 원료 생산지다. 한국의 에틸렌ethylene 생산량은 미국, 중국, 사우디아라비아에 이어 전 세계 4위다. 한국의 제조업에서도 석유화학은 자동차, 반도체 등에 이어 다섯 번째로 많은 생산 비중을 차지한다.

한국석유화학협회에 따르면, 이는 1960년대 한국 산업화 과정에서 정부가 플라스틱 산업을 중점적으로 육성한 결과다. 1967년 수립된 '제2차 경제개발계획'이 대표적이다. 여기엔 석유화학을 중점 산업 중 하나로 육성하겠다는 목표가 담겨있다. 1차 경제개발계획 기간 1962~1967년 사이에는 신발, 플라스틱 제품 등을 생산하는 경공업이 발달했고, 이 과정에서 합성섬유, 합성고무 등 플라스틱 원료에 대한 수요가 늘어났다. 이때 플라스틱 원료를 수입하지 말고 직접 생산하자는 움직임이 생겼다. 1964년, 정부는 미국의 걸프 사와 합작해 대한석유공사(현 SK지오센트릭 사)를 설립, 울산광역시에 나프타 생산 공장을 지었다. 공장 부지는 1967년, 대규모 석유화학공단으로 선정됐다. 이후 한양화학(한화케미칼) 사, 동서석유화학 사, 한국합성고무(금호석유화학) 사 등이 들어섰다. 이 회사들은 대한석유공사가 만든 나프타로 폴리프로필렌PP, 폴리에틸렌PE 등 플라스틱을 생산했다. 산업 규모는 계속 커져서 1979년 전라남도 여수시, 1987년 충청남도 서산시에도 석유화학공단이 들어섰다. 대한무역투자진흥공사KOTRA(Korea Trade Investment) 연구에 따르면, 2018년 기준 한국의 수출 8.2%가 석유화학에서 나왔다고 한다.

정치사회사적으로 플라스틱 역할에 주목한 연구도 있다. 부산외국어대학교 경제금융학과 박영구 교수는 한국 근대사와 플라스틱(폴리염화비닐PVC)의 상관관계에 관한 논문을 썼다. 5.16 쿠데타를 통해 정권을 잡은 박정희 정부가 쿠데타의 정당화 명목으로 플라스틱을 이용했다는 것이다. 박정희 정부가 쿠데타를 일으키며 내세운 명분은 새로운 국가를 건설하겠다는 것이다. 여기에는 기존의 낡은 질서를 바꾸겠다는 의도가 담겨있다. 당시 한국에서 플라스틱은 종이나 철기와는 다른 신문물의 상징이었다. 1955년, 이승만 전 대통령도 미국의 왓슨 스틸만 사가 부산광역시에 도입한 플라스틱 설비를 거론하며 특별히 가상히 여긴다고 추켜올렸다. 1960~70년대 한국의 신문광고에서도 플라스틱을 '새 시대' '새로운 소재' 등으로 표현했다.

박정희 정부는 쿠데타를 일으킨 1961년이 지나기 전에 화학공업 5개년 계획을 작성했다. 여기엔 한국에 폴리염화비닐PVC 생산 공장을 건설할 계획이 담겼다. 이 공장은 1966년 완공되었고, 공장 준공식에 박정희 전 대통령이 직접 참석했다. 다음해 1월 연두교서(대통령이 연초에 의회에 보내는 교서)에서도 폴리염화비닐PVC 발전이 경제정책의 업적으로 꼽혔다. 그러나 너무 빠른 속도를 낸 나머지 1968년, 생산량이 국내 수요의 세 배를 웃돌아, 다섯 공장 중 세 공장이 부실기업으로 전락하기도 했다.

박 교수의 논문에서는 "플라스틱은 조국 근대화의 성과로 광고하기에 최적의 신문물이었다. 나아가 수출을 통해 한국이 자유세계 시장에 적극적으로 참여한다는 것을 알림으로써, 5.16 쿠데타의 대외적 지지를 유도하기에도 딱 맞았다. (중략) (결과적으로) 이전과의 단절과 집권 명분 근대화를 추구하던 박정희 정부에 의해 1960년대 신문물이 위로부터 의도적으로 빠르게 도입되었다."고 설명했다.

(박영구, 「신문물과 1960년대 한국: 플라스틱PVC 도입」, 『국립부경대학교 인문사회과학연구소』, vol.21, no.4(2020), p.157~183)

플라스틱의 종말

▶ 플라스틱은 눈부신 발전을 거듭했다. 수전 프라인켈은 "플라스틱은 눌어붙지 않는 표면(테플론)이라든가 총알이 뚫지 못하는 직물(케블라)처럼 자연 세계가 꿈도 꿔보지 못한 특성들까지 갖게 되었다."(『플라스틱 사회』, 수전 프라인켈, 을유문화사, 2012년 11월)고 썼다. 투명하면서도 잘 끊어지지 않는 낚싯줄, 손으로 들만큼 가볍지만 벽돌을 넣어도 될만큼 튼튼한 여행가방, 몇 번씩 빨아서 써도 해지지 않는 헝겊, 가벼우면서도 바이러스 감염 위험이 적은 링거 백 등이 등장했다. 플라스틱은 인류에게 경제적, 생활적으로 말할 수 없는 풍요를 가져다줬던 셈이다.

그러나 모든 일에 대가가 있다는 걸 사람들은 1960년대 들어서부터 깨닫기 시작했다. 결정타는 일회용 플라스틱이었다. 1962년, 스웨덴의 공학자 스텐 구스타프 툴린Sten Gustaf Thulin은 한 특허 신청서를 제출했다. 얇고 평평한 플라스틱 비닐(필름)을 티셔츠 모양으로 재단해 가방으로 쓸 수 있게끔 고안한 특허였다. '티셔츠 봉지'라고 불렸던 이 특허는 오늘날 비닐봉지의 기원이 됐다. 1976년 미국의 기업 모빌오일 사는 이 비닐봉지를 미국에 도입했고 값싼 가격을 내세워 슈퍼마켓에 공격적으로 진출했다. 비영리단체 지구정책연구소Earth Policy Institute는 2010년, 전 세계적으로 비닐봉지 5조 개가 사용됐다고 분석했다.

폭발적으로 성장한 플라스틱 시장은 막대한 탄소와 썩지 않는 쓰레기를 뱉어내며 지구의 지형을 바꾸고 있다. 태평양에서는 플라스틱 쓰레기가 해류에 의해 거대한 섬을 이뤘는데, 1997년 처음 발견되어 오늘날까지 이어지고 있다. 이는 한반도의 일곱 배 크기에 달하며, 생활폐기물과 어구 등 각종 플라스틱 쓰레기가 모여있다. 이밖에 생산 및 폐기 과정에서의 탄소 배출, 미세 플라스틱, 유령어업(버려진 폐그물 등이 해양생물을 죽이는 것) 등은 지구상 수많은 생물과 인간에게 크나큰 위협이 되고 있다.

비닐봉지 생산 초기엔 비닐봉지 제조사들도 플라스틱을 일회용으로 간주하지 않았다. 미국 역사학자 제프리 메이클Jeffrey Meikle에 따르면, 미국의 화학업체 듀폰 사는 드라이클리닝 봉투를 출시하며 광고에서 봉투를 보관해서 재사용하라고 조언했다. 그러나 프라인켈은 "성장으로 가는 길은 일회성에 있다는 점을 업계가 깨닫기까지는 오래 걸리지 않았다. 부유해진 소비 대중이 봉지를 버리는 것을 자연스럽게 여기게 되기까지도 오래 걸리지 않았다."(『플라스틱 사회』, 수전 프라인켈, 을유문화사, 2012년 11월)고 썼다. 지금 이 글을 쓰는 시점에서도 창밖에 흰색 비닐봉지가 바람에 날려 떠다니고 있다(여긴 11층이다).

플라스틱의 여행

●　　플라스틱의 탄생은 지하 깊은 곳에서부터 시작된다. 플라스틱의 가장 최초 모습은 다름 아닌 석유. 이 석유는 수많은 정제와 제조를 거쳐 일상생활에서 흔히 접하는 플라스틱으로 변신한다.

플라스틱의 첫 번째 여행 : 탄생, 정제, 제조

▶　　지하 500~3,000m. 플라스틱의 생애가 시작되는 곳이다. 플라스틱 원료를 만들려면 지층 깊은 곳에서 석유를 캐내야 한다. 석유 회사들이 땅속 깊이 시추관을 뚫어 채취한 원유는 정제 공장으로 보내진다.

정제 공장에서는 원유를 가공하는 온도에 따라 액화석유가스부터 휘발유, 경유, 등유, 윤활유 등 다양한 종류의 기름을 생산한다. 휘발유를 생산하는 과정에서는 나프타naphtha 또는 납사라는 부산물이 나온다. 이것이 플라스틱의 원료다. 이를 용도에 따라 가공하면 수

백 가지 재질의 플라스틱이 나온다.

플라스틱 합성수지는 작은 알갱이처럼 생긴 펠릿pellet으로 가공돼 제조 공장으로 보내진다. 여기서 플라스틱은 건조 및 가열, 압출, 냉각 등 여러 단계의 성형 과정을 거친다. 이중 일부는 150℃ 이상의 열을 견디는 고기능성 공업용 플라스틱이 되고, 상당수는 생활용품으로 가공된다.

이렇게 탄생한 플라스틱 제품들은 목적지는 어디며 어디로 여행을 떠날까? 지금 이 책을 읽고 있는 당신의 방을 잠깐만 둘러봐도 쉽게 찾을 수 있다. 이 글을 쓰고 있는 신 기자의 경우, 노트북의 몸체부터 플라스틱으로 만들어졌다. 책상 옆에 놓인 프린터 역시 단단한 소재의 플라스틱이다. 방금 컵에 따라서 마신 콜라는 투명 플라스틱 페트PET 병에 담겨있었다. 온라인 서점에서 주문한 책도 플라스틱 비닐에 포장된 채로 배송되었다.

사실, 플라스틱은 장점이 많은 소재다. 가공이 쉽고 가벼운데 튼튼하기까지 하다. 하지만, 플라스틱 제품 역시 언젠가는 쓰임을 다해 버려질 수밖에 없다.

플라스틱의 두 번째 여행 : 재활용, 소각 및 매립

▶ 우리 손을 떠난 플라스틱은 어떻게 될까? 버려진 플라스틱은 탄생 과정만큼이나 복잡한 단계를 거치는 여행을 떠난다. 사용 주기가 짧은 플라스틱 일회용품을 예로 들어보자. 집에서 떡볶이를 배달 주문한 당신은 남은 플라스틱 용기를 물로 세척한 뒤 다른 플라스틱 쓰레

기들과 모아서 버린다. 아파트에서는 분리수거장에, 공동주택 또는 단독주택에서는 수거일에 맞춰 집 앞에 내놓았을 것이다.

수거일 밤, 생활폐기물 수거업체 직원들은 집 앞마다 한가득 쌓인 플라스틱을 큰 트럭에 싣고 떠난다. 이 직원들은 대부분 지방자치단체와 계약을 맺은 민간 수거업체에 소속된 직원들이다. 이들이 향한 곳은 인근의 적환장. 한데 모인 플라스틱들은 재활용품 선별업체로 보내진다.

선별업체에서는 플라스틱을 컨베이어 벨트에 흘려보내며, 재활용이 가능한 것과 불가능한 것들을 골라낸다. 떡볶이를 담았던 플라스틱 용기가 또 다른 제품으로 환생하는 물질재활용이 가능한지 아닐지 운명을 가르는 시간이다(참고로, 물질재활용이란 플라스틱을 파쇄해 세척한 뒤 재생 펠릿으로 만들어 의류나 생활용품 등 다른 제품의 원료로 활용하는 것을 말한다. 이는 기계적재활용이라고도 한다. 보통 단일 재질에 크기가 크고 투명한 플라스틱이 물질재활용될 가능성이 높다).

아직까지 한국은 재활용품을 직원들의 손으로 직접 선별하는 곳이 많아 플라스틱 상당량이 누락된다. 적은 인원으로 모든 플라스틱을 세세하게 분류하기엔 쓰레기가 많기 때문이다. 최근에 생긴 선별업체에서는 신식 레이저 선별 기계를 통해 크기가 작거나 재질이 불분명한 것도 잘 골라내는 업체도 있다고 한다.

선별장에서 환생길에 오른 플라스틱 용기는 재활용 원료 공장으로 보내진다. 이곳에서 플라스틱들은 재질별로 나눠 세척한 뒤, 잘게 절단한 다음 다시 펠릿 형태로 만든다.

다음은 제조 공장으로 가야 할 차례. 하지만 두 번째 생은 좀 다르다. 이전 생에서는 자동차부터 페트PET 병까지 어떤 제품에도 사용될 수 있었다. 하지만 이번에는 포장재 등 일부 제품으로만 쓰일 가능성이 높다. 폐기물로서의 여정을 거치면서 다양한 종류의 플라스틱과 섞여 순도가 낮아졌기 때문이다. 그나마도 다행인 것이, 선별장에서 재활용 원료 공장으로 가지 못한 플라스틱들은 그대로 버려질 운명이기 때문. 땅에 묻히거나 불에 태워질 가능성 또한 높다. 일부는 고형연료SRF 제품으로 제작돼 시멘트 공장 등에서 연료로 쓰이게 된다.

이처럼 물질재활용은 선별이 쉽지 않고 가공 후에도 기능이 떨어질 수 있다. 최근에는 이러한 단점을 보완하기 위해 화학적재활용에 대한 연구가 활발하게 진행되고 있다. 화학 공정을 통해 폐플라스틱을 분해해 순수한 원료 형태로 되돌리는 것이 골자다. 이렇게 형성된 원료를 플라스틱 열분해유Pyrolysis oil라고 한다.

그러나 화학적재활용 과정에서는 많은 에너지가 필요하기에 온실가스 배출량도 클 수밖에 없다. 2020년, 스페인의 국제 환경단체 GAIA(Global Alliance for Incinerator Alternatives)는 화학적재활용의 열분해 과정에서 독성물질이 방출된다는 내용의 연구를 발표하기도 했다. 2022년 1월, 세계자연기금WWF(World Wide Fund for Nature)도 입장문을 발표했다. 화학적재활용은 보완적 수단일 뿐 플라스틱 소비량을 줄이고 재사용을 확대하는 게 우선이라는 내용이었다.

숫자로 살펴보는
플라스틱

● 　일상생활 한 켠에 자리할 정도로 위상이 큰 플라스틱. 플라스틱과 관련한 수치를 객관적인 숫자로 접하다보면 제로웨이스트 운동이 필수라는 것을 절감할 수 있을 것이다.

한국인 1인당 연간 쓰레기 소비량

✓ 약 400kg
✓ 2018년 기준
✓ 출처 : 경제협력개발기구OECD
　(39개의 국가 중 한국 34등, 1인당 쓰레기 소비량이 매우 적은 편이다)
　(경제협력개발기구OECD 국가 평균 약 534kg)

- -

한국인 1인당 연간 플라스틱 포장재 소비량

✓ 67.4kg   ✓ 2020년 기준

✓ 출처 : 유로맵Euromap

   (유로맵은 유럽의 플라스틱 및 고무 생산자들의 협회)

한국인이 잘 사용하는 플라스틱

✓ 폴리프로필렌PP 161만 3,000톤

✓ 폴리에틸렌PE 159만 톤

✓ 폴리염화비닐PVC 102만 3,000톤

✓ 폴리스티렌PS 16만 3,000톤

   (일상생활에서 잘 마주하는 플라스틱 재질)

✓ 2021년 기준

✓ 출처 : 한국석유화학협회, 생산 및 판매 통계 중 한국 수요 부문

한국 연간 물질재활용 및 에너지재활용 비율

✓ 물질재활용 22.7%(181만 2,000톤)

✓ 에너지재활용 39.3%(312만 6,000톤)

✓ 소각 33.4%(265만 8,000톤)   ✓ 매립 4.6%(36만 5,000톤)

✓ 플라스틱 수거 및 선별 시설(총 796만 1,000톤)

✓ 2017년 기준   ✓ 출처 : 그린피스, 충남대학교(폐기물 분석)

폐기물 처리 과정에서 나오는 탄소 배출량

✓ 폐기물 매립 770만 톤   ✓ 폐수 처리 160만 톤

✓ 폐기물 소각 660만 톤   ✓ 2020년 한국 온실가스 배출량 기준

한국 석유화학 산업 탄소 배출량

✓ 6,924만 5,000톤   ✓ 2020년 기준   ✓ 출처 : 한국에너지공단

(석유화학 산업은 나프타를 기반으로 플라스틱, 합성섬유, 합성고무, 기타 화학

제품을 만드는 산업을 총칭한다. 플라스틱 소재만 특정하진 않음)

1초에 새로 만들어지는 플라스틱

✓ 14만 5,000톤

✓ 출처 : 경제협력개발기구OECD, Global Plastic Outlook

✓ 참고 : 2019년 플라스틱 생산량 4억 6,000톤

 (전 세계 기준, 출처 경제협력개발기구OECD)

플라스틱 원가

✓ 폴리프로필렌PP 2,100달러 / 톤(1kg당 21달러)

✓ 고밀도 폴리에틸렌HDPE 1,700달러 / 톤(1kg당 17달러)

✓ 저밀도 폴리에틸렌LDPE 1,700달러 / 톤(1kg당 17달러)

✓ 페트PET 2,400달러 / 톤(1kg당 24달러)

✓ 2022년 9월 미국 기준(추정치)

✓ 출처 : 국제 화학 시장 분석기관 켐애널리스트Chemanalyst

 (플라스틱 원가는 대륙 및 나라별로 매일 달라짐)

태평양 플라스틱 섬Great Pacific Garbage Patch

✓ 160만km², 한국(남한) 면적의 약 15.9배
✓ 출처 : 네덜란드 오션 클린업 파운데이션The Ocean Cleanup Foundation
✓ 2018년 연구 기준
(태평양 플라스틱 섬은 북태평양 아열대환류를 타고 미국 캘리포니아 주와 하와이 주 사이의 아열대 해역에 형성된 부유 해상 플라스틱 폐기물 집합 지역을 뜻함. 약 4만 5,000톤~12만 9,000톤(1조 8,000억 개)의 플라스틱이 모인 것으로 추정하고 있다)

플라스틱을 먹고 죽은 해양생물 수

✓ 바닷새 약 100만 마리, 해양 포유류 10만 마리
✓ 출처 : 국제연합 해양회의United Nations Ocean Conference 홈페이지

책에서
자주 나오는 용어

● 　본격적인 내용에 들어가기에 앞서, 자주 등장하는 용어와 뜻을 간단히 정리해본다. 환경문제에 관심이 많다면 한번쯤 접하는 단어 위주로 선정했다.

플라스틱 재질 관련

✓ 폴리스티렌PS(Polystyrene)
플라스틱 중 표준이 되는 수지로, 광택이 좋고 투명하며 독성이 없다. 다만, 내열성耐熱性(높은 온도에서도 변하지 않고 잘 견뎌내는 성질)이 떨어지는 편이라 뜨거운 것이 닿으면 쉽게 녹는다. 가전제품의 외장이나 유리를 모사한 일회용 접시, 완구, 사무용품 등에 다양하게 쓰인다.

- -

✓ 플라스틱ABS

아크릴로나이트릴Acrylonitrile, 뷰타다이엔Butadiene, 스타이렌Styrene의
약자로, 폴리스티렌을 변형한 재질이다. 순수 폴리스티렌은 성형하기 쉽지만
내구성이 떨어지고 하얗게 마모된다는 단점이 있다. ABS는 이 단점을
보완한 재질로, 충격에 강하고 내열성이 좋다. 노트북 등 휴대용 전자제품에
많이 쓰인다. 3D 프린터의 재료로도 활용된다.

✓ 스티로폼EPS(Expanded Polystyrene)

폴리스티렌에 공기층을 생성해 만든 발포합성수지다. 참고로,
스티로폼이라는 이름은 미국 듀폰 사의 상품명이라고 한다. 발포합성수지는
98%가 공기로 이뤄져 있어 가볍고 단열 성능이 좋다. 물도 거의 흡수하지
않고 세균이나 곰팡이에 손상되지 않아 아이스 박스 등 포장이나 단열재로
많이 사용된다. (본문에서는 이하 '스티로폼'으로 통일 표기)

✓ 폴리에틸렌PE(Polyethylene)

일상에서 흔하게 사용되는 플라스틱 재질이다. 석유를 고온으로 가열해
나프타naphtha를 분리한 뒤 다시 열분해하여 얻은 에틸렌ethylene을
중합한 소재다. 가볍고 유연하며 열에 강해 공업용은 물론 생활용품까지
다양한 제품에 사용된다. 특히 비닐의 주원료다. 제조 방법에 따라 고밀도
폴리에틸렌과 저밀도 폴리에틸렌으로 나뉜다.

✓ 고밀도 폴리에틸렌HDPE(High-density polyethylene)

음료수의 뚜껑이나 과자 제품 플라스틱 트레이, 화장품 용기 등 다양한 곳에
쓰인다. 고밀도 폴리에틸렌은 인체에 유해한 화학성분이나 환경 호르몬이
배출되지 않는 장점이 있다. 종량제 봉투 등 강도 높은 비닐을 제작할 때도
사용된다.

✓ 저밀도 폴리에틸렌LDPE(Low-density polyethylene)

기본적으로 고밀도 폴리에틸렌과 같은 성질이지만 더 유연하고 투명성이 우수하다. 지퍼 백이나 일회용 투명 비닐봉지, 플라스틱 비닐(필름) 등을 만드는데 쓰인다.

✓ 폴리프로필렌PP(Polypropylene)

폴리에틸렌과 함께 가장 많이 쓰이는 플라스틱 재질이다. 석유에서 얻은 나프타를 분해할 때 에틸렌ethylene과 프로필렌Propylene이 생기는데, 폴리프로필렌은 후자를 가공한 것이다. 포장용 플라스틱 비닐(필름)이나 섬유, 완구, 자동차 부품 등 다양하게 사용된다.

✓ 폴리에스터Polyester와 페트PET(Polyethylene Terephtalate)

음료수 병으로 많이 쓰이는 페트PET는 사실 폴리에스터라는 플라스틱 재질을 활용한 것이다. 폴리에스터는 나일론과 함께 인공섬유 시장에서 가장 중요하게 쓰이는 재질이다. 최근 의류 제조업체들이 투명 페트PET 병을 재활용한 의류를 생산하는 것도 페트PET 병과 폴리에스터 섬유가 같은 재질이기 때문이다. 페트PET 재질은 잘 깨지지 않고 투명하며, 낮은 온도로도 가공이 가능하다. 하지만 불투명한 플라스틱 용기도 페트PET일 경우도 있다.

✓ 아더OTHER

플라스틱 재활용 표시 중 복합재질을 뜻한다. 생산자가 필요에 따라 여러 재질의 플라스틱을 섞어 가공하거나, 플라스틱+플라스틱 또는 플라스틱+알루미늄 등 중첩된 용기를 만든 경우를 뜻한다. 플라스틱은 재질별로 분류해야 재활용이 용이하기에 물질재활용 현장에서는 아더는 선호되지 않는다. 분리배출 표시에 '플라스틱'이라고 써있는 경우 반드시 플라스틱으로 버려야 한다.

√ 폴리락틱 애시드PLA(Polylactic Acid)

옥수수나 사탕수수 같은 자연물에 함유된 젖산의 발효 과정에서 얻어진
소재로, 대표적인 생분해성 플라스틱이다. 생분해를 통해 다시 젖산으로
전환이 가능하고 인체에 무해하기에 플라스틱을 대체할 소재로 주목받고
있다. 미국 식품의약국FDA(U.S. Food and Drug Administration)은 이 물질을
인체에 직접 사용 가능하다고 공식 승인하기도 했다.

√ 폴리염화비닐PVC(Poly Vinyl Chloride)

염화비닐을 주성분으로 하는 플라스틱으로, 유연성과 탄력성이 높아
필름이나 시트에 주로 쓰인다. 전선이나 파이프 등 건설자재로도 사용된다.
우리 주변에서 자주 볼 수 있는 폴리염화비닐PVC 제품 중 하나는 식품
포장용 랩이다. 폴리염화비닐PVC의 원료에는 염소Cl가 절반을 차지해, 소각
시 재활용 시설을 부식시키는 문제가 있다. 인체 유해성도 제기되고 있어
해외 및 한국에서도 사용에 주의를 기울이는 추세다.

√ 실리콘Silicon

규소와 산소를 화학결합해 만든 플라스틱의 일종이다. 말랑말랑하고
부드러운 재질이며, 온도 변화에 따라 형태가 쉽게 변하지 않는다. 접착력이
좋아 건설자재로 쓰이며 고무의 대용품으로 활용되기도 한다.

온실가스 관련

✓ 온실가스

지구의 대기를 둘러싼 기체인 이산화탄소와 메탄, 아산화질소 등을 말한다.
이 기체들은 태양에서 지구로 오는 가시광선을 통과시키고, 지표면에서
방출되는 지구복사 에너지를 흡수해 온실효과를 일으킨다. 만약 지구에
온실가스가 없다면, 지구의 평균기온은 -18℃로 떨어져 인간이 살기에는
너무 추워질 것이다. 하지만 18세기 산업혁명 이후 온실가스의 양이
증가하면서 지구온난화를 유발하고 있다.

✓ 탄소 배출량(탄소 환산량)

자연 상태는 물론 인간의 이동과 생산, 소비 등 다양한 활동에서
이산화탄소와 여러 온실가스가 배출된다. 기후 위기를 막기 위해서는
온실가스 배출량을 관리하고 감축하는 것이 중요하다. 이산화탄소는 가장
대표적인 온실가스다. 때문에 온실가스 배출량을 탄소 배출량으로 일컫는
경우도 있다. 특히 온실가스마다 기후 변화에 미치는 영향이 다르기에
이를 이산화탄소와 비교해 계산 및 표기하는 경우가 있다. 이를 탄소
환산량이라고 한다.

✓ 메탄(메테인)

메탄은 이산화탄소 다음으로 주요한 온실가스다. 메탄은 지구상에서
가장 풍부하게 매장된 유기화합물이자 천연가스의 주성분이다. 메탄은
온실가스 중에서도 온난화 잠재력, 즉 온난화에 미치는 영향이 가장 크다.
이산화탄소의 21배나 된다. 메탄 발생의 주범으로 소의 방귀가 꼽히지만,
그보다는 천연가스나 석탄 채굴 과정에서 나오는 메탄의 양이 더 많다.

재활용 방법 관련

✓ 재사용 그리고 재활용

플라스틱 문제를 해결하기 위한 열쇠는 '3R'이다. 줄이고Reduce, 재사용하고Reuse, 재활용하라는Recycle 뜻이다. 플라스틱 사용량을 줄이는 건 제로웨이스트에 있어 가장 중요한 일이다. 우리가 플라스틱을 아예 쓰지 않을 수 없다면, 한 번 생산한 물건을 계속 사용하는 것이 중요하다. 일부 카페에서 리유저블 컵, 즉 재사용 컵을 도입한 것도 한 예다. 재활용 역시 제로웨이스트에 꼭 필요한 일이지만 이 또한 가공 과정에서 에너지가 투입되고 탄소 배출이 불가피하다. 이러한 이유로 세 번째 방법보다는 첫 번째, 두 번째 이유가 우선되어야 한다.

✓ 물질재활용

플라스틱 제품을 선별한 뒤 세척, 파쇄, 용융鎔融(고체가 녹아서 액체로 변함), 배합 등 물리적 가공을 거쳐 제품 원료로 사용하는 것을 말한다. 현재 제조되는 재활용 제품은 대부분 이 방법으로 제조된다. 다만, 물리적 가공을 여러 번 거칠 경우 원료의 순도가 낮아지고 분자구조 간 결합력이 떨어진다. 강도나 접착력도 약해지는 등 재생 플라스틱 품질도 낮아진다.

✓ 에너지재활용

플라스틱 폐기물 소각 과정에서 나오는 열에너지를 활용하는 방법이다. 소각 시 발생하는 유해물질로 인해 유럽 연합EU 등에서는 단순 소각으로 간주된다.

✓ 화학적재활용

플라스틱 폐기물을 화학 공정으로 분해해 플라스틱 원료로 만드는 것이다.

플라스틱의 종류와 상관없이 분해하기 때문에 선별 과정의 비용이 줄고 재활용 가능한 양도 늘어난다는 장점이 있다. 다만, 화학 공정 과정에서 많은 에너지가 필요해 온실가스 배출량이 많은데다가 유해물질이 발생할 가능성도 있어 널리 상용화 되지 않았다.

✓ 미세 플라스틱

크기 5mm 미만의 작은 플라스틱 조각을 말한다. 플라스틱 제품이 부서지면서 발생하는 것이 대부분이며 화장품 제품 중에서 스크럽, 연마제 등에 쓰이기 위해 생산 단계부터 제조된 것도 있다. 인간의 플라스틱 사용량이 늘면서 미세 플라스틱도 지구 곳곳에 퍼져 먹이사슬을 통해 생물의 몸에 축적되고 있다.

✓ 매립

매립은 가장 쉬운 폐기물 처리 방법이다. 땅을 판 다음 묻으면 되기 때문에 특별한 처리 기술도 필요 없고 처리 비용도 많이 들지 않는다. 하지만 비가 오거나 침출수가 생기면 지하수가 오염되는 등 부작용도 많다.

✓ 전 과정 평가 LCA(Life-Cycle Assessment)

제품 원료 조달 및 가공, 제조, 유통, 사용, 폐기, 재활용에 이르기까지 전 과정에 이르는 환경 영향을 분석하는 방법이다. 온실가스 외에도 토양 오염, 물 사용량 등 평가 항목은 다양하다.

✓ 생산자책임재활용제도 EPR(Extended Producer Responsibility)
그리고 재활용분담금

제품이나 포장재로 인한 폐기물에 대해 일정량의 재활용 의무를 생산자

및 판매자에게 부여하고, 이를 지키지 않는 경우 비용을 부담하도록
하는 제도다. 한국의 재활용 제도의 중요한 한 축이다. 하지만
생산자책임재활용제도를 시행한다고 기업들이 생산품을 모두 수거해
직접 재활용하는 건 아니다. 예상 생산량에 맞춰 재활용에 필요한
비용을 한국포장재재활용사업공제조합KPRC(Korea Packaging Recycling
Cooperative)에 미리 지불하고, 조합은 이를 재활용업체에 분배한다. 이
비용을 '재활용분담금'이라고 한다.

✓ 폐기물부담금

유해물질을 함유하거나 재활용이 어려워 관리가 쉽지 않은 제품의 생산
및 수입자에게 폐기물 처리 비용을 부담하게 하는 제도다. 살충제, 담배,
일회용 기저귀, 고흡수성수지SAP(Super Absorbent Polymer)로 만든 아이스
팩 등이 포함된다.

✓ 재활용등급 평가 및 표시제

포장재의 재활용 용이성을 평가해 이를 제품 표면에 표시하는 제도다.
재활용 대상 포장재를 제조 또는 수입하는 경우 환경부 고시에 따라 판매
전에 포장재의 재질 및 구조를 자체 평가한 뒤, 이 결과를 한국환경공단에
제출해야 한다. 공단은 평가를 통해 '최우수' '우수' '보통' '어려움' 4단계의
재활용 용이성 등급을 매긴다.

✓ 일회용 컵 보증금제

커피 전문점 등에서 음료를 테이크 아웃으로 주문할 경우, 일정한 보증금을
받은 뒤 일회용 컵을 반납하면 보증금을 돌려주는 제도다. 일회용 컵의
회수율을 높여 재사용과 재활용을 장려하기 위한 취지를 담고 있다.

✓ 빈 용기 보증금제

제품 구매 시 일정한 보증금을 받은 뒤, 사용 후 빈 용기를 반납하면
보증금을 돌려주는 제도다. 용기의 재사용을 촉진하기 위한 취지다.
한국에서는 소주병과 맥주병 등 일부 유리병에만 시행 중이다. 반면 덴마크,
독일 등 일부 나라에서는 알루미늄 캔이나 페트PET 병도 빈 용기 보증금제
대상이다.

기타

그린워싱(위장환경주의)greenwashing

실제로는 친환경적이지 않지만, 환경에 유익한 것처럼 홍보하는 것을
말한다. 소비자들이 친환경 제품과 경영을 선호하는 트렌드에 맞춰 일부
기업이 이미지 제고 등을 시도하다 그린워싱을 저지르곤 한다.
(자세한 그린워싱 사례들은 한국일보 기후대응팀이 2022년 연재한 《그린워싱
탐정》에서 확인할 수 있다.)

Chapter 01

먹는 일

궁금해서
종이로 바꿔보았습니다

라면 포장재를 종이 띠지로 바꾼 실험

●   기자인 나는 대형 마트에서 상품 보는 것을 좋아하는 편이다. 가지각색 제품을 보면 그 다양성과 기발함에 기분이 좋아진다. 그러나 요즘은 다르다. 대형 마트에 가면 마음이 답답하다. 무더기처럼 쌓인 플라스틱 포장재가 환경에 어떤 영향을 미치는지 알면서부터다. 줄일 수 있는 쓰레기는 단 하나라도 줄여야 하지만, 불필요한 포장을 두른 제품들이 일상생활에 많이 그리고 당당하게 유통되고 있다. 우리에게 그럴 여유가 있는지 되묻게 하는 풍경이다.

    대표적으로 라면을 보자. 5분만 투자하면 얼큰한 국물과 면발을 즐길 수 있는 국민음식 라면. 맛과 양 그리고 가격 모든 면에서 사랑받지만 포장만큼은 예외다. 낱개 제품만 봐도 라면 비닐과 스프 봉지 2개가 나오는데, 대형 마트에서는 낱개 제품 4~5개를 비닐로 한 번 더 감싸서 판매한다. 이 묶음 비닐은 왜 있는 걸까.

Point 1 제품을 옮기기 위한 쓰레기

ⓒ한국일보사, 2023

▶　　라면 제조업체들은 제품 유통 및 적재를 효율적으로 하기 위함이라고 말한다. 라면은 공장에서부터 묶음 비닐에 재포장(추가 포장)된 상태로 출고된다. 편의점에서는 묶음 비닐을 뜯어 낱개로 판매한다. 제품을 안전하게 옮기려면 묶음 비닐이 필요하기 때문이라고 한다. 왜 재포장이 돼있어야 유통 및 적재가 가능한 건지, 제조업체의 답변은 쉽게 납득되지 않는다. 묶음 비닐이 유통 과정 중에서 꼭 필요하다는 기업의 선택을 이해하더라도, 포장을 줄이는 방법은 있다. 비닐 대신 띠지로 묶는 것이다.

2020년 4월, 연세대학교 원주산학협력단은 5개월간 환경부 연구 용역 과제를 수행했다. 이 과제의 최종 보고서에는 라면 제품의 묶음 포장을 지적하며, 라면 전체를 플라스틱 비닐(필름)로 덮는 대신 띠지 등을 활용하라는 권고 내용이 담겼다. 라면 4~5개를 묶는 포장이 필수라면 비닐로 전체를 감싸는 대신 띠지를 사용해 비닐 사용량을 줄이라는 취지였다.

하지만 2021년 6월 기준으로 띠지를 사용하는 라면 제조업체는 등장하지 않았다. 환경부도 묶음 포장을 규제하는 '재포장 금지법'에서 라면 제품군을 제외시켜줬다. '재포장 금지법'(2021년 4월 1일부)은 묶음 포장을 금지하는 제도인데, 라면은 아무런 제재를 받지 않은 것이다. 띠지는 왜 안 되는 것일까. 기업과 정부가 무시한 라면 제품 띠지 재포장을 직접 실험해보았다. 실제로 띠지 사용이 소비자의 편의성을 해치는지, 적재하는 데 어려움이 생길지 파악하기 위해서였다. 그 결과, 포장지 사용량은 5분의 1가량 줄었고 소비자의 구매나 유통, 운송 과정에서도 큰 어려움이 없어보였다.

Point 2 쓰레기는 5분의 1 수준, 포장은 튼튼

©한국일보사, 2023

▶   종이 띠지 넓이는 5cm로 제작했다. 일반 라면의 한 면을 약 3분의 1 정도 덮는 두께였다. 길이는 라면 제품 4~5개를 포갠 둘레에 따라 약 60cm 안팎으로 잘라서 사용했다. 재질은 플라스틱 코팅이 되지 않은 종이를 사용했다.

가장 걱정한 부분은 접착력이었다. 제품의 여섯 면을 모두 감싸라면 4~5개를 밀봉해 묶는 비닐 포장과는 달리 종이 띠지를 사용하면 묶음이 헐거워지거나 중간에 끼어있는 제품이 빠질 가능성이 있었다. 포장재업체에서도 종이에 사용하는 접착제가 약해서 걱정된다며 좀 더 접착력이 강한 플라스틱 재질인 폴리염화비닐PVC을 추천했다.

하지만 괜한 걱정이었다. 종이 띠지만으로도 라면을 단단하게 묶을 수 있었고, 끄트머리를 잡고 거칠게 흔들어도 틈이 벌어지지 않았다. 종이 띠지 넓이를 3cm로 줄이거나, 전면에 도포된 접착제를 일부에만 묻혀도 충분했을 것 같았다. 상품 진열도 수월했다. 라면 묶음이 흐트러짐 없이 직육면체 모양을 유지했기에 여러 개를 쌓아 진열해도 미끄러지거나 떨어지지 않았다. 또 종이 띠지 겉면에 회사 로고와 영양 정보, 바코드를 새겨 소비자들이 구매하기 쉽게 만들 수 있다는 점도 확인했다. 그러면서도 묶음 비닐에 비해 폐기물이 약 5분의 1 수준으로 줄었던 셈이다.

다만, 재활용 측면에서 종이 띠지에 종이가 아닌 플라스틱 비닐(필름) 띠지를 쓰는 것이 더 낫다는 걸 나중에야 알게 됐다. 현재 비닐 쓰레기 대부분은 고형연료SRF로 만들어 태워 없앤다(쉽게 말해, 비닐로 땔감을 만들어 화력발전 원료로 쓰는 것이라고 이해하면 된다). 이때 띠지를 비닐로 만들면 라면 제품 비닐과 분리하지 않아도 괜찮다. 둘 다 비닐이기에 한꺼번에 고형연료SRF로 만들면 되기 때문이다. 그러나 띠지가 종이라면 라면 비닐에서 뜯어내야, 비닐을 고품질의 고형연료SRF로 만들 수 있다.

기사를 작성하던 때에는 비닐보다는 종이가 친환경적일 것 같아 종이로 띠지를 만들었다. 실제로는 비닐로 만드는 게 더 나았다. '친환경'을 표방할 때 막연한 인상보다 정확한 조사가 필요하다는 점을 깨달았다(참고로, 종이로 만든 우유 팩에는 종이 띠지를 쓰는 것이 비닐보다 더 낫다).

Point 3 다른 제품은 재포장하면 안 된다고?

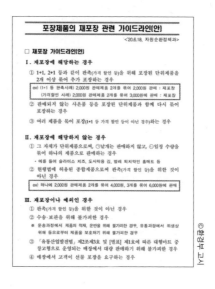

2020년, 환경부에서 재포장 문제에 칼을 빼들었다. 낱개로 판매하는 제품을 또다시 비닐로 묶어 파는 것을 금지하는 '재포장 금지법'을 만든 것이다. 예를 들면, '1+1 행사'를 한다고 낱개 제품으로 파는 우유 2개를 굳이 비닐로 묶으면 안 된다. 소비자가 두 번 집으면 될

일을 비닐로 감싸 불필요한 쓰레기를 만들지 말라는 취지다. 묶음 포장을 꼭 해야 한다면 띠지나 고리를 사용하도록 허용했다.

법안의 취지대로라면 라면 제품이야말로 규제가 필요한 품목이었다. 낱개로 파는 것을 불필요하게 묶음 비닐로 재포장한 것이니까. 그러나 라면 재포장은 규제에서 제외됐다. 시민단체에서는 라면 제조업계의 반발 때문에 제도가 후퇴했다는 지적이 나왔다. 2020년 12월 환경부가 발표한 고시를 보면, 재포장은 제품 개수가 3개 이하일 때부터 금지된다. 라면 제품은 보통 4~5개를 묶는데, 금지 기준이 3개 이하로 정해졌기 때문에 재포장 규제를 받지 않았던 것. 게다가 이 고시엔 사실상 라면 특혜 조항이라는 지적을 받는 조항도 포함돼있었다. '환경부장관이 수송, 운반, 위생, 안전 등을 위해 불가피하거나 재포장이 아닌 정상제품 포장과 포장방법, 포장재질 및 포장횟수가 동일한 것으로 인정하는 경우'를 예외로 한다는 조항(4조 4호)이었다. 이 덕에 라면 5개를 '4＋1(제품 1개는 서비스 제공)' 형태로 묶는 재포장 역시 규제를 받지 않았다. 이 조항을 적용 받는 품목은 라면 제품뿐이었다.

홍수열 자원순환사회경제연구소장은 기준 제정 당시 라면 제조업계의 반발이 거셌다며 화장품, 생활용품 제조업계는 포장 비용을 아낄 수 있다고 규제 도입을 환영하는 분위기였다고 말했다. 화장품, 생활용품 재포장은 유통업체의 요구에 제조업체가 어쩔 수 없이 따랐던 반면 라면은 제조사가 자발적으로 재포장을 하기 때문에 이해관계가 갈렸다는 뜻이다. 환경부는 현장조사에서 대부분 재포장이 3개 이하였고, 4개 이상은 운송 운반을 위해 포장이 필요할 것으로 판단돼 기준을 3개 이하로 마련한 것이라고 말하며, 라면 제품을 예외로 한 것이 아니라 전문가, 시민단체, 산업계 협의체 논의를 통해 정했다고 말했다.

Point 4 종이 띠지 계획 없는 라면 제조업계

©한국일보사, 2023

▶ 정부의 규제가 없더라도 기업들이 스스로 바꿀 수도 있다. 그러나 라면 제조업계는 재포장 형태를 바꿀 계획이 없다고 밝혔다. 폐기물 감축이라는 취지에는 공감하지만, 비닐 포장이 유통 및 적재하기 편하고 포장 설비를 바꾸는 데 많은 비용이 든다는 이유에서였다.

농심 사는 기존 자동화 설비에서는 띠지 포장이 안 되어서 띠지를 도입할 경우 수작업을 해야 해 추가 비용이 발생한다며 묶음 포장재에 재생용지를 사용하는 방안을 연구하고 있다고 말했다. 삼양식품 사는 비닐 포장이 쌓기 편리하고 비용 측면에서도 이점이 있다며 띠지를 도입하려면 수작업을 해야 해 시간과 비용이 더 든다고 말했다. 오뚜기 사는 전 제품의 90% 이상을 재포장으로 판매해 유통 과정에서

비닐 포장이 필수적이라며, 벌레의 침투가 있을 수 있어 비닐 포장이 필요하다고 말했다. 팔도 사는 띠지보다는 비닐 포장이 보기에도 좋고 쌓기도 편해 활용한다며, 띠지는 대부분 수작업으로 붙이다보니 이 대신 비닐을 사용한다고 말했다.

그러나 비닐 포장은 기계화가 가능하고 띠지 포장은 수작업을 해야 한다는 기업들의 대답은 납득하기 어려웠다. 띠지 포장 기계가 시중에 나와있고, 유제품 등 다른 제조업계는 비용을 들여 설비를 바꿨다. 결국 비용을 감수하기 어렵다는 뜻으로 해석될 여지가 있었다. 이런 가운데 2020년 라면 제조업체들의 당기 순이익은 급증해 농심 사 1,490억 원(2020년 대비 109.7% 증가), 삼양식품 사 679억 원 (2020년 대비 13.2% 증가), 오뚜기 사 1,103억 원(2020년 대비 10.6% 증가)이었다. 팔도 사는 672억 원(2020년 대비 약 39.4% 하락)이었다.

취재 이후 실제로 띠지를 적용해 출시된 제품도 있다. 2021년 7월, 농심 사는 〈생생우동〉에 띠지 포장을 먼저 도입해 시험기간을 가진 후 2022년 4월, 〈둥지냉면〉에도 띠지 포장을 확대했다. 띠지 포장이 가능하다는 것을 입증한 셈이다. 작은 변화이지만 이것만으로도 농심 사는 플라스틱을 매년 37톤씩 줄일 것으로 예측했다. 그러나 대부분의 라면은 묶음 비닐에 감싸진 채 유통되고 있다.

Point 5 식품업계는 새로운 포장 방법 개발 중

▶   세제, 화장품, 우유, 식용유 등 2~3개 제품을 묶던 제품들은 2021년 4월부터 제재를 받고 있다. 환경부는 현행 제도로 연간 약 2만

7,000톤의 비닐 쓰레기를 줄일 것으로 기대하고 있다. 가장 눈에 띄게 변한 품목은 우유 제품이다. 서울우유협동조합, 매일유업 사, 남양유업 사는 제품 전체를 비닐 포장하던 것에서 규제를 받지 않는 띠지로 바꿨다. 특히 서울우유협동조합과 매일유업 사는 일부 제품의 띠지를 종이로 사용하고 있다. 유통 대리점에서 띠지를 씌우는 경우가 많지만 서울우유협동조합은 띠지 포장을 위한 자동화 설비를 마련해 일부 적용하고 있다. 푸르밀 사는 2017년부터 묶음 띠지를 일부 자동화했고, 2021년 초부터 전 제품에 띠지 공정을 자동화했다. 띠지 재질도 플라스틱 재질에서 2021년 4월부터 종이 재질로 바뀌었다.

두부 제품 또한 눈에 띈다. 기존엔 두부 두 모를 비닐에 담아 포장했는데, 이젠 두 모가 붙어있는 포장이 출시됐다. '두부 여러 모를 하나씩 집어야 해 번거로울 것'이라는 우려가 있었지만, 정책에 맞춰 새로운 포장 방법이 개발된 것이다. 불필요한 플라스틱 사용량은 줄이면서 말이다.

■ 각 업계의 움직임을 보면 라면 비닐 포장에 대한 아쉬움이 더 커진다. 제도에 따라 기존에 없었던 포장도 개발하는 것이 시장의 원리인데, 띠지라는 대안이 있는 상황에서 정책을 후퇴시킬 이유가 있었을까. 당장은 어렵더라도 변화를 유도할 대안은 없었을까. 게다가 라면 제품 외에도 4개 이상 제품을 묶은 상품은 어떤 제재도 받고 있지 않다. 과자 여러 개를 묶어서 비닐로 다시 밀봉한 제품이 대표적이다. 이런 포장은 법적 제재를 받지 않더라도 제조업체가 문제의식을 갖고

대체할 수도 있을 것 같다.

　개개인의 노력은 중요하다. 하나라도 재활용이 잘 되도록 신경 써서 분리배출 하고 일회용품을 줄이기 위한 노력도 필요하다. 그러나 사회적 영향력이 큰 정부와 기업이 나서지 않는다면 이런 노력은 균형을 잃고 불충분한 것에 그치게 된다. '쓰레기를 줄일 의무'에서 더 나아가 '쓰레기를 사지 않을 권리'를 주장해야 하는 이유다.

스프 봉지 없던
시절이 있었습니다

그때 그 시절 컵라면 제품처럼

●   2021년 7월의 어느 날. 도쿄 올림픽 취재를 위해 일본에 출장 가있던 회사 선배가 사진을 보내왔다. 컵라면을 먹으려고 뚜껑을 열었는데 분말 스프와 건더기 스프가 라면 안에 그대로 뿌려져 있었다는 것이다. 스프 봉지는 단 1장도 없었다고 한다.

    컵라면을 이렇게 먹을 수 있다고? 비닐 쓰레기를 줄일 수 있는 작은 디테일에 설렜다. 이름만 들어도 아는 유명한 컵라면 제품의 경우 제품별 누적 판매량이 30~50억 개에 달한다. 여기서 스프 봉지 1장만 빠져도 엄청난 제로웨이스트가 되니까.

    취재를 시작한 뒤 머지않아 알게 됐다. 한국의 컵라면 역시 원래는 이런 모습이었다는 것을 말이다. 우리가 당연하다고, 꼭 필요하다고 생각했던 스프 봉지는 사실 마케팅 과정에서 덧붙여졌다. 그렇다면 지구를 위해, 예전처럼, 없애는 것은 어떨까?

Point 1 스프 봉지 없어도 괜찮아

ⓒ한국일보사, 2023

▶   일본 컵라면과 한국 컵라면을 비교해보고 싶었다. 회사 선배에게 부탁해 일본 컵라면 제품 몇 개를 공수했다. 그리고 한국의 인기 컵라면 제품들도 모아 포장을 하나씩 벗겨보기로 했다.

먼저 〈진라면(순한 맛)〉(오뚜기 사) 컵라면을 뜯어봤다. 면발과 함께 들어있는 분말 스프 봉지가 보였다. 대부분의 컵라면은 건더기 스프가 면과 함께 들어있어 스프 봉지는 분말 스프 1개이지만, 일부 컵라면에는 건더기에 별첨 유성 스프까지 따로 들어있었다. 컵라면 제품 하나에서 스프 봉지 쓰레기가 3개 나왔던 것이다. 〈참깨라면〉(오뚜기 사)이 그 예였다. 〈컵 누들 커리〉(닛신 사)를 까봤다. 제품 안에 스프 봉지가 없었다. 쓰레기가 줄어 간편한 느낌이 들었다.

사실 한국의 컵라면 제품도 처음에는 스프 봉지가 없었다. 컵라면의 원조인 닛신 사 제품을 본떠 만들었기 때문이다. 하지만 시간이 흐르면서 스프 봉지가 따로 들어있는 형태로 바뀌었다. 오뚜기 사에 물어보니 분말 스프를 직접 투입하는 경우 습기로 인해 굳어질 수 있고, 제품 개봉 시 지저분해보일 수 있기에 이렇게 바뀌었다고 설명했다.

과연 습기나 모양이 큰 문제가 될까. 닛신 사 컵라면을 열었을 때 스프가 굳어있거나 지저분한 느낌은 들지 않았다. 뜨거운 물을 붓고 나면 스프 봉지가 있든 없든 똑같은 라면이었기 때문이다. 맛은? 둘 다 맛있었다.

컵라면의 유통기한은 평균 5~6개월, 소비기한은 약 8개월. 전문가들은 유통기한 안으로 소비하면 품질에 문제는 없다고 말했다. 임종환 경희대학교 식품영양학과 명예교수는 컵라면에 분말 스프를 미리 뿌려놓더라도 빨리 소비되면 괜찮다고 설명했다. 실제 스프 봉지가 있는 한국산 라면이나 스프 봉지가 없는 일본산 라면 모두 유통기한은 약 5~6개월이다. 특히 도시 지역은 유통과 소비 순환이 빨라 스프 봉지를 덜어낸 컵라면도 품질을 걱정할 필요가 없다는 것이었다. 반대로 시골 지역은 유통과 소비 순환이 느려 품질에 영향을 줄 수 있다는 박상규 남부대학교 식품영양학과 교수의 의견도 있었다.

다만 컵라면 겉을 싸고 있는 투명 비닐은 없애기 어렵다고 했다. '유통 과정에서 제품 파손 및 벌레 유입을 막기 위해서'라는 게 컵라면 제조업체들의 공통된 답변이었다. 컵라면 뚜껑에는 식용 접착제를 사용하는데, 접착력이 약해 유통 중 뜯어질 수 있다고 설명했다(2015년, 한 컵라면에서 화랑곡나방애벌레로 추정되는 유충이 발견돼 이슈가 된 적이 있었다. 해외에서도 컵라면에는 비닐을 씌우는 추세다).

Point 2 과거의 포장으로 돌아갈 수 있다면

▶   봉지라면 역시 옛날 제품이 더 친환경적이었다. 한국 최초의 라면 제품 〈삼양라면〉(삼양식품 사)에는 스프 봉지가 단 1개였다. 지금도 스프 봉지가 단 1개인 라면이 시중에 팔리고 있다. 〈안성탕면〉(농심 사), 〈쇠고기면〉과 〈된장라면〉(삼양식품 사), 〈오라면〉과 〈스낵면〉(오뚜기 사) 등이다. 이 제품들은 분말 스프와 건더기 스프가 같이 들어있는 형태로 팔린다.

그렇다면 다른 라면 역시 분말 스프와 건더기 스프를 하나의 봉지로 합쳐서 판매해도 되지 않을까. 라면 제조업체들은 공통적으로 분말 스프와 건더기 스프의 입자와 부피 차이로 한번에 포장할 경우 품질 유지가 어렵다고 답변했다. 분말 스프가 따로 있어야 나트륨 양을 조절할 수 있다는 답변도 공통됐다.

농심 사는 파나 청경채 등 모서리가 날카로운 원료의 건더기를 분말 스프와 포장할 경우 포장에 구멍이 생기거나 찢어져 유통 과정 중 변질될 수 있고, 버섯의 경우 분말 스프와 넣었을 때 색이 물들 수 있다고 설명했다. 그럼 〈안성탕면〉의 스프는 왜 하나의 봉지로 합친 걸까. 이 질문에 대해서는 〈안성탕면〉에 건더기로 들어가는 미역이 색이 진해 물이 들 염려도 없고 염분에 의한 맛 변화도 없기 때문이라는 답변이 돌아왔다.

전문가들도 비슷한 설명을 했다. 박상규 교수는 건더기에 비해 분말 스프는 수분을 3~4% 정도 함유하고 있고 염분도 있어서 삼투압 작용으로 각각의 맛이 섞일 가능성도 있다고 설명했다.

라면을 끓이는 과정에서 우리는 모든 재료를 섞는다. 그럼에도 맛이 섞일 가능성, 버섯에 색이 물들 가능성 때문에 스프 봉지를 따로 유지해야 한다고 할 수 있을까. 만약 이 문제가 심각한 것이라면 다른 나라의 기업에서도 똑같은 선택을 했을 것이다. 플라스틱 쓰레기가 우리 일상을 점령해가는 현재, 쓰레기를 줄일 수 있는 방법이 있다면 기업도 제로웨이스트에 좀 더 우선순위를 두어야 하지 않을까.

Point 3 라면 제품 하나에 비닐 쓰레기만 다섯 종류

©한국일보사, 2023

▶   겉 비닐, 스프 봉지 3개, 묶음 포장(재포장) 비닐까지 합하면 라면 1개를 먹으면서 나오는 비닐 쓰레기는 많게는 다섯 종류나 된다.

라면에 딸린 쓰레기가 이렇게까지 늘어난 것은 정부의 규제가 없었기 때문이다. 앞서 얘기했던 것처럼(#라면 01) 환경부는 2021년 4월부터 세제, 우유, 식용유 등의 묶음 상품(3개 이하) 비닐 재포장을 금지했다. 하지만 라면 제품군은 이 규제에서 빠졌다. 〈생생우동〉(농심사) 묶음 비닐을 종이 띠지로 바꿨지만 다른 라면들의 비닐 포장은 바뀔 기미가 보이지 않는다.

스프 봉지는 생산자책임재활용제도EPR가 적용되는 분리배출 대상이다. 라면 제조업체들은 스프 봉지를 생산할수록 분담금을 내야 하지만 그 금액은 비닐 1kg당 400원꼴이다. 라면 1개 무게가 약 120g인 것에 비하면 비닐에 대한 부담은 가볍다는 것을 알 수 있다.

Point 4 스프 3장까지, 가격도 올랐다

ⓒ한국일보사, 2023

▶ 라면 스프 개수가 늘어난 건 품질 보존 외에도 제품 고급화가 주요한 요인이었다고 한다. 소위 '프리미엄 라면'이 등장하면서 포장도 복잡해졌다는 것이다. 박상규 교수는 라면의 고급화를 유지하는 과정에서 여러 스프를 넣으면서 봉지 개수가 늘었다고 말하며 과거보다 건더기를 가급적 예쁜 모양에 신선한 모습으로 들어가게 하는 것도 중시된다고 설명했다.

라면 제조업체들 또한 같은 설명이다. 팔도 사는 라면의 콘셉트에 따라서 프리미엄 라인일 경우 분말 스프를 추가할 수 있고 다른 스프를 넣을 수도 있다고 답했다.

실제 라면의 가격은 스프 개수가 늘어날수록 비싸지는 경향이 있다. 편의점 판매 기준으로 스프가 1개 들어간 〈안성탕면〉(농심 사)은 1개당 900원, 〈스낵면〉(오뚜기 사)은 1개당 850원이다. 스프가 2개인 〈신라면〉(농심 사)은 1개당 1,000원, 〈진라면〉(오뚜기 사)은 1개당 950원으로 조금 더 비싸다(2022년 12월 기준). 스프가 3개 들어간 〈신라면 블랙〉(농심 사)은 1개에 무려 1,700원이다. 〈신라면 블랙〉은 농심 사에서 '신라면의 고급화'를 모토로 출시한 라면으로 건더기, 분말스프 외에 추가로 넣는 별첨 스프가 있다(참고로 세 스프 봉지 재질 모두 아더OTHER로 물질재활용이 어렵다).

업체들도 스프 개수와 가격의 상관관계를 인정한다. 삼양식품 사는 스프가 1개인 라면의 경우 2개 이상인 라면에 비해 원료나 포장재 등이 덜 사용되기 때문에 가격도 저렴한 편이라고 말했다. 다만, 스프가 1개여도 스프 양이 많거나 액상일 경우 가격이 더 비싼 경우도 있다고 했다.

결국 비싼 라면을 먹을수록 더 많은 쓰레기를 버리게 되는 구조다. 소비자는 맛있는 라면을 기대하며 돈을 더 지불했을 뿐인데 폐기물과 죄책감을 떠안을 가능성이 더 높아진 셈이 된 건 아닐까.

Point 5 염분 때문에 스프 봉지는 재활용이 어렵다

ⓒ한국일보사, 2023

▶   '라면 스프 봉지 하나 줄어든 게 뭐 그리 중요할까?' 의문이 들 수 있다. 하지만 스프 봉지는 재활용이 어렵다. 분리배출 표시가 붙어

있는데도 말이다. 특히 스프 가루에는 염분이 있어서 태웠을 때 유독가스가 나오기 때문에 처치 곤란이다.

분말 스프 봉지의 경우 대부분 복합 재질인 아더OTHER 비닐로 만든다. 습기를 차단하기 위해서다. 아더OTHER 재질은 비닐로 다른 비닐을 만드는 등의 물질재활용은 안 된다. 고형연료SRF 등을 만드는 에너지재활용만 가능한데, 이것도 비닐이 깨끗할 때의 이야기다. 봉지에 스프 가루가 남아있으면 염분 때문에 염소CI 농도가 높아 유독가스가 발생한다. 또한 발전시설을 부식시킬 위험도 안고 있다.

결국 재활용이 가능하려면 스프 봉지까지 깨끗이 씻어서 버려야 한다. 하지만 실외에서 주로 소비하는 컵라면 특성상 소비자가 이를 지키는 건 번거로운 일이다. 소비자가 노력해서 에너지재활용이 가능해지더라도, 에너지재활용 시 온실가스 배출은 불가피하다. 재사용도 재활용도 어려운데 꼭 필요한 게 아니라면 비닐을 줄이는 게 최선이다.

Point 6 비닐 없는 포장재는 불가능할까

▶　컵라면의 스프 봉지를 없애고, 봉지라면의 스프들을 합치는 방법은 라면 제조업체가 당장 실행할 수 있는 폐기물 줄이기 방법이다. 그러나 기업들의 인식은 뒤처져 있는 게 현실이다.

다행히 새로운 포장재 개발을 통한 포장의 근본적인 변화를 추구하는 움직임도 있다. '먹을 수 있는' 포장재 개발이다. 환경문제가 심각해지면서 해외는 물론 한국에서도 활발하게 연구되고 있다. 녹말이나 단백질을 가공한 포장재에 뜨거운 물을 뿌리거나 끓일 경우 그대로 녹아 식품의 일부가 되는 원리다.

실제 라면에 이를 적용한 사례도 있다. 2019년, 영국 대학원생 홀리 그라운즈Holly Grounds는 감자 전분과 글리세린을 이용한 라면 포장재를 개발했다. 건더기와 면이 담긴 포장에 물을 부으면 포장이 녹아 스프 역할까지 한다. 10분 안에 먹을 수 있는 인스턴트 식품이 분해되는 데 수백 년이 걸리는 포장재에 담겨 판매되는 일이 모순이라는 게 개발 이유다.

■ 이 모순을 지탱하는 건 무분별한 대량생산이다. 스프 봉지가 한 번 생산되면 버려질 수밖에 없다. 소비자가 라면을 덜 먹는다고 해결될 문제가 결코 아니라는 얘기다. 비닐을 줄이거나 바꾸거나. 기업이 플라스틱 쓰레기를 대량으로 줄일 방법은 명백하다. 그렇다면 기업은 물론 정부도 지속 가능한 솔루션을 지향하고 투자해야 하지 않을까.

궁금해서 홈런볼을 떨어뜨렸습니다

제품 속 플라스틱 트레이가 꼭 필요한가요

● 　앞선 글(#라면 01, #라면 02)을 읽은 독자라면 눈치챘을 것이다. 기업에게 과도한 포장 문제를 문의하면 공식처럼 뒤따르는 답변이 있다. '제품 보호를 위해 어쩔 수 없다'는 답변 말이다. 라면의 묶음 비닐도, 컵라면의 스프 봉지에도 이 답변이 따라붙는다. 그러나 어떤 제품은 납득이 잘 되지 않는 포장으로 되어있다. 과자 포장에 포함된 트레이(받침접시)가 그렇다. 〈카스타드〉(롯데제과 사)는 폭신폭신한 느낌을 가진 과자다. 공기를 약간만 넣으면 비닐만으로 포장해도 파손될 것 같지 않다. 같은 느낌의 〈카스타드〉(오리온 사)는 플라스틱 트레이 없이 종이 상자에 넣어 판매하는데 유통에 지장이 없다. 그러나 제조업체는 비닐봉지에 트레이를 넣는다. 이 또한 제품 보호를 위함이라는 답변이 붙는다. 과연 플라스틱 트레이가 제품 보호에 꼭 필요한지 검증해볼 수 없을까. 제로웨이스트를 향한 또 다른 실험을 기획했다.

Point 1 실험 준비 : 트레이 빼고 재포장해 떨어뜨리기

©한국일보사, 2023

▶   실험 방식은 간단했다. 과자를 구매하고, 트레이를 뺀 뒤, 재포
장해 낙하 실험을 했던 것.

취재진에겐 포장 설비도, 전문 지식도 없었다. 허술하게 실험을
진행했다가 실험 조건에 허점이 생길 수 있었다. 과자로 하는 실험이
자칫 장난 같지는 않을까 걱정도 됐다. 무엇보다 실험했는데 과자가
전부 깨져버리면 어떡하나 고민이 됐다. 그렇게 된다면 시간과 비용을
들여 포장 쓰레기의 필요성을 역으로 입증하는 꼴이 된다. 해서 포장
설비와 전문 지식을 갖춘 연구소를 찾는 것이 최선이었다. 다행히 이
실험에 응해주는 연구실이 있었다. 이 실험은 박수일 연세대학교 미래
캠퍼스 패키징및물류학과 교수 연구실에서 진행했다(언론 보도를 찾아
보니 몇 년 전 과자 포장 관련 실험을 진행한 이력이 있었다. 도움을 청했더니
흔쾌히 협조해주었다).

실험에 대한 협조를 구했으니 실험 대상이 될 과자를 고를 차례.
잘 깨질 것 같은 제품과 아닌 제품을 적절히 선정했다. ①〈엄마손파이

(대형, 40개입)〉(롯데제과 사) ② 〈홈런볼(소형, 26~27개입)〉(해태제과 사)이 겉보기에 약해보이는 제품이었다. ③ 〈생생우동(1인분 1개입)〉 (농심 사) ④ 〈양반 들기름김(식탁용)〉(동원F&B 사) ⑤ 〈카스타드(대형, 12개입)〉(롯데제과 사)는 상대적으로 덜 깨질 듯했다. 취재진의 관심을 모은 제품은 ② 제품, 〈홈런볼〉이었다. ① 제품인 〈엄마손파이〉는 과자 자체가 워낙 약해서 트레이가 있어도 부서질 것 같았고 ③ 제품인 〈생 생우동〉은 별문제 없겠다고 예측했다. ④ ⑤ 제품은 뭉개지거나 바스 라질까 우려스러웠지만, 잘 버틸 것이라는 막연한 믿음이 있었다.

하지만 ② 제품, 〈홈런볼〉은 결론을 예측할 수 없었다. 손가락 하나로 세게 누르면 파스스 부서질 정도로 약한데, 무게가 가벼워서 바닥에 떨어뜨리거나 포장에 충격을 줘도 멀쩡할 것 같았다. 실험 결 과가 우려되어 실험 대상에서 뺄까 고민했지만, 만일 ② 제품이 깨지 지 않는다면 웬만한 과자는 깨지지 않을 것이라고 추측할 수 있는 기 준이 될 수도 있었다. 그럼에도 ② 제품도 깨지고 ⑤ 제품도 뭉개지고 김 제품마저 부숴질까봐 실험 전날에는 걱정으로 잠을 설쳤다. 회사에 는 "〈생생우동〉〈양반 들기름김〉〈카스타드〉 제품만큼은 깨지지 않을 겁니다."라고 큰소리를 뻥뻥 치기도 했으니 말이다.

Point 2 실험 첫 번째: 높이 150cm, 열두 번씩 떨어뜨리기

©한국일보사, 2023

▶ 2021년 1월, 연구실에 도착했다. 실험은 원래 제품에서 트레이만 제거한 뒤 열 접착기로 재포장한 제품을 낙하시켜 비교하는 방식으로 진행됐다. 모든 제품은 기존 제품의 포장을 뜯어 상태를 확인했다.

낙하 방식은 전적으로 연구실에 맡겼다. 연구실은 자유낙하 충격 시험기를 이용해 높이 150cm에서 제품을 위, 아래, 모서리, 세로 네 가지 방향으로 떨어뜨릴 것을 제안했다. 소비자가 과자를 들고 갈 때 떨어뜨릴 수 있는 모든 가능성을 열어놓고 실험했던 것이다. 네 가지 방향을 1차수로 묶고 1차(4회 낙하), 2차(8회 낙하), 3차(12회 낙하)로 나눠 실험했다.

실험을 진행한 장현호 연구원은 낙하 충격에 대한 시험 절차가 별도로 규정돼있진 않다고 말하며, 실험 표본이 적은 점을 감안해 실생활보다 강한 충격을 주는 가혹 조건으로 실험을 설계했다고 설명했다. 강도가 생각보다 가혹해서 제품이 깨질까 걱정됐지만, 실험의 객관성을 위해 실험 설계나 조건 등을 수정하지 않고 그대로 진행했다.

결과는 트레이를 빼고도 ③ ④ ⑤ 제품은 파손이 전혀 없었다. 걱정은 단순한 걱정일 뿐이었다. ② 제품 〈홈런볼〉은 실생활에서 발생하지 않는 강한 충격을 줬을 때만 파손됐다. 예상대로 ① 제품은 트레이의 유무와 상관없이 부서졌지만 트레이가 있을 경우 파손이 적었다. 장 연구원은, 〈홈런볼〉의 경우 높이 150cm에서 열두 번이나 떨어뜨리는 상황에서야 파손됐지만 이런 일이 실생활에서 발생할 가능성은 매우 낮다고 말하며 ① 제품은 트레이가 있어도 파손됐으므로 트레이가 충격 방지 기능을 수행하고 있다고 보기 어렵다고 평했다. 걱정이 무색할 정도로 트레이는 제품 보호와 큰 상관이 없었다.

실험 결과 보고서
: 과자 제품 낙하(떨어뜨리기)
※ 보고 순서는 번호 순 / 단위는 개수

♻

① 〈엄마손파이〉(롯데제과 사) (대형, 40개입)
  ✓ 1차수(네 가지 방향으로 4회 낙하): 트레이 없는 경우 대부분 파손, 트레이 있는 경우 전 제품 10~20% 파손
  ✓ 2차수(네 가지 방향으로 8회 낙하): 트레이 유무 관계 없이 대부분 파손
  ✓ 3차수(네 가지 방향으로 12회 낙하): 트레이 유무 관계 없이 대부분 파손

② 〈홈런볼〉(해태제과 사) (소형, 26~27개입)

✓ 1차수(네 가지 방향으로 4회 낙하) : 전 제품 파손 없음

✓ 2차수(네 가지 방향으로 8회 낙하) : 전 제품 파손 없음

✓ 3차수(네 가지 방향으로 12회 낙하) : 트레이 없는 경우 알갱이 7~8개
파손, 트레이 있는 경우 전 제품 파손 없음

---

③ 〈생생우동〉(농심 사) (1인분, 1개입)

✓ 1차수(네 가지 방향으로 4회 낙하) : 전 제품 파손 없음

✓ 2차수(네 가지 방향으로 8회 낙하) : 전 제품 파손 없음

✓ 3차수(네 가지 방향으로 12회 낙하) : 전 제품 파손 없음

---

④ 〈양반 들기름김〉(동원F&B 사) (식탁용)

✓ 1차수(네 가지 방향으로 4회 낙하) : 전 제품 파손 없음

✓ 2차수(네 가지 방향으로 8회 낙하) : 전 제품 파손 없음

✓ 3차수(네 가지 방향으로 12회 낙하) : 전 제품 파손 없음

---

⑤ 〈카스타드〉(롯데제과 사) (대형, 12개입)

✓ 1차수(네 가지 방향으로 4회 낙하) : 전 제품 파손 없음

✓ 2차수(네 가지 방향으로 8회 낙하) : 전 제품 파손 없음

✓ 3차수(네 가지 방향으로 12회 낙하) : 전 제품 파손 없음

Point 3　실험 두 번째: 택배로 부쳐서 받아보기

©한국일보사, 2023

▶　　낙하 실험만으로도 트레이가 필요하지 않다는 사실은 충분히
입증되었지만, 조금 더 확실한 결과를 낼 필요성을 느꼈다. 소비자가
과자를 떨어뜨릴 때뿐 아니라 유통하는 과정도 검증해야 했다. 택배로
과자를 실어나를 때는 소비자가 떨어뜨릴 때보다 더 많은 충격을 받을
수 있기 때문이다. 따라서 트레이를 제거한 제품을 택배 박스에 담아
운송해보기로 했다. 우체국 택배를 이용해 서울특별시 세 지역구(강동
구, 동작구, 마포구)에서 서울특별시 중구 한국일보사로 한 박스씩 보냈
다. 박스는 부피 60cm³(2호)로, 트레이를 뺀 제품 다섯 종류를 1개씩
담았다. 박스 안쪽에 별도의 완충재를 넣거나 박스 바깥쪽에 파손주의
스티커를 붙이진 않았다. 운송은 박스별로 3~4일 걸렸다.

　　결과는 깔끔했다. ① 제품을 제외하고는 어떤 제품도 파손되지
않았다. 운송 과정에서 큰 충격을 받아 측면이 찢어진 박스가 있었는
데, 내부 제품은〈엄마손파이〉를 포함해 어느 것도 깨지지 않았다. 다른
박스에서도〈엄마손파이〉만 각각 과자 4개, 20개가 깨졌을 뿐이었다.

　　정미란 환경운동연합 활동가는 박스가 찢어질 정도로 거친 환

경에서 운송된 제품들도 파손이 없었다고 말하며, 환경이 정돈된 기업의 물류 과정에서는 파손이 더 적을 것이라고 설명했다. 아래는 제품별 파손 정도를 요약한 것이다.

실험 결과 보고서
: 제품 택배 발송 및 수취하기
※ 보고 순서는 번호 순 / 단위는 개수

① 〈엄마손파이〉(롯데제과 사): 박스 1개에서 전 제품 파손 없음,
　나머지 박스 2개에서 각각 4개, 20개 파손
② 〈홈런볼〉(해태제과 사): 모든 박스에서 전 제품 파손 없음
③ 〈생생우동〉(농심 사): 모든 박스에서 전 제품 파손 없음
④ 〈양반 들기름김〉(동원F&B 사): 모든 박스에서 전 제품 파손 없음
⑤ 〈카스타드〉(롯데제과 사): 모든 박스에서 전 제품 파손 없음

Point 4 실험 그 이후, 트레이 유지하던 기업들

©한국일보사, 2023

▶   실험 결과를 보면 최소한 ③ ④ ⑤ 세 제품은 트레이가 불필요
해보였다. 이에 대해 〈생생우동〉의 농심 사는 제품 파손보다 공정상의
이유를 들었다. 보통 라면(면류) 제조 공정은 컨베이어 벨트에 면을 두
고 면 위에 스프를 떨어뜨린 뒤 이를 봉투로 감싸는 순서로 포장되는
데, 우동면은 굴곡이 심하고 미끄러워 별도로 트레이를 받치지 않으면
스프가 흘러내릴 수 있다고 설명했다. 〈양반 들기름김〉의 동원F&B 사
는 2020년 7월부터 김 제품에서 트레이를 제거한 에코 패키지를 유통
하고 있었다. 〈카스타드〉의 롯데제과 사는 소포장 제품은 트레이 없이
종이 박스에 유통하지만 대포장 제품에 대해서만 파손 방지 목적으로
트레이를 사용한다고 했다. 하지만 비슷한 김 제품을 유통하는 풀무원
사는 취재 당시 김이 파손된다며 트레이를 유지했다.

    〈홈런볼〉을 생산하는 해태제과 사는 제품 파손 비율이 적다고
해도 조금이라도 파손이 예상되는 이상 트레이는 필요하다는 입장이
었다. 해태제과 사는 자체 실험 결과, 트레이가 없을 때 제품 1개당 알
갱이 0~2개가 깨졌다며, 〈홈런볼〉은 알갱이 1개라도 파손이 되면 초

콜릿이 흐르는 등 제기능을 하기 어려운 과자라 트레이가 필수라고 말했다. 〈엄마손파이〉의 롯데제과 사는 제품 보호 차원에서 불가피한 선택이라며 트레이 두께를 기존에 비해 0.05mm 줄이는 등 플라스틱 사용을 최소화하고 있다고 말했다.

Point 5 김 트레이 없애면 340만 명이 텀블러 쓰는 효과

▶ 과자 1개를 보면 트레이는 별것 아닐 수 있다. 그러나 기업의 생산량 관점으로 본다면 어마어마한 양이다. 시장조사 기관 닐슨코리아는 2019년 조미 김 트레이로 쓰였던 플라스틱만 3,055톤에 달하는 것으로 추산했다. 바꿔 말하면 조미 김에 트레이를 빼면 매년 플라스틱 3,055톤을 줄일 수 있다는 뜻이다. 이는 국민 340만여 명이 1년 내내 플라스틱 컵을 사용하지 않아야 줄일 수 있는 무게다. 무엇보다 트레이는 재활용도 잘 되지 않는다. 보통 트레이는 폴리스티렌PS 재질을 쓰는데 폴리스티렌은 재활용 시장이 작고 이익 단가가 안 맞아 선별이 안 되는 문제를 안고 있다. 페트PET 재질을 사용하는 조미 김 트레이는 크기가 너무 작아 선별조차 안 되는 것이 한국의 현실이다.

정부도 기업 단위의 플라스틱 사용을 줄이기 위한 정책을 운영하지만 강도가 턱없이 약하다. 2022년 12월 기준, 정부는 자원재활용법에 따라 트레이에 무게 1kg당 100~200원대의 생산자책임재활용제도EPR를 부과하고 있다. 그러나 이는 유럽 연합EU이 2021년부터 도입한 플라스틱세(무게 1kg당 0.8유로(한화 약 1,100원, 2022년 12월 기준))에 한참 모자라, 실질적인 감축 유도 효과를 보지 못한다는 비판을 받는다.

이재영 서울시립대학교 환경공학과 교수는 플라스틱 남용은 편리성, 경제성 때문이라고 언급하며 유럽 연합ᴇᴜ은 이에 대한 패널티를 강하게 부과해 기업들이 종이 등 대체재를 이용하거나 플라스틱을 없애도록 유도하고 있다고 지적했다.

■　낙하 실험으로 막연히 품었던 의심을 검증한 건 만족스러웠다. 기업에서 말하는 제품 보호라는 설명은 더 이상 만병통치약처럼 편히 쓰이지 못할 것이었다. 당시 취재진은 이후에 일어날 변화까지 기대하지 못했다. 환경단체 환경운동연합에서 실험 결과를 토대로 실질적인 변화를 기업에 요구했다. 지금 와서 고백하자면 그런다고 기업이 변할까, 하는 생각을 갖고 있었다. 그러나 변화를 요구하는 시민들의 힘은 생각보다 컸다.

플라스틱 트레이 제거보다
더 중요한 것

2021년 4월 29일. 서울특별시 용산구에 위치한 해태제과 본사 앞에 야구 유니폼을 입은 환경단체 환경운동연합 활동가가 등장했다. 〈홈런볼〉 과자 모양의 판넬에 '홈런볼, 홈런 치기 전에 트레이부터 치워!'라고 적고, 이를 야구방망이로 때리는 퍼포먼스를 하기 위해서였다. 플라스틱 트레이가 없어도 제품에 지장이 없으니 제거해 줄 것을 기업에 요청했던 것이다. 이 기자회견을 해태제과 사가 제지하며 다소 험악한 분위기가 조성되기도 했다고 한다(이 기자회견은 적법하게 경찰에 신고한 뒤 진행했다. 해태제과 사에 어떤 물리적 피해도 입히지 않았고 정당한 절차로 진행했다).

©환경운동연합

사실, 다소 험악했다는 이 퍼포먼스는 정중한 요청이 가로막힌 끝에 진행되었던 것이다. 이 기자회견에 앞서 환경운동연합은 트레이 실험 대상 기업들에 수차례에 걸쳐 공문과 질의서를 보내 제거 계획을 물었다. 이에 농심 사와 롯데제과 사가 트레이를 제거할 계획이 있다고 답했다. 해태제과 사는 안전한 유통과 소비를 위해 필수 불가결하다고 답했다. 종이로 트레이를 대체하는 건에 대해서는 위생, 생산, 경제 측면에서 (대체가) 어렵다고 대답했다.

예견된 반응이었다. 취재진이 과자 제품 낙하 실험(#과자 02)을 한 뒤 기업에 실험 결과에 대한 입장을 물었을 때에도 해태제과 사의 대답은 똑같았다. 〈홈런볼〉은 알갱이 1개라

도 파손이 되면 초콜릿이 흐르는 등 제 기능을 하기 어려운 과자 제품이라 트레이가 필수라고 답했다. 대체재를 개발하는 방안을 검토하겠다는 원론적인 답변도 없어, '실험은 실험이고 기사는 기사일 뿐 실제로 변화하지 않겠구나. 세상의 이치라는 게 이렇기 마련이지' 체념했다.

그러나 환경운동연합은 체념하지 않았다. 다소간의 실랑이를 감수하면서 말이다. 플라스틱과 기후 위기 문제를 더 심각하고 시급하게 여기고 있어서였을 것이다. 어쩔 수 없다고 체념해서는 해양생물이 플라스틱을 먹고 죽는 것, 한반도 면적 몇 배의 쓰레기 섬이 태평양에 생기는 것, 더 이상 쓰레기를 묻을 곳이 없어 주민들이 갈등을 빚는 문제, 불필요한 플라

스틱을 양산하느라 탄소가 뿜어져나오는 상황을 막을 수 없다는 것을 잘 알아서였을 것이다.

2023년 2월 기준, 우리는 종이 트레이에 담긴 〈홈런볼〉을 만날 수 있다(해태제과 사는 2022년 8월, 새로 공장을 지어 종이 트레이 제품 생산에 돌입했다고 밝혔다). 농심 사도 2023년 1분기까지 〈생생우동〉 트레이를 종이로 바꾸겠다고 밝혔다. 롯데제과 사 〈카스타드〉는 2021년부터 종이 트레이로 바뀌었다. 트레이를 없앤 김 제품은 동원F&B 사뿐만 아니라 CJ제일제당 사 브랜드 '비비고' 등에서도 나오게 되었다. 트레이를 완전히 제거하지 않은 건 아쉽지만 한 걸음의 변화는 생긴 것이다.

해외에서는 정부가 나서서 강도높게 플라스틱 사용을 규제하고 있다. 영국은 2022년 4월부터 플라스틱 포장재에 재생 플라스틱을 30% 이상 혼합해 만들지 않으면 1톤당 200파운드(한화 약 31만 원, 2022년 12월 기준)를 부과한다. 프랑스는 2021년 1월부터 빨대, 식품 용기, 컵 덮개, 폴리에틸렌PE 음식 포장재 등 생활 플라스틱 사용을 전면 금지했다. 기업 행사에서 일회용 생수병을 무료로 배포하는 것도 금지다. 어떻게 이럴 수 있었을까. 영국기후변화위원회CCC(-Committee on Climate Change) 관계자는, 영국은 환경단체 등 시민사회에서 환경문제에 대한 압박이 굉장히 높다며 정부와 기업이 이를 외면할 수 없다고 했다. 적극적인 환경 정책의 배경으로 시민단체의 압박을 꼽은 것이다.

그 방법과 요구는 정당해야 하나 시민단체의 역할이 얼마나 중요한지 보여주는 대목이다. 영국이 플라스틱에 강도 높은 규제를 꺼내기까지 얼마나 많은 사람들의 '험악한 시위'가 있었겠는가. 환경운동연합의 요구와 퍼포먼스가 그랬던 것처럼 말이다.

한국이 가야 할 길은 멀다. 플라스틱엔 1kg당 100~200원의 생산자책임재활용제도EPR를 매기는 것 외에 별다른 제재를 하지 않고 있다. '일회용 컵 보증금제'처럼, 2022년에 시행 예정이었던 플라스틱 감축 정책들도 축소되고 있다. 탄소 감축 정책도 미진하다. 그러니 시민단체의 역할이 중요하다. 우리가 직간접적으로 정책 결정에 목소리 낼 수 있는 기회는 많다. 관련 이슈를 두 눈 부릅뜨고 찾고 환경단체의 서명 운동에 참여하고 시위에 참여하는 것이다. 체념하지 않을 때 트레이도 빠지고 정책도 진일보한다. 설령 답답한 속도로 움직일지라도 말이다.

초콜릿 6알,
포장 쓰레기 14개

상업주의가 낳은 쓰레기 괴물

● 　 하트 모양의 상자, 초콜릿 꽃다발, 곰 인형이 든 과자 바구니. 매년 봄마다 밸런타인데이와 화이트데이 시즌이 다가오면 편의점 앞에는 선물 세트가 진열된다. 화려하고 기발한 겉모습에 감탄하기를 잠시, 이런 생각이 든다. '저 커다란 선물 세트에 초콜릿은 몇 개나 들었을까?' 군것질을 좋아하는 편이지만 '질소 과자'를 비롯한 과대 포장에 속은 적이 많았던 신 기자에게 이 질문은 자연스럽게 머릿속에 떠올랐다. 실제로 편의점 및 제과점에서 파는 밸런타인데이 및 화이트데이 선물 세트 8개의 제품을 뜯어보니 혹시나 하던 예상은 역시나로 적중했다. 초콜릿 6알이 든 한 제품에서 14개의 포장 쓰레기가 나왔기 때문이다. 이 정도면 선물이라기보단 '예쁜 쓰레기'나 다름없었다.

Point 1 포장 횟수 평균 세 번, 전 제품 과대 포장

▶ 취재진이 분석했던 제품은 ① 〈페레로 로쉐 플라워(10입)〉(편의점 CU(BGF리테일)) ② 〈위토스 디럭스 골든 포커〉(파리바게뜨(파리크라상) 사) ③ 〈에이스 부케〉(편의점 GS25(GS리테일)) ④ 〈페레로 로쉐 트라이온(3구)〉(편의점 세븐일레븐(코리아세븐)) ⑤ 〈스윗데이〉(편의점 이마트24(이마트)) ⑥ 〈에스더버니 메가 롤리팝〉(편의점 GS25(GS리테일)) ⑦ 〈미니 화환〉(편의점 이마트24(이마트)) ⑧ 〈츄파춥스 가방〉(편의점 GS25(GS리테일)) 등이다. 실험 방법은 포장을 뜯어보고, 세어보고, 자와 저울로 재보는 순서로 진행했다.

　　환경부 기준에 따른다면 선물 세트 과대 포장은 원칙적으로는 불가능하다. 환경부 고시 '제품의 포장재질, 포장방법에 관한 기준 등에 관한 규칙(제품포장규칙)'은 제과 및 선물류(종합 제품)의 포장 횟수는 2차 이내로 제한하기 때문이다. 하지만 이를 지킨 건 2차 포장을 한 ⑧ 제품뿐이었다. 환경부의 규칙은 초콜릿 알 자체를 감싸는 낱개 포장과 내용물이 흔들리지 않도록 넣는 고정재를 포장횟수에서 제외해주는데, 이를 빼더라도 대부분의 제품 포장 횟수가 3차를 넘어섰다.

　　포장 횟수가 많아지면 쓰레기도 늘어나는 법. 선물 세트 1개당 발생한 쓰레기는 평균 5.4개였다. 선물을 받은 행운의 주인공은 대여섯 개의 쓰레기를 주섬주섬 분리배출 할 운명인 것이다.

　　③ 제품은 포장 쓰레기가 무려 14개나 됐다. 4차 포장의 결과물이다. 겉보기에도 가장 화려했기에 어찌 보면 당연한 결과였다. 길

이 35cm, 지름 22cm의 큼직한 꽃다발은 비닐 3장과 뼈대가 되는 묵직한 플라스틱으로 만들어졌다. 꽃다발 속을 채운 꽃과 초콜릿 뚜껑 모두 플라스틱이었다. 초콜릿은 단 6알뿐이었다.

①②제품은 4차 포장으로 보이지만, 환경부 고시에 따르면 3차 포장이다. 고정재는 포장 횟수에 포함되지 않기 때문. 내용물이 부서지거나 망가지는 걸 방지하고 상품 생산을 자동화하기 위해 받침 사용이 불가피하다는 제조업체 측의 설명과 이유에서다. ①제품에서는 5개, ②제품에서는 4개의 포장 쓰레기가 나왔다.

④⑥제품에서도 각각 5개의 쓰레기가 나왔다. 길쭉한 꽃다발인 ④제품은 비닐과 조화 등 쓰레기가 대부분이었고, 내용물은 초콜릿 3알뿐이었다. ⑥제품은 막대사탕 1개에 15개의 작은 막대사탕들을 담았는데, 포장 틀에 길이 34cm, 지름 11cm의 플라스틱이 사용됐다.

⑤⑦제품에서 나온 포장은 4개. 과자별 봉지 포장과 내용물 중 일부인 (곰 인형)과 마스크는 제외했다. 과자 바구니를 비닐로 감싼 ⑤제품의 내용물은 봉지 과자 4개, 막대사탕 4알 그리고 곰 인형. 과자 하나를 열어보니 트레이가 깨져 있었다. 3차 포장이 무색한 순간이었다. 화환 모양 종이 박스인 ⑦제품에는 여덟 종류의 과자와 마스크, 곰 인형이 들어있었다. ⑦제품 중에서 종이 및 비닐로 이중 포장된 〈빼빼로〉(롯데제과 사)는 3차 포장, 나머지는 2차 포장이었다.

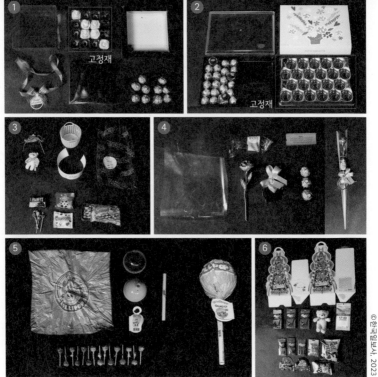

실험 결과 보고서
: 포장 쓰레기 개수 확인하기

※ 보고 순서는 번호 순 / 단위는 개수

① 〈페레로 로쉐 플라워(10입)〉(편의점 CU(BGF리테일)): 5개(고정재 포함)

② 〈위토스 디럭스 골든 포커〉(파리바게뜨(파리크라상) 사): 4개(고정재 포함)

③ 〈에이스 부케〉(편의점 GS25(GS리테일)): 14개

④ 〈페레로 로쉐 트라이온(3구)〉(편의점 세븐일레븐(코리아세븐)): 5개

⑤ 〈스윗데이〉(편의점 이마트24(이마트)): 4개

⑥ 〈에스더버니 메가 롤리팝〉(편의점 GS25(GS리테일)): 5개

⑦ 〈미니 화환〉(편의점 이마트24(이마트)): 4개

⑧ 〈츄파춥스 가방〉(편의점 GS25(GS리테일)): 2개

Point 2　플라스틱 꽃다발은 포장이 아니다?

▶　각 제품의 무게 중 포장이 차지하는 비중은 평균 40.2%에 달했다. 포장 쓰레기가 가장 많았던 ③ 제품은 전체 무게(249g)에서 포장(173g)이 69.5%나 차지했다. 이 정도면 정가의 70%는 쓰레기 값이라고 해야겠다. ③ ④ 제품 같은 꽃다발형 선물은 내용물에 비해 포장이 압도적이었다. ④ 제품은 무게로만 보면 전체 무게(58g) 중 포장(20g)이 34.5%지만, 개수로 따지면 내용물 대비 포장이 적다고 볼 수 없었다. 중요한 점은 선물 세트에 들어간 꽃 모양 장식은 포장이 아니라는 것이다. 정부기관의 말에 따르면 그렇다. 한국환경공단에 문의하니 소비자 중에는 꽃다발에 의미를 두고 보관할 사람도 있는 만큼 꽃다발이나 꽃을 폐기물로 보기 어렵다는 설명이 돌아왔다. 하지만 ③ 제품은 초콜릿을 빼낼 경우 접착제가 그대로 드러나고, ④ 제품은 초콜릿을 먹기 위해 해체가 불가피하다. 보관 가치가 떨어져보이지만 소비자의 주관에 따라 쓰레기인지 아닌지 갈리는 모호한 상황이 발생한다.

두 번째로 포장 비중이 큰 제품은 ① 제품이었다. 전체 무게(239g) 중 포장(113g)이 47.2%였다. 제품 가격 1만 8,000원을 무게에 적용하면 이중에서 8,496원은 포장재 값인 셈이다.

① 제품의 내용물은 초콜릿 10알. 고정재에 꽃 장식 6개가 자리를 차지하며 포장 무게를 더 키웠다. 역시 고정재와 플라스틱 상자를 사용한 ② 제품도 전체 무게(494g)에서 포장(219g)이 44.3%를 차지했다. 포장 대부분이 플라스틱인 ⑥ 제품도 전체 무게(210g) 중 포장(75g)이 35.7%였다. 부직포 가방으로 포장한 ⑧ 제품은 포장(127g)

이 전체 무게(684g)의 18.6%로 가장 적은 비중으로 나타난 제품이었다.

⑤ ⑦ 제품은 과자를 제외하고 나머지 부분의 비중이 각각 35.1%(80g), 41.5%(281g)였는데, 이를 곧 포장 비중이라 할 순 없었다. 한국환경공단은 두 제품에 포함된 곰 인형이 '포장이 아닌 상품'이라 정의했기 때문. 하지만 곰 인형은 선물이라기엔 품질이 아쉬웠다. 하지만 인형이 클수록 과자의 양이 적어도 과대 포장이란 비난을 피할 수 있을 것이다.

실험 결과 보고서
: 전체 무게 및 포장 무게 측정하기

※ 보고 순서는 번호 순 / 단위는 그램(g) 및 퍼센트(%)
※ 전체 무게, 포장 무게, 비중 퍼센트 순으로 기재

① 〈페레로 로쉐 플라워(10입)〉(편의점 CU)

✓ 전체 무게: 239g   ✓ 포장 무게: 113g   ✓ 비중: 47.2%

- -

② 〈위토스 디럭스 골든 포커〉(파리바게뜨 사)

✓ 전체 무게: 494g   ✓ 포장 무게: 219g   ✓ 비중: 44.3%

- -

③ 〈에이스 부케〉(편의점 GS25)

   ✓ 전체무게: 249g   ✓ 포장 무게: 173g   ✓ 비중: 69.5%

----

④ 〈페레로 로쉐 트라이온(3구)〉(편의점 세븐일레븐)

   ✓ 전체 무게: 58g   ✓ 포장 무게: 20g   ✓ 비중: 34.5%

----

⑤ 〈스윗데이〉(편의점 이마트24)

   ✓ 전체 무게: 227g   ✓ 포장 무게: 80g   ✓ 비중: 35.1%

----

⑥ 〈에스더버니 메가 롤리팝〉(편의점 GS25)

   ✓ 전체 무게: 210g   ✓ 포장 무게: 75g   ✓ 비중: 35.7%

----

⑦ 〈미니 화환〉(편의점 이마트24)

   ✓ 전체 무게: 677g   ✓ 포장 무게: 281g   ✓ 비중: 41.5%

----

⑧ 〈츄파춥스 가방〉(편의점 GS25)

   ✓ 전체 무게: 684g   ✓ 포장 무게: 127g   ✓ 비중: 18.6%

Point 3 친환경 포장도 결국 플라스틱이었다

▶ 편의점업계는 2021년 1분기 선물 세트에 친환경 트렌드를 반영했다고 주장했다. 세븐일레븐 사는 재사용 가능한 에코 백 포장을 사용했다고 덧붙였다. GS25 사는 주력 상품에 플라스틱, 비닐 대신 종이박스 포장을 이용했다고 설명했다.

⑦ ⑧ 제품이 이 설명에 부합하는 제품이었다. ⑦ 제품은 플라스틱은 없지만 코팅된 종이 박스다. 재활용은 가능하지만 한국에는 선별 분류 체계가 갖춰지지 않아 폐기되곤 한다. 부직포 에코 백으로 포장한 ⑧ 제품은 친환경 상품이라 보기 어려웠다. 2018년 덴마크 환경식품부 조사에 따르면, 1개의 에코백은 최소 7,100번 재사용해야 비닐봉지를 덜 쓴 만큼의 효과가 있다고 밝혔다. 에코 백 제조 과정에서 발생하는 온실가스가 상당하기 때문. 더구나 ⑧ 제품은 재활용이 되지 않는 부직포로 만들어진 만큼 말 그대로 버리지 않고 계속 사용해야만 환경보호 효과가 있을 것으로 보였다.

③ ⑤ ⑥ 제품은 플라스틱과 비닐로만 포장됐다. ⑤ 제품의 플

라스틱 바구니와 ⑥ 제품의 막대사탕 모형은 폴리프로필렌PP 재질로 재활용이 가능하다. 하지만 두 제품을 포장한 비닐에 대해서는 명확한 표기가 없었다. ③ 제품의 플라스틱과 비닐 포장재는 모두 아더OTHER, 즉 합성 플라스틱으로 재활용이 어려웠다.

① ② ④ 제품은 플라스틱 포장에 종이가 더해졌다. 그나마 ① ② 제품의 플라스틱 박스와 고정재에는 페트PET, 폴리스티렌PS 등 재활용 가능한 재질이 쓰였다. 다만 고정재에 염료가 섞이고 접착제가 남아있어 실제 재활용은 쉽지 않아보였다. 폴리스티렌PS 역시 재활용 시장 규모가 작아 실질적인 재활용률은 낮은 편이다. ④ 제품은 포장재로 폴리프로필렌PP 재질의 비닐이 사용됐다.

실험 결과 보고서
: 포장 재질 확인하기

※ 보고 순서는 번호 순

① 〈페레로 로쉐 플라워(10입)〉(편의점 CU)

✓ 페트PET, 폴리스티렌PS (재활용 가능)

✓ 특이 사항: 고정재에 염료 및 접착제 남아있어 재활용 어려움

- -

② 〈위토스 디럭스 골든 포커〉(파리바게뜨 사)

✓ 페트PET, 폴리스티렌PS (재활용 가능)

✓ **특이 사항: 고정재에 염료 및 접착제 남아있어 재활용 어려움**

-----

③ 〈에이스 부케〉(편의점 GS25): 비닐 아더OTHER (재활용 어려움)

-----

④ 〈페레로 로쉐 트라이온(3구)〉(편의점 세븐일레븐)
✓ **비닐 재질 폴리프로필렌PP (재활용 가능)**

-----

⑤ 〈스윗데이〉(편의점 이마트24)
✓ **폴리프로필렌PP (재활용 가능), 비닐 재질 미상**

-----

⑥ 〈에스더버니 메가 롤리팝〉(편의점 GS25)
✓ **폴리프로필렌PP (재활용 가능), 비닐 재질 미상**

-----

⑦ 〈미니 화환〉(편의점 이마트24): 코팅 종이 (재활용 가능)

-----

⑧ 〈츄파춥스 가방〉(편의점 GS25): 아더OTHER (재활용 어려움)

Point 4 기념일 상업주의가 만드는 쓰레기 산

▶   한국에서 매년 발생하는 생활 폐기물 중 포장 쓰레기는 약 40%
비율로 추정된다. 환경부에 따르면, 2020년 약 1,730만 톤의 폐기물
이 발생했는데 이중 692만 톤은 포장 쓰레기로 볼 수 있는 것이다.

기념일 시즌이 되면 고개를 드는 상업주의와 화려한 포장이 일

조했다. 실제 기념일 시즌에 제과류 매출은 평소보다 30% 증가한다고 한다. 2020년 밸런타인데이 시즌에도 편의점 GS25는 관련 상품 매출이 전년 대비 34.1%, 편의점 세븐일레븐은 25.1% 늘었다. 더욱이 기념일은 한철 장사여서 팔리지 않은 제품의 포장도 쓰레기로 넘겨진다. 편의점업계는 수요를 예측해 한정된 양만 생산하되 남은 건 개별 상품으로 나눠 판매한다고 말한다. 포장을 풀어 내용물을 끝까지 소진한다는 말인데, 이 경우에도 사용하지 않은 포장이 그대로 쓰레기가 되어 버려질 가능성이 높아진다.

코로나19 확산으로 기념일 선물을 배달하기 시작한 것도 또 하나의 문제다. 편의점 GS25와 편의점 CU 등은 2020년 화이트데이 시즌부터 배달 프로모션을 진행하고 있다. 두 회사 모두 사용자가 늘고 있다고 자랑하는 효자 상품. 하지만 선물 포장에 이어 배달 포장까지 더해지면 쓰레기양은 더더욱 늘어날 가능성이 높다.

■   누군가는 소비자가 화려한 선물을 찾으니 이에 맞춰 기업도 포장하는 것이라고 말할지 모르겠다. 한때 화려한 포장을 선호하는 문화가 만연했던 것도 인정한다. 그러나 제로웨이스트의 중요성이 커진 지금은 다르다. 기업들의 포장 방식은 소비자로부터 선택권을 빼앗는 것 같다. 나 역시 기념일 선물을 사러 갔다가 발길을 돌린 적이 있다. 포장이 단순하면서 품질 좋은 선물을 찾기 위해 백화점 내 여러 매장을 들렀지만 도무지 찾을 수 없었기 때문이다.

무엇보다도 선물 과대 포장은 정부가 용인해온 문제다. 환경부

는 이미 관련 규칙을 만들고 적절한 포장 횟수나 빈 공간의 비중 등을
세세히 정해놨다. 하지만 이를 업체에서 지키는지는 단속하지 않는
실정이다. 2019년 기준, 규칙 위반이 의심돼 검사 명령을 받은 것은
1,650건에 불과했다고 한다. 적발되지 않으니 개선도 없는 것이다.
규제기관이 손 놓고 있는 한 포장 문화는 저절로 바뀌지 않을 것이다.

종이는 플라스틱보다
친환경에 가까울까?

플라스틱 트레이에 대한 이야기를 끝내기 전, 한 가지만 더 짚고 싶다. 트레이를 종이 트레이로 대체하는 상황에 대한 얘기다. 환경단체 환경운동연합의 압박 후 많은 기업들이 트레이를 종이로 대체하겠다고 밝혔다. 그러나 종이 포장재가 플라스틱 포장재보다 더 친환경적이라는 증거는 없다. 물론 종이가 플라스틱보다 탄소 배출은 적지만 다른 요소에서 환경에 영향을 미친다. 그러니 '없애도 되는 포장재는 없애는 것이 최선'이라는 점이 환경 전문가들의 일관된 주장이다. 종이를 사용해도 환경오염은 발생한다.

종이와 플라스틱의 환경 영향에 대한 과학적 분석은 생각보다 많다. 대표적인 사례를 하나 소개한다. 2018년 스웨덴-스위스의 멸균 팩 제조업체 테트라 팩 사(테트라 팩은 멸균 팩 시장의 80%를 차지하는 다국적기업이다. 냉장고에 넣을 필요 없이 상온에 보관하는 멸균 유제품을 만든다)가 조사한 보고서다. 당시 이 회사는 플라스틱 빨대가 해양생태계를 망친다는 비판을 받고 있었다. 종이곽 옆에 붙은 빨대 때문이었다. 따라서 회사는 빨대를 종이 재질로 바꿀 계획을 짰다. 그리고 정말 친환경적인지 판단하기 위해 연구를 의뢰했다. 오스트레일리아의 환경 연구 기관 싱크 스텝Think Step에 종이 빨대와 플라스틱 빨대에 대한 전 과정 평가LCA(Life-Cycle Assessment)를 의뢰했던 것이다.

연구는 1년 동안 진행됐다. 2019년, 싱크 스텝은 연구 보고서를 발간했다. 플라스틱 빨대와 종이 빨대 중 어느 것이 친환경적인지에 대한 연구의 대해서는 "플라스틱과 종이 중 어떤 물질이 더 좋은지 추천하기 어렵다. 각 선택지의 환경 영향이 상이하다(즉, 각 선택지의 장단점이 각각 다르므로 장단점의 영향을 더하고 빼면 똑같다는 뜻이다)."고 결론 내렸다. 다시 말하면 플라스틱과 종이 모두 환경 영향이 있고, 각각 영향을 크게 미치는 영역이 달라 어느 하나가 절대적으로 낫다고 단정지을 수 없다는 뜻이다.

플라스틱 빨대는 탄소 배출, 자원 순환 측면에서 종이 빨대보다 악영향이 컸다. 반면, 종이 빨대는 산성화, 부영양화, 물 부족 측면에서 플라스틱 빨대보다 악영향이 컸다. 정리하자면 플라스틱은 탄소를 더 많이 배출하고 재활용 등 환경문제를 더 많이 일으킨다. 반면 종이는 토양과 물을 더 심각하게 망친다. 게다가 종이가 탄소를 적게 배출한다지만 전혀 배출하지 않는 것도 아니었다. 종이 빨대 제품 무게 약 0.4kg당 탄소 0.52kg(플라스틱은 0.9kg)를 배출했다. 이 결과에 연구진은, 기후 위기가 가장 심각한 환경문제임을 고려할 때 종이 사용이 나을 수 있다고 덧붙였다. 탄소를 상대적으로 적게 배출하니 굳이 고르면 종이가 낫다는 것이다. 현재 테트라 팩 사는 플라스틱과 종이 빨대 모두 생산해 거래처가 선택할 수 있도록 운영하고 있다.

배달 음식

배달 음식,
이게 최선입니까?

2인분 음식에 일회용품 15개 배달 왔습니다

●   다 먹은 짜장면 그릇은 철가방에 담겨 가게 주인에게 돌아가는 게 당연하던 시절이 있었다. 지역에 따라 다르겠지만 불과 5~6년 전만 해도 그랬다. 그때를 떠올리며, 배달 음식을 주문하면서 다회 용기로 담아달라고 요청해보기로 했다. 테이크 아웃 할 때 다회 용기에 담아가는 '용기내 챌린지'(2020년 4월, 환경단체 그린피스 서울사무소에서 시작한 제로웨이스트 운동이자 명칭)의 배달 음식 버전이랄까. 취재진은 배달 앱(애플리케이션) 배달의민족과 요기요에서 제일 인기가 높은 음식 10개를 2인분씩 주문했다. 앱으로 다섯 메뉴를 주문하며 요청 사항에 다회 용기에 담아달라고 적었다. 나머지 다섯 메뉴는 전화로 주문했다. 정중히 부탁하면 다회 용기에 담아주지 않을까 하는 기대였다. 결과는 모든 업체 거절. 주문한 메뉴는 일회용품에 담겨 도착했다. 눈앞에 작은 쓰레기 산이 순식간에 만들어졌다.

Point 1 배달 한 번에 일회용 쓰레기 평균 10개

▶   메뉴는 중국 음식(탕수육과 짜장면과 짬뽕), 치킨, 돈까스, 분식
(떡볶이와 튀김), 한식(김치찌개와 불고기), 족발, 초밥, 곱창, 피자, 후식
(팬케이크와 커피)을 선정했다.

중국 음식에도 일회용품 15개가 쓰였다. 이중에서 8개가 플라
스틱이었다. 탕수육과 소스, 짜장 소스와 면, 짬뽕 국물과 면이 각각 배
달되며 양이 늘었다. 족발 또한 일회용품이 15개로 이중에서 10개가
플라스틱이었다. 족발 음식 자체는 용기 1개에 담겼지만 쌈 채소, 막
국수, 김치 등이 각각 배달돼 개수가 늘었다. 쌈장이나 마늘을 담은 작
은 용기, 밀봉을 뜯는 플라스틱 칼도 더해졌다. 한식도 14개의 일회용
품이 나왔으며 10개가 플라스틱이었다. 후식인 팬케이크와 커피에도
13개의 일회용품이 쓰였다. 팬케이크는 종이 상자에 배달됐지만 곁들
여 먹는 크림 통과 커피 컵 등 플라스틱만 9개가 나왔다. 배달 음식의
용기들을 분석한 결과, 2인분 기준 메뉴 1개당 평균 6.2개의 플라스틱
이 사용됐다. 종이 컵, 나무젓가락, 비닐봉지 등 기타 일회용품을 함께

실험 결과 보고서
: 플라스틱 포장 쓰레기 개수 확인하기

※ 보고 순서는 내용 순 / 단위는 개수 / 2인분 기준

① 중국 음식(탕수육과 짜장면과 짬뽕): **플라스틱 8개**(일회용품 전체 15개)

② 치킨: **플라스틱 2개**(일회용품 전체 4개)

③ 돈까스: **플라스틱 5개**(일회용품 전체 8개)

④ 분식(떡볶이와 튀김): **플라스틱 3개**(일회용품 전체 9개)

⑤ 한식(김치찌개와 불고기): **플라스틱 10개**(일회용품 전체 14개)

⑥ 족발: **플라스틱 10개**(일회용품 전체 15개)

⑦ 초밥: **플라스틱 3개**(일회용품 전체 4개)

⑧ 곱창: **플라스틱 9개**(일회용품 전체 10개)

⑨ 피자: **플라스틱 3개**(일회용품 전체 5개)

⑩ 후식(팬케이크와 커피): **플라스틱 9개**(일회용품 전체 13개)

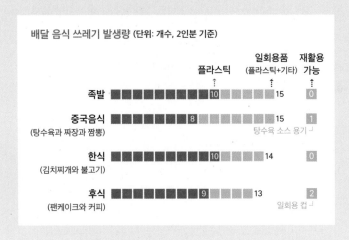

배달 음식 쓰레기 발생량 (단위: 개수, 2인분 기준)

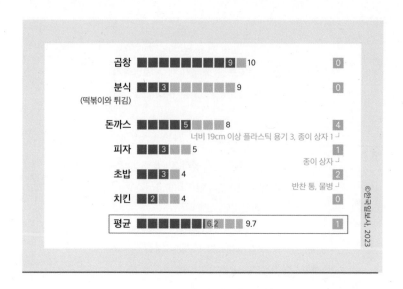

곱창	■■■■■■■■ 9 ■ 10	0
분식 (떡볶이와 튀김)	■■ 3 ■■■■■ 9	0
돈까스	■■■■ 5 ■■■ 8	4
	너비 19cm 이상 플라스틱 용기 3, 종이 상자 1	
피자	■■ 3 ■■ 5	1
	종이 상자	
초밥	■■ 3 ■ 4	2
	반찬 통, 물병	
치킨	■ 2 ■■ 4	0
평균	■■■■■ 6.2 ■■ 9.7	1

©한국일보사, 2023

계산할 경우 평균 9.7개의 일회용 쓰레기가 나왔다. 참고로, 빅데이터 분석업체 아이지에이웍스에 따르면 2022년 10월 한 달 주요 배달 앱 서비스 사용자 수는 2,312만 명이었다. 약 2,000만 명이 주문한다면 한 달에 약 1억 9,400만 개의 일회용품이 버려지는 셈이다. 플라스틱 쓰레기만 따져도 한 달에 약 1억 2,400만 개다.

Point 2 배달하면서 용기 변형까지, 재활용 가능한 건 없다시피

©한국일보사, 2023

▶   배달 음식 각 메뉴당 물질재활용이 가능한 경우는 평균 1.0개에 그칠 것으로 분석됐다. 재질 뿐 아니라 세척 상태, 크기 등을 보수적으로 고려한 결과다. 플라스틱을 씻었을 때 음식물 색이 배어 남아 있다면 단일 재질이라도 재활용 대상으로는 점수가 깎인다. 크기 또한 고려 대상. 손바닥보다 작은 플라스틱들도 선별 과정에서 작업자가 골라내기 어려워 누락될 가능성이 높다.

배달 음식 폐기물의 약 90%는 버려질 운명이었다. 배달된 플라스틱 용기는 모두 폴리프로필렌PP이나 폴리스티렌PS 단일 재질로 재활용이 가능했다. 하지만 배달 과정에서 플라스틱 용기가 변형되면서 재활용 가능성은 낮아졌다.

족발 용기가 대표적이었다. 용기를 밀봉하면서 플라스틱에 비닐이 단단히 붙었는데, 이로 인해 플라스틱이 이중 재질이 되어 재활용이 어렵게 된 것. 곱창, 떡볶이 등을 담은 15개의 플라스틱 용기가 이와 같이 변형됐다. 일부 시민들은 비닐이 붙은 부분을 가위로 잘라 분리배출 한다. 하지만 재활용을 위해 소비자들이 많은 손품을 들여야 하는 셈이다. 곱창과 함께 배달된 부추나 쌈 채소처럼 작은 비닐이나 종이봉투에 담겨도 되는 사이드 메뉴 역시 플라스틱 용기에 배달돼 분리배출 할 플라스틱이 늘어난 것은 덤이었다.

세척해도 빨간 국물이나 기름기가 남아 재활용이 불가능할 것으로 판단되는 용기도 6개. 이는 주방용 세제를 사용해 수차례 닦은 결과다. 크기가 작아 재활용 가능성이 낮은 용기도 24개. 소스 통의 크기는 너비 7cm, 높이 3cm이며 국그릇도 너비 10.5cm, 높이 6.5cm에 그친다. 선별장 여건상 길이 15cm 이하의 작은 플라스틱들은 재활용 대상으로 선별되지 못한 채 버려지기 십상. 피자 고정용 플라스틱, 플라스틱 칼 등이 여기에 해당된다.

스티로폼 재질의 초밥 용기는 색이 덧입혀져 재활용이 불가능했다. 흰색 스티로폼과 섞이면 품질이 떨어져 선별장에서 걸러내 버려진다. 투명 일회용 컵은 페트PET 재질이어서 재활용 가능으로 분류했다. 그러나 장담할 수는 없었다. 한 선별업체는 일회용 컵은 페트PET 외에도 폴리프로폴렌PP 등 여러 재질로 만드는데 눈으로 봐서는 구분이 되지 않기에 선별하기 어렵다고 말했다.

Point 3 그리고 일회용품만 남았다

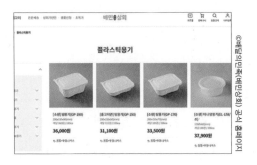

소비자는 배달 음식을 주문했을 뿐, 많은 일회용품까지 주문하지 않았다. 사실상 소비자에게 배달 용기 선택권이 없다. 플라스틱 대란 앞에서 더욱 무력해지는 이유다. 업체들이 다회 용기에 담아달라는 요청을 거절한 이유 모두 회수가 어렵다는 점을 들었다. 중국 음식점 점주는 직고용한 배달원이 아닌 배달 플랫폼 소속 라이더가 배달하기에 다시 가져오지 못한다고 설명했다. 배달 플랫폼의 시장 지배력이 커지면서 다회 용기 또한 사라진 셈이다.

다회 용기 대여 서비스 스타트업 트래쉬버스터즈 곽재원 대표는 배달 앱 의존도가 높아지고 시장 경쟁이 붙으면서 업체 측에서도 비용을 들여 수거 인력을 두는 대신 저렴한 일회용품을 사용할 수밖에 없는 구조가 됐다고 분석했다.

배달 앱을 운영하는 기업은 비용 문제 상 현행 구조를 바꾸기 어렵다는 입장이다. 배달의민족(우아한형제들) 사는 배달 용기를 수거할 때 발생하는 비용은 업주와 소비자가 나눠서 부담해야 한다며, 지금 내고 있는 배달비보다 훨씬 더 많은 금액을 지불해야 하기에 논의가 필요하다고 말했다. 요기요(위대한상상) 사는 친환경 다회 용기 서비스를 내부적으로 검토한 바 있지만, 모든 비용을 자사는 물론 업주가 부담해야 하는 상황이라 서비스를 당장 실행하기에는 어려운 점이 많다고 말했다. 양심의 가책을 느끼는 건 소비자의 몫이 됐다. 환경단체 녹색연합이 2020년 시민 750명에게 설문한 결과, 76%(570명)가 배달 쓰레기를 버릴 때 불편함과 걱정 또는 죄책감을 느끼고 있다고 밝혔다.

Point 4 소극적인 정부, 책임 없는 배달 플랫폼

▶   정부도 문제 해결에 소극적이다. 배달 음식 주문 시 일회용품을 사용할 수 있도록 허용한 현행 '자원의 절약과 재활용촉진에 관한 법률(자원재활용법)'에 대해 환경부는 어쩔 수 없는 예외라고 말했다. 일회용품 사용을 규제하려면 다회 용기 수거 체계 등 대체재나 대체할 만한 체계가 갖춰져야 하는데, 배달과 테이크 아웃은 그렇지 않아 불가피하다는 설명이다. 원칙적으로 배달 음식에 일회용품 사용을 허용할 수밖에 없다고 해도 이를 규제할 최소한의 정책조차 없는 것은 더 큰 문제다.

2021년, 환경부는 배달 용기의 최대 두께 기준을 마련하겠다는 대책을 발표하고 연구 중이다. 예를 들어, 두께 1.2mm의 배달 용기를 두께 1mm로 얇게 만들어 플라스틱 양을 감량한다는 것이다. 하지만 이는 배달 용기의 무분별한 사용을 그대로 두는 미봉책이라 환경단체들의 비판이 계속되고 있다.

　　주요 배달 플랫폼을 운영하는 회사들은 '배민상회' '요기요알뜰쇼핑' 등 온라인 소모품 도매상을 운영하며 가맹점주들에게 플라스틱 용기를 저렴한 가격에 판매한다. 배달 물량이 몰리는 매주 금요일 오후마다 쿠폰을 주거나(배달의민족 사) 등록업체에 반값 할인을 하는(요기요 사) 식이다. 배달 마진 한 푼이 아까운 업주들에게 일회용품 사용을 권장하는 셈이다. 또한 배달 용기는 생산자책임재활용제도EPR에서 빠져 있다. 한 해 매출액이 10억 원을 넘지 않는다면 생산자책임재활용제도EPR 적용 대상이 아니다. 대부분의 음식점과 소규모 배달 용기 생산자가 면책되는 이유다.

　　더구나 2019년 기준 매출액이 5,654억 원인 배달의민족 사와 1,944억 원인 요기요 사는 유통업체라는 이유로 제도에서 빠졌다. 배달 생태계를 좌지우지하는 배달 플랫폼이 비현실적 기준 탓에 규제를 비껴간 것이다. 이는 2019년 '신포장재법'을 통해 유통업체에 포장재 수거 및 재활용 비용을 부담하게 한 독일, 2024년까지 모든 회원국에 유통업체의 폐기물 회수 및 재활용 의무를 확대하도록 한 유럽 연합EU과 비교하면 큰 맹점이다.

Point 5　다회 용기 배달, 아직 갈 길이 멀다

▶　　배달 용기 실험과 관련한 기사를 취재한 2021년 2월 이후 많은 변화가 있었다. 2021년 6월 기준, 배달 앱에서 주문할 때 '일회용품(수저, 포크)은 빼주세요' 옵션이 생겨 작은 플라스틱 사용을 많이 줄일 수

있었다. 취재 당시 환경 전문가들이 '꼭 필요한 기능'이라고 강조했던 부분인데, 실제로 생기는 걸 보니 뿌듯했다.

다회 용기 배달이 다시 시작된 것도 주목할만한 변화다. 2021년 6월, 경기도에서 공공배달 앱 '배달특급'과 일부 지역에 다회 용기 배달 시범 사업을 시작했다. 같은 해 9월, 서울특별시와 요기요 사가 강남 일대에서 다회 용기 배달을 시작했다. 2022년엔 대상 지역이 서울시내 다섯 자치구로 확대되고 참여하는 배달 앱과 음식점도 더 늘어났다. 땡겨요(신한은행) 사, 쿠팡이츠(쿠팡) 사와 같은 배달 앱들도 다회 용기 서비스를 시범 운영하기도 했다.

그러나 환경단체 녹색연합에 따르면 다회 용기 서비스 이용 건수는 하루 평균 60건에 불과하다. 주요 배달 앱에서는 일회용품 배달이 기본 설정값인데다 다회 용기 서비스에 대한 홍보 또한 적극적이지 않은 편이기 때문이다.

■ 코로나19 이후에도 배달 음식 및 밀 키트 온라인 서비스 시장은 매년 성장하고 있다. 배달 음식 자체가 사라지지 않는 이상 배달 쓰레기는 엄청난 양의 미세 플라스틱과 온실가스가 되어 우리의 생활과 생명을 위협할 것이다. 우리의 실험이 '용기'에 그쳤지만, 만약 배달 과정에서 버려지는 음식물쓰레기까지 합하면 상황은 더욱 어둡다.

지구가 지속 가능 하지 않다면 배달 음식을 주문할 소비자들도 안전하지 못하다. 하지만 속도가 이윤을 좌우하는 배달 플랫폼 업계의 특성상 변화를 기대하기는 쉽지 않아보인다.

그렇다고 손 놓고 있을 순 없다. 다회 용기 배달을 권장하는 걸 넘어서 정착시켜야 한다. 독일 정부는 2023년 1월부터 배달 음식에 다회용 컵과 그릇 사용을 의무화했다. 직원 5명 이하 또는 사업장 규모 80m²이하 음식점을 제외한 모든 음식점에 적용된다고 한다. 물론 일회 용기를 쓸 때보다 비용이 들고 불편할 것이다. 하지만 잠깐의 불편함으로 지구를 구할 수 있다면, 어떤 선택을 해야 할지는 자명하다.

플라스틱 트레이가
필요한 제품은 없습니다

트레이의 기원을 찾아서

●   한 번 더 플라스틱 트레이 이야기를 해볼까 한다. 즉석조리 식품의 트레이다. 〈중화요리 간짜장〉(CJ제일제당 사)에서 트레이를 발견하고는 제조업체에 트레이를 쓰는 이유를 문의했다. 제품 파손을 막기 위해서라는 답이 돌아왔다. 그런데 비슷한 제품인 〈잘게 다져 볶은 유니짜장〉(오뚜기 사)에는 트레이가 없다. 심지어 제품이 파손돼있지도 않다. 어쩌면 과자 제품보다 더 이해가 가지 않는다.

    트레이를 두 번 취재하며 알게 된 사실이 있다. 제조업체들은 트레이를 빼고 싶어도 그러기 어렵다. 포장에서 트레이를 빼려면 제조 공정을 전면적으로 바꿔야 하기 때문이다. 공정을 설정할 때부터 제품의 볼륨이 좋다는 이유로 트레이가 필요하게끔 공장 설비를 설계한 것이다. 이제 와서 설비를 바꾸려면 돈이 많이 든다. 제품 보호라는 설명 뒤에 또 다른 이유가 있는 셈이다.

© 한국일보사, 2023

▶ 　우선 즉석조리 식품이 어떻게 포장되는지 살펴보자. 2021년 7월, 서울 시내의 한 대형 마트에서 조사한 즉석조리 식품 트레이 사용 실태다. 앞서 말한 짜장면 제품을 보자. 〈중화요리 간짜장〉(CJ제일제당 사)과 〈잘게 다져 볶은 유니짜장〉(오뚜기 사). 각각 트레이가 포함되어 있거나 빠져 있다. CJ제일제당 사는 신선 식품 특성상 식품 안전과 품질을 최우선으로 하고 있다고 설명하며 품질 테스트를 진행해 트레이가 필요하다고 판단되는 제품은 트레이를 사용한다고 말했다. 이같은 기준이라면 오뚜기 사의 제품은 파손돼있어야 하지만 멀쩡했다.

　그렇다면 오뚜기 사는 모든 제품에 트레이를 안 쓸까. 떡볶이 제품을 보자. 〈맛있는 라볶이〉(오뚜기 사)와 〈떡볶이 떡〉(풀무원 사)을 골랐다. 오뚜기 사의 떡볶이 제품에는 트레이를 사용한다. 오뚜기 사는 떡이 부서질 수 있다고 판단해 트레이를 쓰고 있다고 했다. 면류 제품엔 트레이를 안 쓴다. 하지만 풀무원 사는 제품 내 떡볶이 떡과 소스만 트레이 없이 따로 판매한다. 물론 파손된 제품은 없다.

그렇다면 풀무원 사는 모든 제품에 트레이를 안 쓸까. 냉면 즉석조리 제품을 보자. 〈동치미 냉면〉(풀무원 사)은 트레이를 사용하지만, 〈동치미 물냉면〉(CJ제일제당 사)은 트레이가 없다. 두 제품의 구성품은 냉장 면과 동치미 육수로 동일하다.

Point 2 진짜 문제는 공정 교체 비용

ⓒ한국일보사, 2023

▶ 업체별로 제품들을 넓게 살펴봐도 트레이는 제품의 안전과는 관련이 없어보인다. 왜 트레이를 유지하는 것일까.

이 의문에 대한 실마리는 풀무원 사의 답변에 있었다. 풀무원 사는 냉면 즉석조리 식품에 트레이를 사용하는 이유를 포장 공정을 들어 설명했다. 트레이는 포장할 때 내용물의 틀을 잡아주는 고정재 역할을 한다는 것이다. 공정 설계상 트레이가 없으면 제품을 밀봉할 때 제품 모양이 흐트러져 불량품이 나올 수 있다고 말했다(이 답변은 앞서 과자 제품 낙하 실험(#과자 01)을 할 때 〈생생우동〉(농심 사)에 들어가는 트레이에 대해 기업이 대답한 것과 유사하다. 농심 사도 공정상의 이유로 설명했다).

업계의 공통적인 설명은 이랬다. 일반적으로 즉석조리 식품은 플라스틱 비닐로 포장하는데, 포장의 순서는 다음과 같이 진행된다. 컨베이어 벨트 위에 평평한 비닐(필름)을 돗자리처럼 깐다. 그 위에 트레이와 제품을 순서대로 떨어뜨린다. 트레이가 먼저 떨어지면 제품(면, 떡, 소스 등)이 그 안으로 들어간다. 마지막에 펼친 비닐의 네 모서리를 보자기처럼 접어 붙이면 포장이 끝난다. 이 외에도 컨베이어 벨트 위에 내용물을 올린 후, 마지막에 비닐로 제품을 감싸는 방식도 있다.

이때 트레이가 없으면 면과 소스가 비닐 바깥으로 흘러내릴 위험이 있다. 혹은 비닐을 밀봉할 때 면, 소스의 비닐이 비닐 포장의 접합부에 낄 가능성도 있다. 따라서 이 포장 방식을 선택하는 제품은 공정상 트레이가 필요하다는 게 제조업체들의 공통적인 주장이다. 그러나 이 역시 불변의 특성은 아니다. 같은 포장 방식이어도 트레이가 필요없게끔 설계할 가능성도 있다. 그러니 트레이 없는 제품도 나오는 것 아니겠는가.

이한영 전 한국포장기술사회KAPPE(Korea Association of Packaging Professional Engineer) 회장은 비닐(필름) 포장 방식 설비로도 트레이 없이 자동화가 가능하도록 제조 공정을 바꿀 수 있다고 말했다. 트레이를 사용하면 공정이 편하고 안정적이니 비용과 위험을 감수하며 설비를 바꾸려하지 않는 것이라고도 지적했다. 이는 포장 기계를 바꿀 필요도 없이 공정에 변화를 주는 것만으로도 트레이를 없앨 수 있다는 말이다. 그러나 트레이를 계속 쓰는 것이 현실이다.

실제 사례도 있다. CJ제일제당 사는 설비를 바꾸지 않고 제조 공정만 바꾸는 방식으로 일부 즉석조리 식품의 트레이를 없앴다. CJ제일제당 사는 공정상 어려움이 있는 것은 맞지만, 기술적으로 해결할 수 없는 문제는 아닌 것으로 판단한다고 말했다. 기업이 플라스틱 감축에 많은 자원을 투입할 의지가 있느냐 없느냐의 문제라는 것이다. 참고로, CJ제일제당 사는 2021년 트레이 없이 포장이 가능한 기계를 새로 들여오기도 했다. 동원F&B 사 또한 트레이 없이 김을 플라스틱 비닐로 포장할 수 있는 설비를 개발해 사용하고 있다. 동원F&B 사는 트레이 없는 자동화 기술을 연구했다고 밝혔다. 제품 안전이든 공정설계든 트레이는 필수가 아닐 수 있다는 의미다.

Point 3 안일함이 만든 결과

ⓒ한국일보사, 2023

▶   그렇다면 이런 질문을 할 수 있다. 왜 기업들은 트레이가 필요한 방식으로 공장과 제조 공정을 설계했을까. 이에 대한 답변은 기업의 홍보실이 아닌, 실제 제품을 생산하는 제조업체로부터 들을 수 있었다.

식품 기업으로부터 하청을 받아 즉석조리 식품을 만드는 한 제조업체의 말이다. "즉석조리 식품 시장 초기에 트레이를 넣어 마트 등에 진열했을 때 볼륨이 살아나서 보기 좋다는 분위기가 있었다. 이를 무비판적으로 받아들인 기업들이 지금 와서 트레이가 없는 방식으로 제품을 다시 설계하려니 곤혹을 치르는 것이다."

결국 볼륨. 쉽게 말해 제품이 커다랗게 보이기 위해 트레이를 사용했다는 설명이다. 과거에도 플라스틱 남용에 대한 문제 제기는 꾸준히 있었다. 그러나 기업은 환경문제에 신경 쓰기보다 제품을 잘 보이게 만들고 싶었고 지금처럼 공정을 설계했던 것이다. 안일한 의사결정이 쌓인 결과, 플라스틱은 지금 우리가 알고 있는 환경문제를 일으켰다. 그러나 이를 바꾸라는 요구에는 비용이 많이 든다는 이유를 들며 난색을 표한다.

정미란 환경단체 환경운동연합 활동가는 여태껏 기업들이 겉으로 '제품 안전'을 내세우면서 속으로는 편하지만 폐기물을 양산하는 방식으로 이윤을 얻었다고 지적했다. 비용 문제를 핑계로 불필요한 포장재는 그대로 유지한 채 '바른 먹거리' '착한 포장재' 등으로 마케팅을 하고 있다는 것이다. 참고로, 2020년 기준 한국농수산식품유통공사에 따르면 한국의 즉석조리 식품 시장 규모는 2조 원에 달하는 대규모 사업이기도 하다.

다행히, 기업들은 변화를 약속하고 있다. 오뚜기 사는 종이나 재활용 원료로 만든 트레이를 사용하겠다고 했다. 풀무원 사는 2022년

3월부터 〈동치미 냉면〉의 트레이를 종이로 바꿨다. 떡볶이 제품은 2022년 12월부터, 두부요리 밀 키트 제품은 2022년 11월부터 변경했다. CJ제일제당 사는 중장기적으로 모든 제품에서 트레이를 제거할 예정이라고 밝혔다. 이는 기획연재와 보도를 기점으로 환경운동연합이 각 기업에 끈질기게 진행 상황을 확인하여 받아낸 답변이기도 하다. 연재기사가 나간 지 1년이 지난 2022년 11월, 환경운동연합이 각 기업에 재차 트레이 제거 현황을 물어 위와 같은 답변을 들을 수 있었다.

■　그간 기업 의사결정에서 환경이 어떤 지위를 가졌을지 생각해본다. 거의 고려되지 않는 사항이었을 것이다. 환경이라는 가치는 제품이 커보이는 것보다 중요하지 않았다. 환경을 파괴하는 덴 돈이 안 들지만 제품이 작아보이면 매출이 적게 나오니까 선택한 결과일 것이다. 1990년대 기업 임원이 트레이가 필요하게 공장을 지으라고 지시했을 때, 환경을 파괴하기 때문에 안 된다고 어느 누가 말릴 수 있었겠는가. 그러나 지금은 달라야 한다. 돈이 안 든다고 피해가 없는 건 아니다. 환경 파괴의 대가는 이미 동식물들이 치르고 있고, 앞으로는 수많은 사람들과 자라나는 어린이들이 책임질 것이다. 최근에는 '플라스틱세' '탄소세' 등 환경 파괴의 대가를 비용(돈)으로 구체화해 기업 회계에 적용되도록 하는 시도가 이어지고 있다. 폐기물 무게 1kg당 환경 비용을 매기는 식이다. 기업 의사결정에 환경이 이윤만큼 중요해지지 않는 한 우리 생존에 필요한 만큼의 극적인 변화는 오기 어려울 것이다.

채소도
성형을 해야 하나요?

애호박이 비닐 옷을 입는 이유

● 　　마트에 가면 되도록 비닐을 쓰지 않으려 노력한다. 천 가방 몇 개를 들고 가 당근, 오이, 사과 등 채소나 과일을 담으면 비닐 없이도 그럭저럭 장을 볼 수 있다. 하지만 애호박 앞에서 '플라스틱 없는 장보기'는 실패하고 만다. 애호박은 항상 비닐로 낱개 포장 돼있기 때문이다. 마트만 그런 것이 아니다. 다른 마트에 가도 전통 시장에 가도 애호박은 몸통에 꽉 낀 비닐 옷을 입고 있다.

　　사실, 비닐이 씌워진 애호박은 2004년 이전엔 없었다고 한다. 애호박을 길쭉하고 곧은 모양으로 교정하기 위해 고정된 틀을 씌운 것이 단단한 비닐 포장의 시작이다. 아울러 기업들이 농산물조차 맛보다는 외모로 상품성을 평가하는 상황이 오면서, 애호박은 본연의 모습으로 성장할 자유를 잃은 셈이다.

©한국일보사, 2023

▶　애호박에 씌운 비닐은 포장인 동시에 '성형 틀'이다. 이 비닐의 정식 명칭은 '인큐 비닐'. 신생아가 들어가는 인큐베이터처럼, 꽃이 갓 떨어진 어린 애호박에 비닐을 씌워 곧은 모양으로 자라게 한다. 이러한 애호박 성형은 21세기 초반에 시작됐다. 이런 애호박이 처음 등장한 시점은 2000년, 이때 등장한 애호박의 명칭은 '태극 애호박'. 단단한 플라스틱 통에 어린 애호박을 넣어 공장에서 찍어낸 듯한 곧은 모양으로 재배해 판매가 이뤄졌다. 이후 2004년 인큐 비닐이 개발되었는데, 이 비닐은 플라스틱 통을 일일이 벗겨내는 작업이 필요 없게끔 포장 역할까지 겸하게 되어 편리함까지 해결했다. 이 비닐은 애호박을 키우는 농가에 널리 퍼졌다.

통계청에 따르면 한국 연평균 호박 생산량은 약 20만 톤. 한국 농촌경제연구원에 따르면 호박 생산량 90%가 애호박이니, 매년 18만 톤의 애호박이 수확되는 것이다. 애호박 1개가 중량 300g이라고 치면 매년 약 6억 개가 재배된 셈이다. 비닐에 싸인 애호박이 등장한 시점부터 계산하면 약 16년간 96억 개의 애호박이 생산된 것이다. 비닐을 씌우지 않은 애호박이 통계에 포함된 걸 감안해도 매년 수억 개의 비닐이 사용됐을 것으로 추정된다. 더욱이 비닐 대부분은 복합 플라스틱인 아더OTHER 재질이다. 물질재활용은 사실상 불가능해 대부분 소각, 매립됐을 가능성이 높다.

Point 2 "비닐 씌운 애호박만 입장하세요."

©한국일보사, 2023

▶　　농민에게 인큐 비닐을 입은 애호박은 불가피한 선택이기도 하다. 비닐을 씌우지 않으면 판로를 찾기 어렵기 때문이다. 마트 등 주요 유통업체들이 비닐을 입은 애호박만 찾는다. 단체 급식 등 대량 주문이 들어올 때도 비닐을 입은 애호박이 선호된다. 경기도 평택시의 한 농민은 학교 급식에도 비닐 없는 애호박은 공급하기 어렵다며 비닐을 씌운 게 크기가 일정하다보니 요리하기 편하다는 이유로 선호된다고 말했다. 비닐 없는 애호박은 지역 시장이나 농협에 출하할 때부터 이미 찬밥 신세다.

이마트 사, 홈플러스 사 등 대형 마트는 비닐을 씌운 애호박만 판매한다는 방침이다. 롯데마트 사는 비닐 없는 애호박도 취급해왔다고 답변했다(실제로 매장의 야채 코너를 방문했을 땐 찾기 어려웠다). 대형 마트가 이런 판매 방침을 만든 이유는 신선도 때문이다. 이마트 사는 비닐 없는 애호박은 유통 과정이나 고객이 구매하는 과정에서 흠집이나 짓무름 같은 상처가 쉽게 발생한다며 오이 등 다른 채소보다 껍질이 더 연한 편이어서 (비닐 사용이) 불가피하다고 말했다. 다른 두 업체도 비슷한 답변을 내놨다.

유통 측면에서 비닐을 입은 애호박의 장점은 농민들도 일부 인정한다. 홍성 로컬푸드협동조합은 비닐을 씌우면 상처도 덜 나고 겉이 마르지 않아 좀 더 오래 보관할 수 있다고 말한다. 그러나 이런 기준이라면 표면이 연한 과일이나 채소 모두 비닐을 씌워서 키워야 할 것이다. 비닐 옷을 입고 자라난 애호박에 장점이 있더라도, 쓰레기 문제와 기후 위기의 심각성이라는 관점에서 볼 때 쉽게 받아들이기 어렵다.

Point 3 인큐 애호박과 자연 애호박의 고향은 같다

©한국일보사, 2023

▶　　맛과 영양, 신선도를 종합적으로 따져도 비닐 없는 애호박이 결코 뒤처지지 않는다. 똑같은 밭에서 기르는 것이기에 영양 면에서 큰 차이가 없고, 맛은 자연 그대로 키운 쪽이 더 낫다는 의견도 있다. 강원특별자치도 화천군의 애호박농가연합인 병풍산 작목반의 박상준 총무는 애호박에 비닐을 씌우면 비닐이 일종의 온실 역할도 해서 좀 더 빨리 자라는데, 속성으로 키운 애호박보다는 자연에서 키운 애호박이 더 단단하고 맛이 좋다고 말했다. 그럼에도 인큐 비닐을 입은 애호박 재배가 지속되는 건 상품성과 관리 비용 절감을 추구하는 대형 마트의 유통 방식 때문이기도 하다. '못난이 농산물' 전문 유통업체 프레시어글리의 박성호 대표는 마트에서는 소비자가 직접 상품을 고르기에 균일가를 맞추려 특정 규격의 채소만 선호한다고 말했다.

　　농산물 유통 구조가 채소의 겉모습 위주로 경도되지 않았어도 비닐을 입은 애호박 같은 '발명품'은 등장하지 않았을 것이다. 2000년대 초반에는 오이 등 다른 채소에도 플라스틱을 씌워 성형하고 브랜드 로고까지 새기는 경우가 많았다. 농산물에 공산품과 같은 규격을 바라는 웃지 못할 기준이 야기한 결과다. 박 대표는 이런 시장 상황에서는 품질에 이상이 없어도 생김새가 울퉁불퉁하거나 규격보다 작거나 큰 것까지 B급으로 취급된다고 비판했다.

문제는 불필요한 플라스틱을 사용하는 것에서 그치지 않는다. 애호박과 달리 성형이 어려운 농산물의 경우 생김새가 조금이라도 다르면 '등급 외'라는 딱지가 붙는데, 이로 인해 버려지는 양이 상당하다. 2020년 농림축산식품부가 128개 산지 농협을 조사한 결과, 수확량의 평균 11.8%가 '등급 외'였다. 이는 선별 과정에서 나온 양으로 농민이 산지에서 폐기하는 것까지 따지면 실제로 버려지는 양은 더욱 많을 것으로 예측된다.

버려지는 농산물은 비닐 포장만큼 기후 위기에 악영향을 끼친다. 농산물이 매립되어 썩는 과정에서 발생하는 온실가스인 메탄은 이산화탄소보다 온난화 효과가 약 21배 강력하다. 또한 농산물이 썩는 과정에서 나오는 폐수는 주변 토양 또한 오염시킨다.

Point 4 못난이 농산물, 한 해에만 13억 톤 버려진다

©픽픽오를린

▶ 유엔기후변화협약UNFCCC(United Nations Framework Convention on Climate Change) 및 환경단체들은 식량 폐기물을 줄이는 것이 기후 위기를 막는 핵심 전략 중 하나라고 강조한다. 그도 그럴 것이 2019년 유엔식량농업기구UNFAO(United Nations Food and Agriculture Organization)에 따르면 전 세계에서 먹지도 않고 버려지는 못난이 농산물량은 1년에 약 13억 톤에 이른다. 세계 식품 생산량의 3분의 1이나 되는 수치다. 앞으로 2050년까지 이런 식량 폐기물 발생량을 절반으로 줄이면 약 26.2기가 톤의 온실가스 배출을 피할 수 있을 것으로 추정된다.

해법은 단순하다. 유통업체가 생김새보다 맛과 영양 같은 본질을 중시하고, 유통을 확대하면 된다. 박상준 총무는 애호박에 비닐을 씌울 경우 비닐 쓰레기도 많이 나오는 데다 농사짓는 입장에서는 품이 훨씬 많이 든다며, 농민들을 위해서라도 자연 애호박을 대우해주면 감사하겠다고 말했다. 그는 애호박 농사 16년차인 2021년, 처음으로 애호박에 인큐 비닐을 입히기 시작했다. 그동안 자연 그대로의 농법을 고수해왔지만, 판매하려면 어쩔 수 없다며 씁쓸히 웃었다.

생채기 하나 없는 애호박을 원하는 소비자들도 있을 것이다. 제로웨이스트를 위해 자연 그대로 성장한 애호박을 먹으려는 소비자들도 있다. 그렇다면 기업도 다양한 모습의 애호박을 취급해서 이들의 선택권을 존중해야 하지 않을까.

갈 길은 멀어보인다. 취재진이 취재한 대형 유통업체 중에서 비닐을 씌우지 않은 애호박을 팔겠다고 답변한 업체는 거의 없었다. 홈플러스 사는 저렴하게 들여올 수 있으면 고려해보겠다고 했다. 사실, 자연 성장 애호박이 더 저렴한 가격인 점을 생각하면 아이러니한 답변이다. 적어도 비닐 없는 애호박을 판매해야 깨끗하게 유통할 방법도 개선할 여지가 있을 텐데, 기업들은 변화의 가능성을 문 닫아두고 있다.

■ 취재 이후 신 기자는 못난이 농산물을 배달해주는 구독 서비스를 이용하고 있다. 사실 고민을 많이 했다. 배달 특성상 쓰레기가 많이 나올까 걱정됐기 때문이다. 다행히 대부분의 포장재는 종이였고, 업체는 포장을 최대한 절감해 상품을 담기 위해 노력하고 있었다. 또 하나의 걱정은 채소와 과일의 품질이 괜찮을까였다. 단지 모양 때문에 팔리지 않는다는 걸 알면서도 우려가 됐다. 하지만 채소들은 정말 싱싱했다. 양파는 평소 마트에서 사먹던 것 보다 향이 강했고, 감자 역시 크기만 작을 뿐 쪄서 먹으니 정말 달았다. 이렇게 얼마든지 먹을 수 있고 심지어 맛있는 채소들이 지금도 수없이 많이 버려지고 있다. 다행인 건 외모에 대한 편견을 버린 소비자들이 점점 늘어나고, 농가에서도 못난이 농산물을 살리기 위한 서비스를 많이 내놓고 있다는 것이다. 이런 노력이 계속돼 언젠가 애호박도 인큐 비닐을 벗는 날이 오길 바란다.

저탄소로 키운 과일,
포장은 여덟 겹이라고요?

친환경 인증 마크가 말해주지 않는 속사정

● 모든 생산은 탄소 배출과 연관이 있다. 한국은 농업 부문에서 매년 약 2,040만 톤(전체 약 2.4%)의 탄소를 배출한다. 비료를 만들거나 농기계를 작동시키면서 발생하는 탄소다. 물론 공장보다는 배출량이 훨씬 적다. 따라서 농림축산식품부(이하 '농림부')는 농가들에 '저탄소 인증 마크'를 부여하는 방식 등으로 탄소 배출 저감을 유도해왔다. 탄소를 줄이는 농법을 쓰면 인증 마크를 달 수 있다. 이런 작물은 소위 '환경 프리미엄'이 붙어 비싼 값에 팔린다. 문제는 포장이다. '고급＝과대 포장' 등식을 포기하지 못하는 유통업체의 관성이 여기서도 등장한다. 저탄소 배 제품에는 플라스틱 용기가 하나하나 씌워져 있다. 포장재를 만들며 일어난 탄소가 농산물에서 아낀 탄소를 상쇄하는 것이 아닐까 싶을 정도다. 이런 생각까지 닿게 되자, 각각의 탄소 배출량을 직접 계산해보기로 했다.

Point 1 탄소를 줄이는 재배 방법: 무농약, 유기농, 저탄소

ⓒ한국일보사, 2023

▶   먼저 농산물을 살펴보자. 한국의 주요 백화점(롯데백화점, 신세계백화점, 현대백화점) 본점 농산물 코너에서 무농약, 유기농, 저탄소 작물 5개를 골랐다. ① 〈유기농 바나나〉와 ② 〈무농약 파프리카〉(롯데백화점 사), ③ 〈저탄소 하미과 멜론〉(신세계백화점 사), ④ 〈저탄소 신고 배〉와 ⑤ 〈무농약 캠벨 포도〉(현대백화점 사)를 선택했다. 무농약과 유기농 인증을 받은 과일도 포함시킨 이유는 이 역시 탄소 배출 저감에 기여하기 때문이다.

(참고로 무농약, 유기농 과일은 일반 작물에 비해 약 10~70%의 탄소를 줄일 수 있다는 연구 결과가 있다(한국농촌경제연구원). 저탄소 농산물이 일반 작물에 비해 얼마나 탄소를 저감하는지에 대한 연구는 찾지 못하였으나, 농림부에서는 2021년 한 해 약 7만 7,000 톤의 탄소를 감축했다고 밝혔다. 농림부가 인증하는 친환경 농산물은 무농약, 유기농, GAP, 저탄소 인증 농산물로 구분된다. 이 중에서 GAP(Good Agricultural Practices, 농산물우수관리)는 오염 물질의 잔류 여부 등을 기준 삼는 인증이다. 탄소 배출 저감과는 큰 관련이 없다.)

저탄소 농법엔 어떤 것들이 있을까. 보온 커튼을 활용해 비닐하우스 난방 에너지를 아끼거나, 풋거름작물(콩 또는 볏과 작물)을 기른 뒤 갈아엎은 것으로 화학비료를 대체하는 것 등이 해당된다. 농가들은 농장 환경에 따라 이같은 저탄소 농업 기술 몇 가지를 함께 사용한다.

Point 2 과일은 달랑 1개, 포장은 여덟 겹

▶   이제 포장재를 보자. 가장 많은 포장재를 사용한 농산물은 ③ 제품이었다. 멜론 1개를 포장하기 위해 종이 상자 1개, 스티로폼 완충재 3장, 폴리염화비닐PVC(랩)까지 다섯 겹의 포장재를 사용했다. 특히 스티로폼은 흰색만 재활용되기에 과일을 감싼 녹색 완충재는 재활용이 불가능했다. 비슷한 저탄소 멜론 제품을 판매하는 롯데백화점 사가 흰색 스티로폼 1장으로 포장하는 것과는 대조적이다.

④ 제품의 경우, 제품 1개를 스티로폼 완충재와 페트PET 상자로 포장했다. 같은 현대백화점 내에서 판매하는 〈일반 신고 배〉는 종이받침에 얇은 폴리염화비닐PVC(랩) 하나만 씌워 판매하는 것과 대조적이었다. 또한 ⑤ 제품은 비닐에 싸여 포장된 것을 페트PET 상자에 한 번더 담았다. 플라스틱 포장이 두 겹씩 이뤄졌던 것이다.

① 제품의 경우, 바나나 제품 4개를 페트PET 재질의 플라스틱 용기에 담았고, ② 제품은 파프리카 제품 1개를 비닐에 담아 판매했다. 파프리카 낱개는 비닐로 포장돼있어서, 여러 개를 구매하면 비닐도 여러 장 딸려왔다. 상품을 포장 없이 매대에 진열하고 소비자가 여러 개를 골라 담는 방식으로 판매하는 방법이 있는데도 그랬다.

① 〈유기농 바나나〉(롯데백화점 사): **페트PET, 종이 띠지**

② 〈무농약 파프리카〉(롯데백화점 사): **개별 비닐 포장**

③ 〈저탄소 하미과 멜론〉(신세계백화점 사): **폴리염화비닐PVC(랩), 종이 상자, 스티로폼 완충재 3개(녹색 1개)**

④ 〈저탄소 신고 배〉(현대백화점 사): **페트PET, 스티로폼**

⑤ 〈무농약 캠벨 포도〉(현대백화점 사): **페트PET, 비닐 포장, 종이 포장**

Point 3 탄소 배출량 계산하기

▶   제품과 포장재의 재질도 확인했으니 탄소 배출량을 계산해볼 차례. ④ 제품을 토대로 생산과정의 탄소 감축량, 포장재의 탄소 배출량을 비교해보았다. 배 제품을 택한 이유는 포장이 투명 페트PET 용기로 이뤄지는 등 구성이 단순해서였다. 포장이 가장 많았던 ③ 제품은 포장재 생산과 관련한 탄소 배출량이 훨씬 클 것으로 예측했다. 배의 탄소 감축량은 농림부로부터 해당 농가의 측정값을 제공받아 계산했다. 페트PET 용기는 환경부 한국환경산업기술원KEITI(Korea Environmental Industry & Technology Institute)이 제공하는 배출 계수를 참고했다.

무게 901g인 배 제품은 탄소를 약 310g 줄였다. 일반 농법 배출량의 절반 수준이었다. 이를 줄이기 위해 농가에서는 설비를 교체하는 등 비용과 노력을 들였을 것이다. 그런데 배 제품에는 페트PET 포장재가 38g이나 쓰였다. 여기서 배출한 탄소는 약 90g이다. 포장의 배출량이 농산물 재배 감축량의 약 3분의 1이나 차지했다. 게다가 이 배출량은 페트PET 원료를 만들며 발생하는 것만 가지고 계산한 것이다. 페트PET라는 플라스틱 원료를 용기로 만들고, 포장업체로 보내고, 폐기하는 데 배출하는 탄소를 계산한 자료는 없어서 따로 계산할 수 없었다. 이러한 공정과 과정까지 감안하면 탄소 배출량은 더욱 늘어난 수치일 것으로 예상됐다.

Point 4 품질을 위하는 백화점, 효과 없다는 전문가들

©한국일보사, 2023

▶　　백화점은 이런 포장의 이유로 상품 품질에 대한 보존, 소포장 트렌드, 고급화 전략을 꼽는다.

현대백화점 사는 포도 알맹이가 떨어지는 것을 막기 위해 비닐로 포장하고, 유통 과정에서 과실이 터지는 것을 막기 위해 플라스틱을 둘렀다고 말했다. 신세계백화점 사는 배나 사과의 제품은 유통 과정에서 긁혀 스크래치가 나거나 멍이 들 수 있기 때문에 산지에서부터 개별 소포장을 해 매장으로 보낸다고 답했다. 롯데백화점 사는 1인 가구가 늘어서 소포장을 하고 있다며 백화점 특성상 일반 마트처럼 상자 혹은 매대에 두고 판매하는 것을 꺼리는 소비자들도 있다고 답했다.

그러나 전문가들의 생각은 달랐다. 전문가들은 위생, 품질 문제와 포장의 관련성이 크지 않다고 지적한다. 이성현 국립농업과학원 수확후관리공학과장은 해외나 일반 마트에서도 박스째 포장된 과일을 매대에 늘어놓고 판매한다며 과일의 손상, 위생, 품질과 플라스틱 소포장의 상관관계는 크지 않다고 지적했다. 또한 백화점 내에서도 같은

132

©한국일보사, 2023

미국 뉴욕의 마트 과일 및 채소 코너

품종의 과일을 간단히 포장하는 경우도 있어서 품질 보존을 위해 추가적인 포장이 필요하다는 주장은 포장 전문가들의 시선에서 볼 때 큰 연관성이 없을 가능성이 있다.

Point 5 포장 규제에 손 못 대는 정부

▶   이런 상황을 보는 농림부의 속내는 복잡하다. 농림부의 말을 정리하면 이렇다. 친환경 인증 마크는 농가에 부여한다. 인증을 받으려면 농산물을 생산하는 농부가 이런 저런 기준을 만족해야 한다. 그렇지만 포장은 농가가 아니라 유통업체가 맡는다. 농부가 포장을 어떻게 할지 선택할 수 없는 것이다. 만약 인증 조건에 포장을 넣게 되면 농부들은 유통업체 측에 포장을 줄여달라고 요청해야 할 것이다. 하지만 농부들에게 유통업체에 뭔가를 요구할 힘이 있을지 의문이다. 인증은 농부의 몫이기에 유통 및 판매업체가 친환경 농산물을 취급하거나 판매하지 않겠다고 나올 가능성도 있다. 게다가 농산물은 유통업체에 일괄적으로 바람직한 포장 형태를 제시하기도 어렵다. 직거래, 도매시

장, 마트, 백화점 등 유통 경로가 복잡하기 때문이다.

설명을 들으니 막막하기만 해, 환경부에 관련 정책이 있는지 찾아봤다. 자원재활용법에 따라 제품 포장에 대한 규제 권한이 환경부에 있기 때문이다. 그러나 환경부에도 농산물 포장을 규제하는 정책은 없었다. 제품과 포장의 부피 차이를 규제하는 포장공간비율 제도가 있지만, 농산물에 대해서는 선물 세트 같은 종합 제품에만 해당된다. 플라스틱 사용량에 따라 생산자에게 분담금을 부여하는 생산자책임재활용제도EPR도 빗겨가기는 마찬가지다. 플라스틱 포장 분담금은 무게 1kg당 100~200원 꼴에 불과하며 이마저도 포장업체를 대상으로 해서 백화점은 제외된다. 게다가 분담금은 한 해 매출 10억 이상, 포장 4톤 이상 하는 업체여야 분담금이 부과된다. 영세한 농산물 포장업체는 해당하지 않는 경우가 많다. 위의 경우, 다섯 농산물의 포장업체 중 ④ 제품의 포장업체만이 분담금 부과 대상이었다.

Point 6 대책 찾기: 정부와 기업의 개선책이 동시에 수립되어야

▶ 전문가들은 저탄소 농업의 취지가 훼손되지 않도록 백화점 등 판매 및 유통업체가 적극적으로 포장을 감축해야 하고, 정부 또한 대안을 제시하고 관련 업계를 설득하는 노력을 기울여야 한다고 지적한다. 저탄소 인증 마크 실무를 총괄하는 이길재 농업기술실용화재단 농업환경에너지팀장은 농림부의 인증 정책에서 포장과 관련한 부분이 빠진 점은 분명한 한계점이라고 말하며, 현실적인 어려움이 있더라도 대안을 마련하고 개선해나가는 노력이 필요하다고 지적했다.

탄소 배출 저감을 위해 노력하는 유통업체도 있다. 이마트 사는 2021년 6월부터 농산물 플라스틱 포장에 재생 플라스틱을 50% 사용하겠다고 밝혔다. 새 플라스틱으로만 만들던 용기를 재활용 제품과 신품을 50%씩 섞어 만들겠다는 취지다. 재생 플라스틱은 신규 플라스틱보다 이산화탄소를 약 79%까지 낮게 배출하는 것으로 알려져 있다. 이마트 사에 따르면 비용 또한 신규 플라스틱만 사용할 때보다 약 10% 정도 적다. 이번 실험 대상이 된 백화점 3사 모두 플라스틱 포장이 심각하다는 지적에 공감한다며 재생 플라스틱이나 생분해성 플라스틱을 활용하는 등 개선책을 모색하고 있다고 밝혔다.

■ 취재 당시 저탄소 과일 제품에 과대 포장을 하는 것이 얼마나 터무니없는지 드러내는 데 집중했지만 이면에 복잡한 이야기가 남아 있었다. 가장 큰 문제는 저탄소 인증 제품이 인기가 없다는 것이다. 소비자들은 더 싸고 맛있는 과일을 선호하지, 저탄소 과일 제품을 부러 선택하지 않는다. 이를 비판할 순 없다. 탄소 배출 저감은 소비자보다 생산자에게 더 큰 책임이 있기 때문이다. 이러한 이유로 저탄소 인증은 농부에게 매력적이지 않은 선택지다. 비용과 품을 더 들여 탄소 배출량을 줄이지만, 인증 마크를 받는다고 소비자들에게 특별히 선택받는 건 아니기 때문이다. 저탄소 인증을 받는 농가 중 41%가 사명감을 이유로 꼽는다. 백화점 등 유통업체에서도 특별하게 이런 제품들을 구매할 이유가 없다.

따라서 저탄소 인증을 확대하고 싶은 농림부도 유통업체에 인증 제품을 구매하고 홍보해달라고 부탁해야 하는 실정이다. 이러한 애매한 상황 속에서 공공선을 위해 이해관계자들을 규제하는 게 정부이지만 농림부에는 그럴 권한이 없어보인다. 결국 범 정부 차원에서 농산물 포장 전반에 대한 제재와 기준을 만드는 것이 필요하다.

유럽 연합EU은 과일 및 채소에 두께 50μm(마이크로미터) 이하 비닐봉지를 제외하고는 일회용 플라스틱을 사용하지 못하도록 금지했다. 그도 아니라면 유통업체가 나서서 포장을 줄여야 한다. 영국의 슈퍼마켓 체인 아스다는 채소와 과일을 판매할 때 플라스틱 재질의 봉투를 사용하지 않는다는 방침을 세웠다. 보기에는 좋지 않더라도 포장을 최대한 자제한다.

저탄소 농업을 하는 변우진 농부(덕명농장)는 친환경 농업은 품이 배가 들고 그만큼 힘들어 사명감이 없으면 할 수 없는 일이라 말했다. 인증 마크를 받는다고 농사짓는 사람들에게 도움될 것이 많지 않다는 게 그의 설명. 포장을 줄일 방법을 많이 연구해봤으나 유통업체에서 원치 않으면 판로가 마땅치 않다는 이야기를 했다. 농장에서는 어느 업체와 일하든 요청하는 것에 맞출 수밖에 없다고. 환경을 위한 농부들의 노력에 정부와 기업이 응해줄 방법은 없는 것일까.

빵

칼은 빼고 주세요!

플라스틱 한 조각에 대한 불편함 그리고 용기

●   "최근 소비자들이 '빵칼 반납 운동'을 한다는데요.?"

2021년 11월, 팀 회의 도중 신 기자가 운을 뗐다. 당시 김 기자에게 그 아이템에 관한 현 상황을 파악해보라는 지시가 떨어졌다. '빵칼 반납 운동'은 프랜차이즈 제과점이 케이크를 팔 때 당연하게 일회용 빵칼을 주는 것에 항의하는 운동이었다. 시민들은 쓰지 않던 일회용 칼을 모아 본사로 보낼 계획이라고 했다.

지시를 받은 김 기자는 조심스러운 마음부터 들었다. 일회용 빵칼은 크기가 정말 작다. 배달 용기나 일회용 컵에 비하면 사용량도 적다. 더 큰 문제도 해결이 안 됐는데, 자잘한 부분까지 지적하는 기사를 썼다고 역풍을 맞는 건 아닐까. 그러나 김 기자가 취재를 거듭할수록 이 운동엔 무게 20g 남짓한 플라스틱보다 더 중요한 의미가 담겨있음을 깨달았다.

Point 1 묻지도 따지지도 않고 줍니다(성냥도 함께)

© 한국일보사, 2023

▶ 2021년 12월, 케이크 매출 상위권을 달리는 업체들의 일회용 빵칼 지급 현황을 확인했다. 취재 결과, 빵칼 역시 고급화 마케팅의 일종이었다. 케이크가 보편화되기 시작한 1960~70년대에는 케이크라는 음식이 귀해 빵칼을 갖춘 집이 적었고, 케이크 단면을 예쁘게 자르기 위한 용도로 빵칼이 제공되기 시작했다. 오늘날 빵칼은 한 번도 사용하지 않은 채 버려지기 일쑤다. 집에서는 가정용 칼로 자를 수 있고, 집밖에서도 음식점, 숙소, 파티 룸 등엔 칼이 구비돼있다. 빵칼이 꼭 필요할 때는 사무실에서 사람들과 나눠먹을 때 정도인데(사무실에도 칼이 있는 경우도 많지만), 빈도가 많지 않다. 이렇다보니 기본 제공을 없애자는 시민의 요구는 이상할 것이 없었다.

취재 당시 뚜레쥬르(CJ푸드빌) 사와 파리바게뜨(파리크라상) 사는 롤케이크, 파운드케이크 제품에 일회용 빵칼을 포함시킨 채 제품을 포장했다. 제품을 구매하기 전에 포장을 뜯어 빵칼만 뺄 수 없는 구조였다. 제품을 사려면 빵칼도 반드시 받아야 했다. 두 업체는 홀 케이크를 판매할 때도 직원이 빵칼이 필요한지 묻지 않고 빵칼을 줬다. 별다른 판매 방침이 없었기 때문이다. 필요한 초의 개수는 물어보지만, 빵칼 지급 여부까지는 묻지 않았다. 마트에서 무상 제공이 금지된 일회용 비닐봉지를 필요하냐고 묻고 판매하는 것과 다르다. 결국 소비자가 필요 없다고 말하지 않는 이상 빵칼을 '자동적으로' 받게 된다.

스타벅스(스타벅스코리아) 사는 홀 케이크에 나무 재질 일회용 빵칼을 지급하고 있다고 안내했다. 스타벅스 사의 홀 케이크는 연말에만 주문 제작으로 판매해 실물을 확인하기 어려웠다. 투썸플레이스 사의 홀 케이크를 구매할 때는 빵칼을 자동적으로 받게 됐다. 별도의 판매 방침이 없어 소비자가 일회용 빵칼을 빼달라고 하지 않는 한 빵칼을 줬다. 특히 투썸플레이스 사의 빵칼엔 성냥이 포함되어있어 성냥이 필요하다면 칼까지 함께 받아야 했다.

Point 2 소비자들의 편지 "칼은 빼고 주세요!"

▶   '빵칼 반납 운동'을 진행했던 시민은 경기도에 사는 삼십대 여성 두 명이었다. 김정은 씨와 전소정 씨다. 이들은 2021년 11월 13~28일에 일회용 빵칼 반납 운동을 진행했다. 취재진은 같은 해 11월 말일에 이들을 만날 수 있었다. 이들은 이전에 이런 운동을 해본 적이 없었다. 사회관계망서비스SNS에서 환경 관련 게시물을 올린 적은 있었지만 환경단체 등에 소속된 적은 없었다. 이들 모두 빵칼에 문제점을 느끼던 중 정은 씨가 SNS에 관련 글을 올렸고, 게시글을 본 소정 씨가 반납 운동을 함께 해보자고 제안했다. 환경단체에도 협업을 요청했지만, 일정이 맞지 않아 진행이 어려운 상황이었다. 이들이 오프라인에서 만난 것도 이날이 처음이었다.

"아이를 키우다보니 빵을 많이 먹어요. 한 달 전에도 롤케이크를 선물 받았어요. 안 쓴 빵칼을 서랍에 넣어두려니 집에 10개 정도 있더라고요. 평소엔 칼은 어느 정도 모은 후 제과업체에 돌려주곤 했는데, 이번엔 개인 실천만으로는 한계가 있다고 느꼈어요. 아무 생각 없이 빵칼을 받고만 있는 건 아닐까. 본사 차원에서 없애거나 필요한 사람만 줄 수 있지 않을까, 생각하던 차에 정은 씨의 글을 봤죠. 같은 생각이었어요. 그래서 이 운동을 제안했죠." 소정 씨가 말했다.

당시 이들은 파리바게뜨 사를 상대로 운동을 진행하고 있었다. 파리바게뜨 사는 주요 제품 〈실키롤케익〉만 따져도 최근 10년(2008~2018년) 판매량이 약 2,600만여 개에 달한다. 1분에 5개꼴로 팔린 셈이다(참고로 파리바게뜨 사는 경쟁업체에 비해 압도적으로 점포 수가 많은 1등 제과점이기도 하다).

당시 파리바게뜨 사는 이들에게 무응답으로 일관했다. 이들이 대표번호로 전화해 빵칼 반납 운동을 하려는데 어디로 빵칼들을 보내야 하는지 문의하자, 본사 고객 센터로 보내라는 답변을 받았다. 관련 담당자를 연결해달라고 요청해도 본사 고객 센터로 보내면 된다는 답변만 돌아왔다. 빵칼을 담은 택배가 기업 관련 부서까지 전달될 것인지, 전화 받은 본사 고객 센터 선에서 처분하는 건 아닐지 불안감이 많았다고 한다.

Point 3 작은 용기 하나로 전국 수거 거점을 만들기까지

▶   "저희가 요구한 게 본사 측에서 받아들여질지 안 받아들여질지는 모르겠어요. 하지만 이런 생각을 가진 소비자들이 많다는 걸 전달하는 것만으로도 의미가 있다고 생각합니다."

굴하지 않고 이들은 일회용 빵칼을 모았다. 이 운동을 SNS에 알리고, 소비자들의 동참을 독려했다. 운동에 임하는 이들의 모습은 누구보다 진심이었다. 주장이 받아들여질까 하는 불안감도 있었지만 지금 시점에서 필요한 목소리를 내겠다는 의지가 강했다. 무엇보다 이들을 지지하는 목소리가 쏟아졌다.

"저희와 생각이 같은 분들이 꽤 많았어요. 경기도 의정부시부터 제주특별자치도까지, 제로웨이스트 숍이나 공방, 도서관, 생활협동조합까지 전국의 많은 분들이 함께 빵칼을 모아주겠다고 말씀하시는 거예요. 자체적으로 홍보도 해주셨고요. 이런 말이 큰힘이 됐어요." 김정은 씨가 말했다.

이들에게 칼을 전달하거나 개인이 파리바게뜨 사 고객 서비스팀으로 택배를 보내는 방식의 호응이 이어졌다. 정은 씨 말처럼 전국의 제로웨이스트 숍, 공공도서관, 생활협동조합 매장 등 41곳이 수거거점 역할을 하고 방문 고객들로부터 칼을 모아 파리바게뜨 본사로 보내기도 했다. 정은 씨와 소정 씨 앞으로 빵칼 132개가 모였고, 수거 거점에서 112개가 전달된 것으로 파악됐다. 개인이 직접 보낸 것은 소정씨가 SNS로 확인된 건만 97개에 달했다고 한다. 사용하지 않고 쌓아둔 빵칼을 모아 2021년 11월 29~30일에 걸쳐 편지와 함께 파리바게뜨 사 고객 서비스팀으로 보냈다.

당시 SNS에는 이런 인증 샷도 올라왔다고 한다. "저는 서울특별시에 사는 '빵순이'입니다. 빵은 먹고 싶은데 필요 없는 플라스틱 빵칼은 받고 싶지 않은데, 방법이 없을까요?" "소비자가 필요한 경우에만 빵칼을 선택해 가져갈 수 있다면 어떨까요? 불필요한 플라스틱 소비와 쓰레기를 줄일 수 있는 한 걸음이 되리라 생각합니다." 이에 동참하는 마음으로 김 기자도 편지를 보냈다. "보통 케이크는 집에서 먹기에 식칼로 잘라 먹고, 일회용 빵칼은 뜯지도 않은 채 버립니다. 필요한 사람만 선택적으로 받을 수 있다면 더 좋지 않을까 싶은 마음이 들어요."

Point 4 그러나 응답 없는 제과점

▶   파리바게뜨 사는 김정은 씨와 전소정 씨에게 일절 답하지 않았다. "메시지를 받았다. 회사 내부에서 검토해보겠다."는 답변조차 없었다. 기업의 언론 담당자와 소통 채널이 있는 언론사 입장에서는 이런 대응이 조금 충격적이었다.

빵칼 반납 운동을 벌인 소비자들을 대신해 파리바게뜨 본사 측에 계획을 물었다. 연락을 받은 파리바게뜨 사는 이런 운동이 진행되고 있다는 것을 알고 있었다고 했다. 이어, 연말부터 직영점에서 홀 케이크를 판매할 때 빵칼을 주지 않겠다고 답했다. 빵칼이 필요한지 직원이 먼저 물어본 후 필요한 경우에만 주도록 판매 방침을 바꾸겠다는 것이었다. 다만 롤케이크 포장에서 빵칼을 제외하는 것, 가맹점까지 새 판매 방침을 확대하는 데는 시간이 필요하다는 입장이었다. 또한 파리바게뜨 사는 점주와 고객이 공감대를 형성할 수 있도록 캠페인 홍보와 교육을 실시할 예정이고, 크리스마스 시즌 전에 직영점 일반 케이크부터 적용토록 하고, 빠른 시일 내에 전국의 가맹점과 롤케이크 제품까지 확대 적용할 계획이라고 밝혔다. 뚜레쥬르 사 역시 직영점부터 도입해 가맹점으로 확산할 것이라고 답했다.

언론이 관심을 갖지 않았더라면 이런 대응을 했을지는 확신하기 어렵다. 두 업체 모두 전체 점포 중 직영점 비율은 약 1%뿐이어서 실효성은 크지 않았다. 2020년 기준 파리바게뜨 사는 3,425개 점포 중 35개, 2021년 기준 뚜레쥬르 사는 1,298개 점포 중 13개만 직영으로 운영하고 있다(출처 : 공정거래위원회 자료).

파리바게뜨 사 외의 다른 업체는 부정적인 반응이었다. 스타벅스 사는 2년 전부터 나무 재질의 칼을 도입해 일회용 플라스틱을 감축하고 있다고 답했다. 투썸플레이스 사는 고객의 항의가 생길 수 있어 기본적으로 빵칼을 제공하고 있다며, 칼의 재질을 변경하는 것 역시 식품에 닿는 부자재여서 고민하고 있다고 했다.

Point 5 "일회용품(수저, 포크)은 빼주세요." 옵션 추가 그 이후

김정은 씨와 전소정 씨의 진심은 플라스틱 쓰레기를 양으로만 고민하던 김 기자에게 교훈을 주었다. 시민들은 한 조각의 플라스틱도 불편해하고 있었고, 누군가 시작하면 기꺼이 목소리를 낼 준비가 돼있

었다. 한 조각의 플라스틱을 대하는 태도는 더 많은 플라스틱을 대하는 태도와 뗼 수 없다. 당시 배달 앱(애플리케이션)에서 일어나던 변화가 그렇다. 2021년 6월부터 주요 배달 앱 3사는 일회용 수저를 받지 않는 선택지를 옵션의 기본값으로 바꿨다. 기존에는 일회용품 제공이 기본값이고 받지 않겠다고 체크해야만 제공하지 않았다. 필요할지 모르니 업체에서 일단 제공했던 것이다. 이제는 반드시 필요할 때만 제공하도록 바꿨다. 환경단체, 시민단체 등에서 배달 쓰레기 감축을 지속적으로 요구한 결과다.

녹색연합에 따르면, 작은 변화 하나만으로도 일회용 수저 한 달 사용량이 6,500만 개나 줄었다고 한다. 2021년 6월 기준, 배달 앱 배달의민족 이용자 71.3%가 주문할 때 일회용 수저를 받지 않겠다고 선택했는데, 1년 전(2020년 6월) 15.8%보다 55.5%나 늘어난 수치다. 같은 기간 배달 앱 요기요는 13%에서 62%로, 배달 앱 쿠팡이츠는 21%에서 76%로 늘었다.

허승은 녹색연합 녹색사회팀장은 소비자들은 얼마든지 일회용품을 감축할 의향이 있다는 것을 단적으로 보여준 것이라고 설명했다. 업체는 소비자 반발이 크리라 우려하지만, 사전 홍보를 잘하고 판매 체계만 편리하게 바뀌면 괜찮다는 것이다. 최근 일부 프랜차이즈 카페에서 플라스틱 빨대는 필요할 때만 사용해달라는 안내 팻말을 붙이는 등 일회용품 지급의 기본값을 바꿔나가는 움직임이 늘어나고 있다.

■　생각해보면, 배달 용기에 대해서도 그게 얼마나 많다고 야단이

냐는 비판이 있었다. 특정 플라스틱 사용량을 줄이자는 요구는 항상 '그보다 더 큰 문제도 있는데 그것만 바꾼다고 되겠느냐'는 비판과 마주한다. 사실 플라스틱 감축을 요구하는 모든 목소리는 하나의 태도와 연관돼있다. '일회용품 지급의 기본값'을 사용하지 않고 불편을 감수하는 것으로 되돌리자는 것이다.

게다가 처음 빵칼이 도입된 이유를 생각해보면 변화가 왜 어려운지 아쉬움을 떨칠 수 없다. 단지 케이크를 자른 단면이 예쁘게 보이기 위해서 연간 100톤가량의 불필요한 플라스틱 쓰레기가 배출될 필요는 없다. 이제 빵칼은 초기 의도를 잃은 채 남아있는 관성일지 모른다. 그리고 우리 주변엔 여전히 수많은 '빵칼들'이 있다.

약속을 지킨 기업

뚜레쥬르(CJ푸드빌) 사와 파리바게 뜨(파리크라상) 사는 약속을 지켰다. 일회용 빵칼 줄이기 캠페인을 전국 모든 매장에서 시행하게 된 것이다. 케이크, 파이류 제품을 팔 땐 요청하는 손님에게만 일회용 빵칼을 제공하고, 롤, 파운드케이크 제품에서는 포장에서 일회용 빵칼을 뺐다.

2022년 8월, 뚜레쥬르 사는 전국 1,300여 개의 매장에서 '플라스틱 빵칼 줄이기 캠페인(파리바게뜨 사의 '일회용 칼 줄이기 캠페인'에 대한 다른 명칭)' 시작했다. 롤, 파운드케이크 13종에 동봉했던 일회용 빵칼도 손님이 요청할 때만 줬다. 뚜레쥬르 사는 긍정적인 고객 반응에 힘입어 이같은 결정을 했다고 설명했다. 2022년 2월, 파리바게뜨 사는 전국 3,400여

개의 매장에서 '일회용 칼 줄이기 캠페인'을 확대 시행한다고 밝혔다. 케이크 제품을 구매하는 손님이 요청할 때만 일회용 빵칼을 제공하고 롤케이크, 파운드케이크, 파이류 제품 포장에서 일회용 빵칼을 뺐다. 이 제품군 역시 손님이 요청할 때만 제공된다. 파리바게뜨 사는 이를 통해 플라스틱 사용량을 연간 약 110톤 이상 줄일 수 있을 것으로 예상하고 있다.

롤, 파운드케이크 포장에서 일회용 빵칼을 빼버린 것은 확실한 성과였다. 기존엔 포장 상자에 일회용 빵칼이 들어있어서, 상자를 뜯지 않는 한 빵칼을 무조건 받아야 했다. 그러나 이젠 포장 상자에 빵칼이 없고, 요청을 해야만 받게 된다. 플라스틱 사용량을 줄일 가능성이 더 커졌다. 다만 빵칼을 요청할 때만 주는 서비스로 전환되면서 현장에 있는 직원이 혼란을 겪은 것도 사실이다. 사람이 하는 일이다보니 혼선이 생긴 것이다.

이런 변화 가운데 기억에 남는 취재 일화가 있다. 한 제과업체의 관계자로부터 들은 말이다. 그는 이 캠페인을 보고 회사가 받아들이면 좋겠다고 생각했다고 한다. 평소 환경문제에 관심이 있었고, 판매 방식을 바꾸는 게 어렵지 않을 것 같았기 때문이다. 그러나 직원 입장에서 목소리를 내기 어려웠다고 한다. 그러던 차에 언론이 관심을 가지니 회사에 적극적으로 어필 할 수 있었다고 한다.

평소 기업을 일괄적인 집단으로 대하는 상황에서는 상상하기 어려운 일이다. 사실 기업에도 많은 사람들이 있다. 그중엔 환경문제에 관심이 많고 회사의 관행을 바꾸고 싶어하는 사람도 있을 것이다. 우리에게 필요한 건 사람들과의 연결이다. 제과점 프랜차이즈에서 이런 목소리는 오랜 기간 무시당했지만, 외부의 압력은 그 관계자와 생각이 비슷한 사람들에게 내부에서 목소리를 내게 하는 힘이 된다. 전소정 씨가 김정은 씨를 SNS로 만나고 그것이 전국의 시민들과 연결되어 언론과 기업을 움직인 것처럼 말이다. 환경 개선이 필요한 어딘가에 또 다른 '관계자들'이 있을지 모를 일이다.

자르고 씻고 분리배출 해도
재활용 안 됩니다

크기와 길이에 따라 운명이 달라지는 튜브형 용기

●　　케첩을 짜서 오므라이스에 뿌리고, 치약을 짜서 칫솔로 양치질하고, 핸드크림을 짜서 손에 바르고, 폼 클렌저를 짜서 얼굴을 씻는다. 이 모든 단계를 함께하는 것이 튜브형 플라스틱 제품이다. 적은 힘으로 양을 알맞게 덜어낼 수 있어서 널리 쓰이는 튜브형 용기는 과연 얼마나 재활용이 될까. 튜브형 용기 10개를 수집해 폐기물 선별장을 찾아가 확인해보니 용기 9개는 재활용이 어려웠다. 다름 아닌 크기 때문이다. 보통 플라스틱 재활용의 큰 걸림돌은 재질로 알려져 있다. 하지만 폐기물 선별장의 상황은 달랐다. 작은 용기들이 많은 튜브형 플라스틱은 선별 작업자의 손에 잡히지 않아 버려지는 경우가 대다수였다. 열악한 환경, 저임금 노동에 폐기물 처리를 맡기는 한국의 현실에서 그 이유를 찾을 수 있었다.

Point 1 "작은 용기는 선별 못 합니다."

©한국일보사, 2023

▶   우선 민간 폐기물 선별장을 찾았다. 서울특별시 및 수도권 여러 지방자치단체(이하 '지자체')의 폐기물을 위탁 선별했던 금호자원. 이곳의 김영원 전 작업반장에게 그동안 수집한 튜브형 용기들을 보여줬다. "이 정도 크기의 용기까지만 저희가 잡을 수 있어요." 김 전 작업반장이 고른 것은 길이 18cm의 마요네즈 통. 10개 용기 중 세 번째로 큰 용기였다. 이보다 길이가 짧은 나머지 7개 용기는 재활용되지 않고 소각, 매립된다.

선별은 사람이 일일이 손으로 하는 작업이다. 컨베이어 벨트에서 스무 남짓한 작업자들이 빠른 손길로 재활용 가능한 것을 직접 가려낸다. 아무리 순발력이 좋아도 손바닥만한 작은 플라스틱은 선별이 어렵다. 그렇다고 컨베이어 벨트 속도를 늦출 수 없다. 처리할 쓰레기가 너무 많기 때문이다. 이 선별장의 하루 처리량은 최소 100톤. 코로나19 이후 쓰레기양이 30% 넘게 증가해 작은 플라스틱에는 더더욱 신경 쓸 겨를이 없게 됐다. "작은 것까지 선별하려 애쓰다보면 더 큰 플라스틱이 쓰레기로 내려가니까요." 김 전 작업반장이 덧붙였다. 재활용업체들이 선호하는 재질에 무게도 더 많이 나가는, 이른바 유가 상품 위주로 가려야 수익이 난다.

지자체의 예산으로 운영해 수익에 덜 민감한 공공 선별장도 상황은 크게 다르지 않았다. 경기도 포천시 자원순환센터의 김순례 선별실장이 가리킨 것은 길이 14.6cm 염색약 용기. 이 길이보다 짧은 용기부터는 선별이 어렵다고 말했다. 용기 10개 중 길이 15cm를 넘지 않는 용기 5개는 버려지는 것. 이것도 선별장이 바쁘지 않을 때 이야기다.

수익성이 낮아도 재활용 가능한 용기를 발견하면 골라내지만 물리적으로 한계가 있다. 김 선별 실장은 포천시에 인구가 많지 않던 예전에는 작은 플라스틱 용기도 재활용 가능하겠다 싶으면 선별했다고 말했다. 그러나 요즘은 상황이 다르다고 말하며, 인구가 늘면서 쓰레기양도 늘고 포장 음식 또한 많이 먹다보니 작은 플라스틱까지는 처리가 쉽지 않다는 설명이 이어졌다.

Point 2 플라스틱을 닦으려면 잘라야 하는데

©한국일보사, 2023

▶　　보통의 소비자는 재활용을 위해 튜브형 용기를 자른다. 용기 내에 남은 내용물을 닦아 배출하려면 용기를 잘라야 하기 때문이다. 그렇게 되면 원래 크기보다 작아져 선별이 더 어려워진다. 그렇다고 세척하지 않고 버릴 순 없다. 이상덕 경기도 포천시 자원순환팀 팀장은 오염된 용기는 해당 용기만 쓰지 못하는 게 아니라 주변에 있는 플라스틱까지 오염시키니 되도록 깨끗이 씻어서 버려야 재활용률이 높아진다고 거듭 강조했다.

방법이 없는 건 아니다. 김순례 선별 실장은 자른 용기의 윗부분에 아랫부분을 끼워넣은 뒤 한꺼번에 버리면 된다며 팁을 공유했다. 만일 용기를 잘라서 끼우지 않고 버릴 경우, 가운데를 댕강 자르기 보다 맨 윗부분만 살짝 자른 뒤 세척해 버리는 편을 추천했다. 가능한 큰 덩어리를 만들어 배출해야 한다는 것이다. 다만, 이 경우 잘라낸 작은 조각은 폐기될 수 밖에 없다. 그렇다해도 길이 15cm 이하의 작은 용기는 여전히 구제불가다.

튜브형 용기의 재질 구조

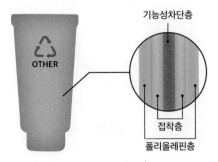

기능성차단층

OTHER

접착층

폴리올레핀층

©한국일보사, 2023
(오뚜기·한국환경공단 제공)

　　정부는 '포장재 재질, 구조 평가제도'를 마련하고 2021년 3월
부터 기업들이 소비재 용기의 재활용 용이성을 표시하게 했다. 제품 표
면에 쓰인 재활용등급 '재활용 최우수' '재활용 우수' '재활용 보통' '재
활용 어려움'의 표시가 그것이다. 이 기준에는 플라스틱 재질과 라벨
분리 여부 등은 있지만 크기 규정은 찾아볼 수 없다. 한국환경공단은
플라스틱 원료를 가공하는 재활용업체에서 처리할 때 용이한가를 중
심으로 기준을 만들었다고 설명했다. 재활용 절차의 전 단계인 선별
작업은 평가에 고려하지 않은 것이다.

　　재질을 따진다면 실제 재활용이 가능한 플라스틱은 더욱 적어
진다. 튜브형 용기의 경우 뚜껑은 폴리프로필렌PP, 몸통은 저밀도 폴리
에틸렌LDPE 또는 합성 플라스틱 아더OTHER다. 음식물이나 치약 등 튜
브형 용기 대부분은 내부 산소 유입을 막기 위해 여러 층의 필름으로
구성한 아더OTHER 플라스틱으로, 다른 제품으로 다시 태어날 수 없고

녹여서 고형연료SRF를 만드는 화학적재활용만 가능하다. 일반쓰레기처럼 매립하지 않고 연료로 쓰이는 경우도 있으니 재활용 봉투에 넣어야 하는 이유다.

취재진이 가져간 튜브형 용기들 중에서 크기 테스트를 통과한 용기 3개 중 아더OTHER가 아닌 플라스틱은 단 1개, 저밀도 폴리에틸렌LDPE 재질의 초록색 용기만 물질재활용이 가능할 것으로 추정됐다.

튜브형 용기의 뚜껑이 재활용 가능한 재질이라는 점은 한 가닥 희망이다. 환경부나 제조업체 모두 뚜껑만 분리해 버리라고 권한다. 하지만 뚜껑 역시 선별되기엔 너무도 작은 크기다. 김영원 전 작업반장은 분리배출 할 때부터 뚜껑만 한데 모아서 버리지 않는 이상 재활용이 어렵다고 말했다.

결국 작은 튜브형 용기의 생산량을 줄이거나 감당 가능할 정도로 쓰레기양을 줄이지 않는 이상 마땅한 해결책은 없다.

Point 3 작은 용기를 '덜' 만드는 방법은 없을까?

▶   기업들도 튜브형 용기를 만드는 나름의 이유가 있다. 아모레퍼시픽 사는 여행용(소형) 치약처럼 필요에 따라 적정 용량과 가격을 따져 제작하는데 그러다보니 재활용까지 모두 고려해서 디자인이 결정되긴 어렵다고 말했다. 오뚜기 사는 무게 300g 이하의 케찹 및 마요네즈 등의 제품은 1인 가구 확대에 따라 수요가 지속적으로 증가하고 있다며, 소스 제품은 한 번 사용할 때 1회 사용량이 적어 유통기한 문제

도 있다보니 소비자들이 작은 용량을 선호한다고 말했다(참고로, 오뚜기 사의 소용량 소스류 제품 판매 비중은 전체의 약 37.8%를 차지한다). 치약이나 염색약, 화장품 등 튜브형 용기도 다양한 소비자의 요구를 맞추다보니 크기가 더 작아졌다고 한다.

그렇다해도 작은 크기의 제품들이 난무하는 것은 분명 문제다. 큰 치약을 사면 함께 주는 작은 치약, 두세 번 짜내면 끝인 초소형 마요네즈 등. 사은품이나 일시적 소비를 위해 생산되지만 모아보면 엄청난 양의 폐기물이 된다.

당시 취재 현장에서는 튜브형 용기의 재질 역시 물질재활용이 가능한 플라스틱으로 통일해야 한다는 목소리가 나왔다. 페트PET 병을 투명하게 바꾼 것처럼 튜브형 용기 또한 투명 플라스틱으로만 만들 필요가 있다는 것이다. 모양과 재질 규격이 통일된다면 다 쓴 용기를 회수해 재사용하는 방법을 시도할 가능성이 높아지기 때문이다.

■ 튜브형 용기를 취재한 뒤부터 커다란 용량의 마요네즈와 케첩을 사기 시작했다. 1인 가구임에도 말이다. 솔직히 말해 소용량 제품에 손이 갈 때가 더 많다. 자칫하면 내용물이 상해 통째로 버릴 수 있으니 말이다.

사실, 방법은 있다. 최근 지어지는 공공 선별장 중 일부는 기계를 설치해 작은 플라스틱까지 선별한다고 한다. 같은 재질끼리도 자동적으로 걸러낸다. 유럽 나라들의 선별장에도 많이 도입된 기계라고 한다. 하지만 이 기계가 고가인데다 중앙정부의 지원도 충분하지 않아,

예산이 넉넉한 지자체가 아니면 선뜻 도입하지 못하는 실정이다. 민간 선별장은 기계 설치는커녕 저임금 노동으로 연명하는 실정이다. 취재진이 방문한 폐기물 선별장의 노동자들의 절반은 외국인이었고, 1월의 매서운 추위에도 히터 1~2개에 의존하고 있었다. 그나마 사정이 괜찮은 업체를 찾아갔음에도 그렇다.

결국 재활용률을 높이는 문제는 노동권의 문제이기도 하다. 폐기물을 사람의 손으로 일일이 골라낼 경우 선별율도 낮고 작업자의 부상 위험 또한 크다. 선별장 여건 개선만으로 환경과 노동자 모두를 지킬 수 있다면, 정부가 적극적으로 나서야 하지 않을까.

분리하고 싶은데요, 분리할 수 없습니다

이러지도 저러지도 못하는 유리병+플라스틱 마개

● 분리배출 할 때는 재활용이 가능하게끔 최대한 쓰레기를 정리한다. 용기를 세척하고, 재질이 다른 쓰레기는 시간을 들여서라도 분리한다. 그러나 유리병에 단단히 붙은 플라스틱 압착뚜껑은 어떻게 떼어내야 할지 감도 오지 않는다. 유리는 재활용이 잘되는 재질이다. 사용한 플라스틱 병을 새로운 플라스틱 병으로 재활용하는 일은 2022년 12월에도 상용화 되지 못했지만, 옛적부터 유리병은 유리병으로 재활용이 가능했다. 그러나 이런 유리병도 플라스틱이 붙어있으면 재활용이 어렵다. 용광로에서 녹일 때 유리에 플라스틱이 불순물로 들러붙기에 꼭 떼어서 배출해야 한다. 그러나 일부 용기는 떼기 힘든 압착뚜껑이 달려 분리배출을 어렵게 만든다. 어떻게 해야 깨끗하게 분리배출 할 수 있을까. 재활용되지 못한 유리병의 원한을 담아 취재진이 칼, 니퍼, 실톱 등을 이용해 압착뚜껑 떼기에 도전해봤다.

Point 1 뜯어냈더니 유리병 파손, 재활용 어려워졌다

©한국일보사, 2023

▶ '분리배출 고수'라고 할지라도 쉽지 않은 미션이었다. 다섯 제품을 골랐다. 〈파마늘 기름〉과 〈프리미엄 굴소스〉(청정원(대상) 사), 〈국시장국〉(샘표식품 사), 〈고소한 참기름〉(오뚜기 사), 〈진한 참기름〉(백설(CJ제일제당) 사)이었다. 모두 손으로는 뚜껑을 분리할 수 없어 재활용에 지장을 주는 유리병 제품이었다. 어떻게든 분리배출 방법을 찾아야했다. 우선 커터 칼이나 가위로는 뚜껑에 흠집도 나지 않았다. 잘못했다가는 손에 상처를 입을 수 있어 위험했다. 결국 니퍼와 펜치, 실톱과같은 공구를 써야 했다.

〈프리미엄 굴소스〉(청정원 사) 마개를 니퍼로 제거하는 도중 병의 입구가 깨졌다. 뚜껑을 자르다가 유리병 입구도 함께 잘린 것. 뚜껑이 잘 잘리지도 않을뿐더러 병과 뚜껑이 겹쳐있었던 탓이다(참고로, 깨진 유리병은 재활용업체 직원들이 다칠 위험이 있어 신문지 등으로 감싸 일반쓰레기로 배출해야 한다). 마개는 실톱을 이용해 도려낸 뒤에야 겨우 분리할 수 있었다. 〈진한 참기름〉(백설 사)은 병을 깨뜨리지 않고 뚜껑을 분리할 수 있었지만 힘들기는 마찬가지였다. 뚜껑이 단단해 실톱이 들지 않아 니퍼로 잘랐다. 그마저도 병에 가장 강하게 압착된 중간 부분엔 니퍼 날이 잘 들어가지 않아 손에 힘을 잔뜩 주고 분리해야 했다. 분리하는 데 성공했다고 해도, 보통 가정에서 누구나 쉽게 할 수 있는 일인지 회의가 들었다. 분리배출을 위해 실톱이나 니퍼를 구비하고 힘들여 자르는 것도 사실상 불가능하다. 소비자에게 지나치게 많은 노력을 요구하는 일이었다.

Point 2 유리와 플라스틱 분리 가능한 시설은 절반 이하

▶   분리배출 된 유리병은 잘게 파쇄한 이후 녹여서 유리병으로 만들거나 콘크리트의 원료로 재활용한다. 주류, 음료수, 생수 등 '빈 용기 보증금제' 적용 대상인 유리병은 살균 및 세척 과정을 거쳐 그대로 재사용한다. 플라스틱 재질의 압착뚜껑을 사용하는 기름병, 소스병은 모두 재활용 대상이다.

뚜껑이 소비자가 떼기 어려워도 제조 과정에서 쉽게 분리할 수 있도록 만든다면, 분리배출을 하는 데 문제되지 않을 것이다. 실제로 잡자재를 걸러내는 자동화 기계를 갖춘 선별업체도 있다.

(참고로, 자동화 기계가 돌아가는 방법은 다음과 같다. 우선 유리병을 잘게 파쇄한다. 이 과정에서 뚜껑이 떨어져나온다. 이후 광학 선별기를 이용해 자동으로 플라스틱과 유리를 분리한다. 광학 선별기는 빛의 파장을 이용해 폐기물을 재질별로 분류해주는 기계다.)

그러나 이중삼중 공정을 거쳐 압착뚜껑을 분리할 수 있는 시설을 갖춘 업체는 절반도 안 된다. 한국순환자원유통지원센터KORA(Korea Resource Circulation Service Agency) 자료(2017년 기준)에 따르면 한국의 유리병 취급업체 약 150곳 중 전문적인 선별 시설을 갖춘 곳은 60여 곳이었다. 나머지 업체에서는 파쇄된 유리조각 더미에서 노동자가 일일이 손으로 플라스틱을 빼내야 하는데, 위험할 뿐만 아니라 비용도 만만찮다. 시설과 인력이 부족한 영세업체들은 이런 용기들을 일반쓰레기로 폐기하기도 한다.

한 폐기물 선별업체는 유리로 만든 소스 병의 경우, 뚜껑이 분리되지 않고 내부에 이물질이 많은 탓에 재활용업체에서 받질 않는다며 대부분 일반쓰레기로 폐기한다고 말했다. 인천광역시의 또 다른 재활용업체 대표 또한 유리병을 파쇄한 뒤 뚜껑을 손으로 건지는 방법이 있지만 인건비 탓에 현실성이 떨어진다고 설명했다. 한국순환자원유통지원센터KORA 자료에 따르면, 선별 과정에서 누실되는 유리병은 전체 분리배출량의 약 9.4%에 달한다. 2011~2015년 연평균 41만 9,000여 톤의 유리병이 출고되어 약 36만 8,720여 톤(약 88%)이 분리배출 됐는데, 이중에서 3만 4,845여 톤(9.4%)이 선별 과정에서 유실됐다(참고로, 이 자료에는 재질을 혼동해 분리배출을 잘못한 화장품 용기 등도 포함돼있다).

Point 3 향 보존을 위해서? 앞뒤 맞지 않는 해명

© 한국일보사, 2023

▶   소스 제조업체들은 공통적으로 유리병과 뚜껑이 밀착돼야 내용물의 향이 보존되기에 참기름류 등 플라스틱 뚜껑을 압착시켜 제조하고 있다는 입장이다. 청정원 사 또한 내용물이 흘러내리지 않게 하고 품질을 보호하기 위해 사용한다고 말했다. 샘표식품 사는 품질 보존을 위해 필요한 일부 제품에 한해 사용하고 있다고 말했다. 백설 사는 제품의 향과 같은 품질 보존을 위해 어쩔 수 없이 압착뚜껑을 사용하고 있지만 분리가 가능한 뚜껑을 개발하고 있다고 말했다.

어김없이 등장한 '제품 보존론'이다. 참기름의 경우 코르크 마개를 사용하거나 비닐 팩에 담아 판매하는 업체가 있다. 샘표식품 사는 국물 요리의 육수 제품에 압착뚜껑을 써야 품질 유지가 된다고 설명했지만, 철제 뚜껑만 사용하는 업체도 많다. 무엇보다 청정원 사는 굴 소스 제품 등에는 압착뚜껑을 사용하지만, 백설 사는 철제 뚜껑을 사용한다. 코르크 마개를 사용하는 참기름 제조업체 대표는 분리 가능한 뚜껑을 사용하더라도 참기름 품질이 떨어졌다는 등의 항의를 받은 적은 없다며, 코르크 마개가 플라스틱 뚜껑보다 비싸서 대기업에서 사용을 꺼릴 가능성이 있다고 말했다. 다만, 참기름병에 압착뚜껑을 사용하는 제조업체 중 오뚜기 사는 압착뚜껑을 사용하는 데 특별한 목적은 없다며 재활용등급 '재활용 어려움'을 재활용등급 '재활용 우수'로 상향시키기 위해 뚜껑에 대한 품질 개선을 진행하고 있으며 분리 가능한 뚜껑으로 모든 제품에 적용할 예정이라고 말했다. 2022년 12월 기준으로 뚜껑 교체가 이뤄지고 있었다.

Point 4 재활용등급 '재활용 어려움' 제재는 없다

©한국일보사, 2023

▶   환경부는 제조업체의 개선을 유도하는 정책을 마련했지만 기준만 있을 뿐 별다른 제재 수단이 없어 실효성이 떨어진다. 2020년 12월, 환경부 고시인 '포장재 재활용 용이성 등급평가 기준'을 마련해 2021년부터 시행하고 있다. 그러나 재활용등급 '재활용 어려움'을 받더라도 포장재에 작게 표기하는 것 외에 어떠한 제재도 받지 않는다. 이마저도 업체가 연기 신청을 하면 그해 12월까지 표시가 유예된다. 실제 백설 사의 참기름 제품, 청정원 사의 파마늘 기름과 굴 소스 제품에는 등급 '재활용 어려움' 표시가 있었지만 오뚜기 사와 샘표식품 사

제품엔 이런 표시가 없었다. 환경부에 따르면 2021년 8월까지 등급평가 검사를 받은 제품 중 약 40.5%(2만 1,448개)가 등급 '재활용 어려움'을 받았다고 밝혔다.

일부 품목을 제외하고는 등급 '재활용 어려움'을 받아도 별다른 불이익이 없다는 것은 정책의 큰 맹점이다. 멸균 팩, 와인 병, 위스키병은 등급 '재활용 어려움' 표시를 면제해주는 대신 생산자책임재활용제도EPR 분담금을 20% 할증하고 있으며, 페트PET 병은 등급 '재활용 어려움' 표기를 하고 분담금도 20% 할증하고 있다. 그러나 이외 품목은 이런 할증을 적용받지 않는다.

별다른 제재를 안 받다보니 소스 제조업체가 포장을 개선하려는 노력도 더딜 수밖에 없다. 등급 '재활용 어려움'을 받은 제품 중 포장을 개선해 등급을 재신청한 비율이 얼마나 되는지는 파악된 바 없다. 환경부는 생산자책임재활용제도EPR 분담금 할증 적용 대상 포장재를 확대하기 위해 할증률 산정을 위한 연구 용역을 진행하고 있다고 밝혔다. 그러나 2022년 12월 기준으로 참기름병 등이 할증 대상이 되지 않았다.

기업 차원에서 자발적인 개선책을 내놓기도 했다. 백설 사는 2022년 9월, 압착뚜껑을 쉽게 떼어낼 수 있는 참기름병 제품을 내놨다. 뚜껑에 손잡이를 만들어서 쉽게 뜯어낼 수 있게 한 것이다. 그러나 여전히 많은 기업들은 분리가 안 되는 압착뚜껑을 씌운 제품을 그대로 판매하고 있다.

■　　 환경 규제 하나가 만들어지는 데엔 어마어마한 비용이 든다. 수년간 환경단체에서 문제 제기를 한 끝에 정부가 연구기관에 수천만 원을 들여 규제 영향에 대한 용역을 발주한다. 연구는 수개월에서 1년까지 걸린다. 연구가 끝나면 정부는 수차례 간담회를 열어 이해관계자의 입장을 듣고 법안을 다듬는다. 이를 국회에 발의하면, 국회에서는 정쟁을 거듭해 심사한다. 겨우겨우 법안이 통과되면 법률 공표 기간을 가진 후 실행된다. 이후 법안에서 확정하지 못한 세부 내용을 정부가 고시로 정하기 위해 또다시 연구 용역, 간담회, 고시 공표의 과정을 거친다. 이 기간 동안 기업이 언론을 이용해 정책을 고꾸라뜨리는 일도 많다. 규제 하나 생기기가 이렇게 어렵다.

　　이는 규제가 시장질서에 미치는 영향이 크므로, 여러 검증 절차를 둬서 힘의 균형을 맞추자는 의미가 있다. 의견 수렴 절차는 민주주의에서 중요한 것이며, 사회가 안정적으로 유지되기 위한 필수적인 과정이다. 그러나 어렵게 만든 규제의 결과가 포장재 겉면에 조그마하게 재활용등급 '재활용 어려움'을 쓰는 것뿐이라면, 별다른 변화를 끌어내지 못한다면 얼마나 허무한 일인가. 정부가 규제할 수 없다면 우리라도 적극 대응해야 한다. 제품을 살 때 재활용등급 '재활용 어려움' 표시를 찾자. 그런 표시가 있는 제품이라면 구매를 두세 번 더 고민해보자. 그리고 정부가 이 제도를 어떻게 운영하는지 지켜보자.

'플라스틱 지옥'이 반복되는 이유

2021년 8월의 마지막 주, 매일 저녁이면 신 기자의 책상 위에는 각종 플라스틱 쓰레기들이 가득 찼다. 환경단체 그린피스 서울사무소의 '플라스틱 집콕 조사'에 참여해 매일 배출하는 플라스틱의 종류와 재질, 제조업체 등을 구글 시트에 기록했기 때문이다.

플라스틱 쓰레기 중에는 식료품 포장이 압도적으로 많았다. 깐 양파 제품을 포장했던 비닐, 닭가슴살 제품이 담긴 플라스틱 트레이, 라면 비닐 등이 책상에 올라왔다. 반려동물 고양이 윤영은 진풍경(?)을 놓치지 않고, 책상 위를 휘저으며 구경했다. 윤영도 공범이다. 비닐에 포장된 간식을 먹었기 때문이다.

그린피스는 2020년부터 매년, 시민들과 함께 생활 속 플라스틱을 조사하고 있다. 한국 기업의 일회용 플라스틱 생산량 지형도를 파악하기 위해서다. 조사에는 매년 약 3,000여 명의 시민이 참여하고 있다. 2022년 조

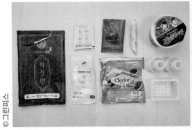

©그린피스

©한국일보사, 2023

사에서는 전용 앱(애플리케이션)을 만들고 바코드까지 찍어서 자세하게 기록할 수 있을 정도로 조사 방식이 한 단계 발전했다. 사실, 그린피스가 이렇게까지 생활 속 플라스틱을 조사하는 데는 씁쓸한 이유가 있다. 한국 기업들이 플라스틱 포장재 생산 정보를 투명하게 공개하고 있지 않기 때문이다. 생산량을 알아야 그만큼의 책임을 요구할 수 있을 텐데, 첫 단추부터 낄 수 없는 것이다.

신 기자는 2021년 조사에 참여한 전국 841가구, 시민 2,671명 중 하나였다. 일주일간 신 기자가 배출한 플라스틱은 25개로, 참가 시민 평균 28.93개보다 조금 적었다. 솔직히 말하면, 《제로웨이스트 실험실》을 연재하는 기자로서 많은 양의 쓰레기가

나오면 안 되겠다 싶어 평소보다 좀 더 노력했다. 함께 영상 기록을 제작한 대학생 참가자 두 명은 각각 26개, 53개의 플라스틱을 썼다(이 자리를 통해 두 분께 다시 한 번 감사 인사를 전한다).

시민들이 조사를 거듭할수록, 생활 속 플라스틱 쓰레기의 주된 책임은 식품 제조업체에 있다는 것이 분명해진다. 2022년 조사에서 나온 14만 5,205개의 플라스틱 중 73.2%가 식품 포장재였다. 코로나19로 집에 머무르는 시간이 길었던 2021년에는 전체 플라스틱의 78.1%가 식품 포장재였다. 제조사별로 따져도 롯데칠성음료 사, 농심 사, CJ제일제당 사 같은 대기업들이 배출량 상위를 차지한다.

누군가는 인스턴트 식품을 덜 먹으면 된다, 비닐로 포장된 식품을 덜 사면 되지 않냐고 말할 수 있다. 이렇게 말하는 사람은 식재료를 사거나 요리를 한 적이 한 번도 없는 사람일 것이라 짐작한다. 한 번이라도 분리배출을 해본 사람이라면 안다. 어떤 방식으로 무엇을 먹든, 비닐이나 플라스틱 포장재를 완전히 피할 순 없다는 걸 말이다.

기업들이 먼저 대안을 찾지 않으면 '플라스틱 지옥'은 반복될 수 밖에 없다. 기업이 플라스틱 생산량을 자세히 공개하고, 정부가 여기에 알맞은 책임을 부과해야 변화는 시작된다. 그린피스는 2021년부터 식품 제조업체들에게 ① 플라스틱 포장재 관련 종합 정보 ② 연도별 플라스틱 감축 목표 및 달성 로드 맵을 공개하라고 요구하고 있다. 2023년 이후에는 적어도 ① 이라도 공개되면 좋겠다. 시민들이 애써 플라스틱 사용량을 조사하지 않도록 말이다.

Chapter 02

마시는 일

라벨을 열심히
뜯고 있습니다만

접착식 라벨과 절취선 라벨

● 투명 페트PET 병 2개가 있다. 하나는 접착제로 인해 라벨이 잘 떼어지지 않는 비닐(폴리프로필렌PP 또는 폴리에틸렌PE)이 붙어있다. 다른 하나는 절취선으로 쉽게 뜯을 수 있는 절취선 라벨이 붙어있다. 보통 소비자들은 후자가 친환경적이라고 생각하며 될 수 있으면 후자를 고를 것이다. 시중에서 쉽게 볼 수 있는 페트PET 병의 절취선 라벨은 '친환경(에코) 절취선'이라는 명칭으로 알려져 있다. 그러나 재활용업체들은 접착제로 라벨이 잘 떼어지지 않는 페트PET 병을 선호한다. 후자는 심지어 골칫거리다. 페트PET 재활용 공정 과정에서 접착식 라벨은 자연스레 분리될 수 있지만 절취선 라벨은 자연적으로 분리가 불가능하다. 한국의 모든 소비자가 절취선 라벨을 뜯어내고 페트PET 병을 버린다면 문제될 것이 없다. 하지만 오늘도 라벨이 분리되지 않은 채 재활용 쓰레기통에서 뒹구는 페트PET 병들을 쉽게 볼 수 있다.

©한국일보사, 2023

▶　'친환경 절취선'은 페트PET 병에서 떼기 쉬워 친환경적이라는 마케팅과는 달리 현장에서는 재활용을 방해한다고 지목되는 대상이다. 재활용업체들에 따르면, 절취선 라벨은 비중 분리를 못하게 만든다고 한다. 비중 분리는 재질과 물의 밀도 차이(비중)를 이용해 라벨을 분리하는 방법이다. 비중은 물의 밀도를 1이라고 정해놓고, 다른 물질이 물에 비해 얼마나 밀도가 높은지 비교한 값이다. 예를 들면, 페트PET는 비중이 1.31이다. 이는 페트PET의 밀도가 물의 밀도에 비해 1.31배 높다는 것을 의미한다. 물의 밀도보다 페트PET의 밀도가 높으므로 페트PET를 물에 빠뜨리면 가라앉는다. 반면 폴리프로필렌PP의 비중은 0.92, 폴리에틸렌PE의 비중은 0.95여서 밀도가 낮아 물에 빠뜨리면 위로 뜬다. 참고로, 종이 또한 밀도가 높아 물에 가라앉기에 페트PET 병에는 종이 라벨은 금물이다. 정리하자면 라벨은 재질만 규제하면 비중을 이용해 라벨 분리도 가능하고 재활용도 가능하다. 2021년 5월, 취재진이 인천광역시의 페트PET 병 제조업체 신우 코스텍의 도움을 받아

실시한 실험에서도 비중 분리 현상을 직접 확인할 수 있었다.

실험 결과 보고서
: 비중 분리 여부

※ 보고 순서는 내용 순 / 실험 기준은 페트PET 병 (물에 가라앉음)

[실험 재질]   [실험 결과]

페트PET 라벨   물에 가라앉음(분리 X)

폴리프로필렌PP 라벨   물에 뜸(분리 O)

폴리에틸렌PE 라벨   물에 뜸(분리 O)

Point 2 절취선 라벨의 배신

©한국일보사, 2023

▶ 　독일, 영국 등에서는 페트PET 병에 라벨을 붙일 경우 물에 뜨는 라벨만 쓰도록 규정하고 있다. 페트PET 병 재활용 과정은 병을 잘게 자르고(파쇄) 수조에서 씻는(세척) 순서를 거치기에 라벨만 규제하면 별도 설비도 필요 없다. 한국의 페트PET 병 재활용업체들도 동일하게 파쇄, 세척 순으로 재활용 과정을 거치기에 업체 규모와 크기와 관계없이 비중 분리를 할 시설을 갖추고 있다. 그러나 절취선 라벨을 쓸 경우 비중 분리를 할 수 없다. 포장 방법상 물에 가라앉는 재질(페트PET, 폴리스티렌PS 등)만 사용할 수 있기 때문. 절취선 라벨은 둥근 형태의 라벨을 페트PET 병에 씌워놓고 안쪽으로 수축시키는 방식을 사용한다. 접착제를 쓰지 않는 대신 수축으로 병 몸체에 단단하게 고정시키는 것이다. 폴리프로필렌PP 또는 폴리에틸렌PE은 강도가 약해 고정하는 힘을 견디지 못하고 찢어진다. 시중의 절취선 라벨은 대부분 페트PET다. 절취선 라벨은 같은 페트PET라도 잉크가 찍힌 무늬와 글씨가 있기에 투명 재질과 함께 섞이면 재활용을 방해한다.

페트PET 병 재활용업체 엘림이앤씨는 독일, 영국처럼 비중 분리가 가능한 라벨만 허용하면 소비자가 떼지 않더라도 자동 분리가 가능하다며, 많은 경우 라벨 분리를 하지 않는 상황 속에서 이런 결정을 내린 이유가 납득되지 않는다고 말했다. 다른 페트PET 병 재활용업체도 비중 분리 시설을 갖췄지만 절취선 라벨이 걸러지지 않아 현장에서 애를 먹고 있다고 말했다. 이런 경우 소비자가 직접 떼지 않는 한 절취선 라벨을 재활용할 방법이 없다고 덧붙였다.

Point 3 국회, 환경부가 밀어붙인 이유

©한국일보사, 2023

▶ 환경부도 비중 분리가 페트PET 병 재활용에 미치는 영향을 인지하고 있었다. 2019년 1월, 환경부가 발표한 고시 초안 '포장재 재활용 용이성 등급평가 기준'에는 그 사정이 명확히 드러나있다. 고시 초안을 살펴보면 환경부는 비중 1 이상 라벨을 재활용이 어려운 것으로 지정해뒀다. 재활용등급 '재활용 어려움'으로 분류될 경우 포장재에 표기해야 하고, 페트PET 병 제조업체의 생산자책임재활용제도EPR 분담금이 20% 늘어난다. 이는 2018년, 서울대학교가 환경부 용역으로 진

구분	재활용이 용이한 우수 재질·구조	재활용이 어려운 재질·구조
라벨	• 소비자가 손쉽게 분리 가능하도록 하는 구조[1] • 비중 1미만의 합성수지 재질 　1순위: 비점(점)착성, 　2순위: 열알칼리성 분리 접착제 사용[2]	• 비중 1이상의 합성수지 재질 • 열알칼리성 분리가 불가능한 점착제 사용 • 몸체에 직접인쇄(유통기간 및 제조일자 표시 제외) • PVC, 종이라벨, 금속혼입라벨 사용

구분	재활용이 용이한 우수 재질·구조	재활용이 어려운 재질·구조
라벨	• 절취선 등 소비자가 손쉽게 분리 가능하도록 하는 구조[1] • 비중 1미만의 합성수지 재질 　최우수 : 비접(점)착식 　우수 : 접(점)착제를 사용하는 경우 재활용 공정에서 분리가능한 열알칼리성 분리 접(점)착제 사용[2] 단, 접(점)착제 도포시 면적·양 최소화[3]	• 비중 1이상의 합성수지 재질(단, 절취선 등 소비자가 손쉽게 분리가 가능한 구조인 경우 제외)[4] • 열알칼리성 분리가 불가능한 접(점)착제 사용 • 몸체에 직접인쇄(유통기간 및 제조일자 표시 제외) • PVC, 종이라벨, 금속혼입라벨 사용

행한 연구에서 비중 1 이상 라벨을 제한하라고 권고한 것을 환경부가 받아들인 것이다.

　그러나 3개월 뒤, 환경부가 최종적으로 확정한 고시에는 예외 조항이 붙었다. 비중 1 이상 라벨이더라도 절취선 등 소비자가 손쉽게 분리가 가능한 구조인 경우는 등급 '재활용 보통'으로 분류한다는 내용이었다. 이 탓에 페트PET 병 포장업계에서는 절취선 라벨 제작 기술을 개발하던 업체들의 압박에 밀려 환경부가 기준을 후퇴시킨 것이라는 분석이 지배적이었다.

　홍수열 자원순환사회경제연구소장은 페트PET 병 라벨은 비중 1 이상 라벨을 전면 금지해 비중 분리를 유도하는 유럽식 모델과, 모든 국민이 병을 사용한 이후 라벨을 떼도록 교육 받아온 일본식 모델로 나뉜다고 설명했다. 한국은 라벨 제거 문화가 자리 잡지 않아 유럽식 모델을 따라가고 있었는데, 갑자기 절취선 라벨을 허용해 재활용 시스템이 엉망이 됐다고 지적했다. 이한영 전 한국포장기술사회KAP-PE(Korea Association of Packaging Professional Engineer) 회장도 절취선 라벨은 소비자가 뜯지 않으면 재활용이 안 되는 라벨이라고 지적하며, 비중 분리를 막으면서 소비자에게 라벨 제거를 권고한 환경부의 결정을 이해하기 어렵다고 지적했다.

해당 고시를 도입하기 전인 2018년, 송옥주 더불어민주당 의원과 하태경 당시 바른미래당 의원은 각각 국회 환경노동위원회 국정감사(10월) 및 본인 계정의 페이스북(4월)에서 절취선 라벨은 접착제를 사용하지 않아 친환경적이다, 접착제를 녹이기 위해 수산화나트륨을 써서 폐수가 발생한다는 등의 이유로 절취선 라벨 도입을 지지했다. 그러나 접착제 남용은 사용량을 최소화한다면 해결할 수 있는 문제였고, 수산화나트륨은 접착제 물질과 관계없이 페트PET 병 세척을 위해 사용하는 화학물질이었다. 환경부는 비중 분리를 하더라도 라벨이 페트PET 병 몸체와 소량 섞일 여지가 있어 라벨을 사용하지 않는 것이 최선이라고 말하며, 국민들에게 라벨 제거를 권고하는 한편 제조업체에는 절취선 라벨을 사용하거나 라벨 없이 페트PET 병에 로고를 성형하는 방식을 요청하고 있다고 설명했다.

■ 취재를 마친 지 1년 6개월가량 지난 2022년 12월, 여전히 투명 페트PET 병과 관련한 재활용 문화는 자리잡지 못한 것으로 보인다. 2020년 12월, 환경부는 아파트에서 투명 페트PET 병 분리배출을 의

무화했고, 2021년 12월부터는 단독주택으로 확대했다. 1년간 계도 기간을 두었지만 라벨을 두른 채 버려진 페트PET 병은 곳곳에서 볼 수 있다. 이런 상황 탓에 생수 제조업계에서는 재활용 페트PET 병을 사용하고 싶어도 원료를 구할 수 없다고 아우성이다. 2022년부터 환경부와 식품의약품안전처는 재활용한 플라스틱을 식품 용기에 사용할 수 있도록 제도를 정비했다. 이전에는 새로 만든 플라스틱만 식품 용기로 사용할 수 있었다. 유럽, 미국 등 해외에서는 오래전부터 재활용 페트PET 병을 사용하고 있었고 플라스틱 문제가 심각해지자 정부도 방침을 바꿨던 것이다. 그러나 한국에선 제도 변경 10개월이 지나도록 재활용 페트PET 병이 상용화되지 못하고 있다. 재활용 페트PET 병의 원료인 깨끗한 상태의 투명 페트PET 병 쓰레기를 수급하지 못해서다. 코카콜라 사는 미국, 일본 등 30개 나라에서는 재활용 페트PET 병을 사용하지만 한국에서는 재활용 원료를 구하기 어려워 사용하지 못하고 있다고 했다. 제주특별자치도개발공사(제주 삼다수)도 재활용 페트PET 병을 양산하기에는 재활용 페트PET 원료 물량이 너무 적다고 했다.

한국은 국민 분리배출 의식이 세계 2위(OECD, 2013년 기준)라는 재활용 강국이다. 하지만 페트PET 병 사용량도 어마어마하다. 그리고 미국, 일본 등 30개 나라에서 쓰는 재활용 페트PET 병을 아직도 만나지 못하고 있다. 우리는 언제쯤 깨끗하게 재활용이 된 투명 페트PET 병을 만나볼 수 있을까.

플라스틱이
터무니없이 싼 이유

기업이 과대 포장을 선택할 만큼 플라스틱의 가격은 싸다. 그렇다면 이런 질문을 해볼 수 있을 것이다. 플라스틱을 만드는 비용은 얼마나 싼 것일까. 그리고 왜 싼 것일까.

　환경부와 산업계의 설명을 종합하면, 가격 950원인 〈제주 삼다수(500ml)〉(제주특별자치도개발공사)의 페트PET 병 1개를 만드는 데 필요한 재료비는 약 19원이다. 페트PET 병은 작은 알갱이 모양의 페트PET 펠릿pellet을 가공해서 만드는데, 페트PET 펠릿 1kg당 가격은 평균 0.96달러(한화 약 1,212원)에 거래

©한국일보사, 2023

됐다(2019년 기준). 생수 한 병의 무게가 18g이니 1개당 약 21.8원인 셈이다. 그러니까 단돈 천 원이면 페트PET 병 45개를 만들 수 있다는 말이다. 같은 기간 폴리프로필렌PP 펠릿 1kg당 가격은 평균 1.02달러(한화 약 1,288원), 고밀도 폴리에틸렌HDPE 펠릿 가격은 평균 0.91달러(한화 약 1,149원)였다. 도대체 왜 이렇게 싼 것일까.

우선 원료부터 터무니없이 싸다. 페트PET의 원료는 원유로부터 정제된 파라자일렌PX, (Paraxylene)인데, 이 물질의 1kg에서 페트PET 약 1.71kg을 만들 수 있다고 한다. 파라자일렌은 가격이 가장 높았던 2018년에도 1kg당 평균 1.47달러(한화 약 1,856원)에 불과했다. 2019년에는 약 0.71달러(한화 약 896원)까지 떨어지기도 했다. 막대한 생산량 또한 원가를 낮춘다. 생산량이 늘어날수록 고정 비용이 분산되어 전체 비용이 낮아지는 규모의 경제원리가 작동하기 때문이다. 전 세계 플라스틱 생산량은 2015년 기준 3억 8,000만 톤으로 추정된다. 안 그래도 싼 원료로 어마어마한 양을 생산하니 가격이 떨어질 수밖에 없다.

이렇다보니 플라스틱 신품이 재활용 제품만큼 싸져 재활용 시장을 위협하기도 한다. 국제 유가가 급락했던 2020년 상반기 페트PET 시장이 대표적인 사례다. 폴리프로필렌PP, 폴리에틸렌PE은 재활용품과 신제품이 각각 다른 용도로 쓰여 경쟁하지 않지만, 페트PET의 경우 폴리에스터 섬유 시장이 겹친다. 폴리에스터 섬유는 페트PET 펠릿으로 만드는 합성섬유로 의류 외투의 보온재, 인형에 들어가는 솜, 자동차 시트 등에 쓰인다.

(참고로, 2019년 1kg당 평균 1,086원이었던 페트PET의 신품 가격은 2020년 상반기 평균 약 848원까지 떨어졌다. 평균 1배럴당 63.53달러였던 국제 유가가 40.73달러까지 곤두박질쳤기 때문이다. 당시 재활용품 가격은 1kg당 약 757원이어서, 제조업체 입장에서는 품질이 떨어지는 재활용품을 쓰느니 100원 더 주고 신제품을 쓰는 게 나은 상황이 되었다. 당시 페트PET 재활용 시장이 휘청이며 수거업체들이 폐기물 수거를 거부하는 폐기물 대란이 오는 것 아니냐는 위기감이 조성되기도 했다. 그래서 재생 페트PET 판매량은 2020년 3월 약 1만 7,380톤에서 1개월 만에 약 25.2%(4,383톤)가 급감했다. 재활용품 판매량이 줄어드니 재활용업체에서 원재료인 플라스틱 쓰레기를 사가지 않게 되고, 선별장에 플라스틱 쓰레기가 처리되지 못한 채 끊임없이 쌓이게 되었다. 실제로 일부 수거업체들이 수거 거부를 예고하기도 했다.)

환경 전문가들은 플라스틱의 남용을 막고 재활용품 사용을 촉진하기 위해서는 플라스틱 쓰레기를 발생시키는 제조업체에게 부과하는 환경부담금을 현실화 해야 한다고 주장한다. 정부는 생산자책임재활용제도EPR에 따라 포장재를 만들거나, 포장재를 활용한 제품을 만드는 제조업체에 환경 비용을 부과하는데 이 금액이 터무니없이 적어 제도가 제 역할을 못한다는 이유 때문이다.

　강희찬 인천대학교 경제학과 교수는 유럽 연합EU의 경우 2021년 1월부터 1kg당 0.8유로(한화 약 1,081원)를 부과하지만 한국은 1kg당 100~200원대에 불과하다고 지적하며, 이 정도의 금액으로는 플라스틱의 환경 영향을 없애거나 기업의 플라스틱 감축을 이끌어낼 수도 없다고 지적했다.

단 1cm도 안 됩니다

재활용률 10%에 대한 진실

● 　도시의 거리에서 몇 걸음만 걸어도 즐비하게 보이는 커피 전문점. 출근 시간과 점심 시간이면 일회용 컵을 손에 든 직장인을 보는 것은 우리 일상이기 하다. 커피 전문점에서 스터디를 하고, 친구의 생일이면 휴대폰을 이용해 커피 기프티콘을 선물로 보낸다. 매년 일회용 플라스틱 컵을 25~33억 개가량 사용하는 '커피 공화국'답다. 한국에 아메리카노를 대중화한 커피 전문점 스타벅스(스타벅스코리아) 사가 이화여자대학교 인근에 1호점을 낸 지 어느덧 20여 년째. 하지만 재활용 측면에서 일회용 컵은 무정부 상태나 다름없다. 환경부에 따르면 일회용 컵의 재활용률은 5% 미만일 것으로 추정된다. 사무실, 집, 약속 장소에 쌓여있던, 우리 일상에서 수없이 마주치는 컵 95% 이상이 땅에 묻히거나 소각된다. 매년 수십억 개의 일회용 컵을 쏟아내면서도 재활용조차 제대로 못하는 이유가 무엇일까.

Point 1 잉크 단 1cm만 들어가도 재활용 안 돼요

©한국일보사, 2023

▶ 2021년 3월, 서울특별시 중구 한국일보 본사를 중심으로 매출액과 다양성, 인지도를 고려해 커피 전문점 4곳(블루보틀 사, 스타벅스 사, 이디야커피 사, 투썸플레이스 사)과 제과점 2곳(뚜레쥬르(CJ푸드빌) 사, 파리바게뜨(파리크라상) 사), 패스트푸드점 2곳(롯데리아(롯데GRS) 사, 버거킹 사), 기타 음료 제조업체 2곳(공차(공차코리아) 사, 스무디킹 사)의 일회용 컵을 실험 대상으로 골랐다. 선정된 업체 모두 지점을 다수 보유한 대형 프랜차이즈다. 재활용 가능 평가 기준은 한국순환자원유통지원센터KORA(Korea Resource Circulation Service Agency)의 조언에 따라 두 가지 조건을 만족해야 하는 것으로 정했다. 첫째, 로고를 전혀 사용하지 않고, 둘째, 페트PET를 사용해야 한다는 것이었다(참고로, 한국순환자원유통지원센터는 폐기물 회수 및 재활용 체계를 관리 감독하는 공익법인이다. 2020년 12월부터 환경부로부터 연구 용역을 받아 재활용이 잘되는 일회용 컵 기준(표준 용기) 마련을 위한 조사 업무를 수행한 이력이 있다).

우선 잉크 로고의 유무와 크기를 따졌다. 플라스틱은 다른 화학 물질이 들어가지 않고 투명한 상태일 때 재활용이 가장 잘 된다. 다시 말하면 로고의 잉크는 재활용 가치 전체를 망친다. 한국순환자원유통지원센터KORA에 따르면, 잉크가 단 1cm만 들어가도 재활용품의 품질이 시장 경쟁력을 갖지 못할 정도로 떨어진다. 현재 재활용 체계에서 로고가 있는 일회용 컵은 무게 1kg당 20원을 받는다고 한다. 잉크를 화학약품으로 지우거나 기계로 잘라내는 방법도 있지만, 제조 원가조차 건지기 어려울 정도로 비용이 올라 현실성이 없다. 일회용 컵은 각 업체의 가장 작은 사이즈를 기준으로 모았고, 로고 크기는 측정의 편의성을 위해 전체 로고를 다 덮는 직사각형 면적으로 계산했다.

실험 결과, 선정된 업체 중에서 파리바게뜨 사를 제외한 아홉 업체가 잉크 로고를 사용했다. 로고의 평균 크기는 약 27.2cm². 많은 경우 자사 로고를 크기 5~20cm²로 넣는 데 그쳤지만 컵의 대부분을 잉크로 인쇄한 업체도 있었다.

커피 전문점 중 블루보틀 사의 일회용 컵에는 파란색 로고가 약 2cm² 크기로 들어갔다. 커피 전문점 중에서는 가장 작게 들어간 로고 크기였다. 스타벅스 사 일회용 컵엔 하얀색 로고가 약 23.7cm²(지름 약 5.5cm 원) 크기로 새겨져 있었다. 10개의 일회용 컵 중 세 번째로 큰 로고 크기였다. 컵의 한쪽 면에는 음료 제작에 참고하기 위한 레시피 선을 검정색으로 그어둔 표시선이 눈에 띄었다. 또한 메뉴의 세부 사항을 표기하기 위해 별도의 종이 스티커를 부착했는데, 잘 떼어지는 편이었으나 소비자가 시간을 들여 분리배출 하지 않으면 재활용을 가로막는 요인이 될 수 있었다. 이디야커피 사는 파란색, 하얀색 로고를 컵 양쪽 면에 16cm² 크기로 넣었다(다만, 이디야커피 사의 경우 상대적으로 판매량이 적은 대용량 음료 컵에 대해서만 로고를 인쇄하지 않는 방법을 사용했다). 투썸플레이스 사의 일회용 컵에는 자주색, 하얀색 로고가 5.5cm² 크기로 들어갔다.

제과점 중 뚜레쥬르 사의 일회용 컵에는 초록색, 하얀색 로고가 5cm² 크기로 들어갔다. 파리바게뜨 사의 경우 잉크 로고를 일절 쓰지 않은 유일한 업체였다. 일회용 컵 본체에 어떤 로고도 표기하지 않았고, 뚜껑 부분에만 회사를 상징하는 대문자 'B'를 플라스틱 모양을 변형해 양각 형태로 넣었다. 이 일회용 컵은 잉크를 사용하지 않았기에 높은 확률로 재활용이 가능하다.

패스트푸드점 중 롯데리아 사의 일회용 컵에는 빨간색, 주황색, 하얀색이 섞인 로고와 하얀색 문자 도안을 컵 양쪽 면으로 배치해 약 19.5cm² 크기를 차지했다. 버거킹 사는 일회용 컵의 양쪽 면을 주황색과 하얀색으로 인쇄해 컵 전체의 약 50cm² 크기를 차지했다.

기타 음료 제조업체 중 공차 사의 일회용 컵에는 자주색, 하얀색 로고가 12cm² 크기로 들어갔다. 스무디킹 사는 일회용 컵의 대부분을 로고로 뒤덮었다. 면적 약 138cm²이 초록색, 하얀색 잉크로 인쇄되어있었다. 컵에 인쇄된 문구에는 '환경을 위해 기존 스티로폼 컵을 재활용 가능한 플라스틱 컵으로 바꿨습니다'라고 적혀있었다. 확인해 보니 이 일회용 컵은 재활용할 수 없었다.

실험 결과 보고서

: 일회용 컵 비교하기

※ 보고 순서는 번호 순 / 단위는 제곱센티미터(cm²)
※ 로고 색깔, 크기, 재질 순으로 기재

© 한국일보사, 2023

① 블루보틀 사

✓ 로고 색깔: 파란색　✓ 크기: 2cm²　✓ 재질: 폴리락틱 애시드PLA

- -

② 스타벅스(스타벅스코리아) 사

✓ 로고 색깔: 하얀색　✓ 크기: 23.7cm²　✓ 재질: 페트PET

✓ 특이 사항: 종이 스티커 부착

- -

③ 이디야커피 사

✓ 로고 색깔: 파란색　✓ 크기: 16cm²　✓ 재질: 페트PET

✓ 특이 사항: 한 컵에 로고 2개 삽입(대용량 음료 컵은 로고 사용 안 함)

④ 투썸플레이스 사

 ✓ 로고 색깔: 자주색, 하얀색   ✓ 크기: 5.5cm²   ✓ 재질: 페트PET

- -

⑤ 뚜레쥬르(CJ푸드빌) 사

 ✓ 로고 색깔: 초록색, 하얀색   ✓ 크기: 5cm²   ✓ 재질: 페트PET

- -

⑥ 파리바게뜨(파리크라상) 사

 ✓ 로고 색깔: 없음   ✓ 재질: 페트PET

 ✓ 특이 사항: 로고 대신 대문자 B를 양각 형태로 새김

- -

⑦ 롯데리아(롯데GRS) 사

 ✓ 로고 색깔: 빨간색, 주황색, 하얀색   ✓ 크기: 19.5cm²

 ✓ 재질: 페트PET

- -

⑧ 버거킹 사

 ✓ 로고 색깔: 주황색, 하얀색   ✓ 크기: 50cm²   ✓ 재질: 페트PET

- -

⑨ 공차(공차코리아) 사

 ✓ 로고 색깔: 자주색, 하얀색   ✓ 크기: 12cm²

 ✓ 재질: 폴리프로필렌PP

- -

⑩ 스무디킹 사

 ✓ 로고 색깔: 초록색, 하얀색   ✓ 크기: 138cm²   ✓ 재질: 페트PET

Point 2 재질을 통일해야 재활용이 쉽지만, 현실은

©한국일보사, 2023

▶ 　다음으로 재질을 살펴보니 여덟 업체가 페트PET를 사용했다. 선정된 업체 10곳 중에서 5곳(스타벅스 사, 이디야커피 사, 투썸플레이스 사, 롯데리아 사, 버거킹 사)이 2018년 페트PET로 통일해서 생산하기로 한 자발적 협약에 참여했고, 3곳(뚜레쥬르 사, 파리바게뜨 사, 스무디킹 사)은 자발적 협약에는 참여하지 않았지만 페트PET 재질을 사용했다. 블루보틀 사와 공차 사는 이 협약에 참여하지 않았다.

　　공차 사는 폴리프로필렌PP을 사용했다. 폴리프로필렌PP는 재활용이 잘되는 재질이지만, 대부분의 업체가 페트PET를 사용하는 경우 재활용 체계에 혼선을 일으킬 수 있다. 일회용 컵 특성상 크기가 작고 투명해 재질을 확인하기 어렵기 때문이다. 이 업체는 뚜껑을 제공하는 대신 비닐을 사용해 용기에 접착하는 실링sealing 방식을 택했는데, 비닐 재질을 별도로 표기하지 않아 분리배출을 어떻게 해야 할지 알기 어려웠다. 빨대 없이 음료를 마시기도 어려운 구조에 몸체만 플라스틱으로 분리하려해도 비닐이 손으로 쉽게 떼어지지 않아 윗부분을 가위로 잘라야 했다.

블루보틀 사는 생분해성 플라스틱 종류인 폴리락틱 애시드 PLA(Polylactic Acid)를 사용했다. 기업에 따르면, 폴리락틱 애시드PLA는 옥수수 전분을 활용해 만든 것으로 일반 플라스틱보다 빠르게 썩는다고 대답했다. 블루보틀 사는 친환경 정책의 일환으로 이같은 결정을 내렸다고 전했다. 그러나 폴리락틱 애시드PLA 재질은 한국에서는 처치 곤란이다. 폴리락틱 애시드PLA 컵은 미국의 플라스틱 업체 월드 센트릭WORLD CENTRIC 사에서 제작하는데, 특정 분해 시설에서만 100% 분해가 가능하다고 설명하고 있다. 특정 분해 시설이 무엇인지에 대해서는 블루보틀 사도 정확히 설명하지 못했다.

일반적으로 플라스틱은 크기가 크거나 재질이 확실한 쓰레기들만 재활용된다. 재활용업체 직원들이 플라스틱 쓰레기를 손수 재질별로 분류하는데, 들어오는 쓰레기양에 비해 직원 수가 적어 확실한 쓰레기 위주로 선별하고 나머지는 버리게 된다. 특히나 일회용 컵은 크기가 작고 투명해 분리배출 표시를 알아보기도 힘든데다가 재질마저 제각각이어서 대부분 그냥 버려진다. 반면 투명 페트PET 병은 일회용 컵처럼 작고 투명하지만 재질이 통일되어있어 재활용률이 높다. 한국순환자원유통지원센터KORA는 페트PET의 재활용률이 높고, 많은 업체가 이 재질을 쓰고 있는 만큼 일회용 컵 역시 페트PET로 통일돼야 한다고 보고 있다.

업체의 상황이나 의도를 감안해도 한국의 재활용 처리 체계가 이를 따라가지 못하는 상황이다. 한국자원순환유통지원센터KORA는, 한국에는 폴리락틱 애시드PLA를 재활용하는 체계나 시설이 없기에 이를 사용하면 재활용하지 않고 매립을 선택하겠다는 것이라고 말하며, 매립 시 100% 분해가 돼야 하는데 실제로 가능할지 확신하기 어렵다고 답했다. 또한 일회용 컵 재질의 통일을 저해해 재활용 체계에 혼선을 줄 가능성도 덧붙였다.

Point 3 기업들은 무지하고 환경부는 무시하고

▶   스타벅스 사는, 로고의 경우 브랜드 마케팅 수단이라고 대답하면서도 환경 영향을 고려해 초록색이었던 로고를 하얀색으로 바꾸고 크기도 줄였다고 설명했다. 또한 텀블러를 이용하는 고객에게 음료 가격을 할인해주는 등 친환경 정책을 이어가고 있다고 첨언했다. 그러나 어느 색깔의 잉크나 재활용을 방해하는 건 마찬가지이고, 로고 크기를 아무리 줄여도 잉크가 있는 한 재활용은 어렵다. 공차 사는 2018년 자발적 협약 당시 환경부로부터 참여 요청을 받지 않아 폴리프로필렌PP을 계속 사용했다며, 폴리프로필렌PP은 재활용이 되는 재질이라고 답했다. 참고로, 자발적 협약에는 21개 업체가 참여했고 환경부가 독려했다. 버거킹 사는 본사 가이드라인으로 전 세계에서 똑같은 컵을 쓰고 있다며 로고와 재질을 고려해 신규 디자인을 준비하고 있다고 설명했다. 스무디킹 사 또한 3년 전 컵을 도입하던 당시 로고 문제를 인지하지 못했다며, 2021년 상반기 중으로 생분해성 일회용 컵을 도입할 예정이라고 말했으나, 이후 재활용 가능성을 따져 로고가 없는 투명 페트PET 컵으로 바꿨다.

홍수열 자원순환사회경제연구소장은 일회용 컵의 재활용 문제는 로고의 크기를 바꾸는 것만으로는 해결할 수 없다며, 일회용 컵이 업체 및 매장의 플라스틱 쓰레기 중 가장 큰 비중을 차지하는 만큼 업체들의 적극적인 협조가 필요하다고 말했다.

Point 4 환경부, 일회용 컵 따로 수거계획 있다?

▶   환경 전문가들은 재활용 가능한 일회용 컵이 늦어도 2021년 상반기에는 도입돼야 한다고 지적했다. 2022년 6월부터 일회용 컵만을 별도로 수거하는 체계가 마련되었는데, 컵의 모양과 재질이 제각각이라면 비용을 들여 수거한 소득이 없다는 것이다.

환경부는 2022년 6월부터 '일회용 컵 보증금제'를 시행한다는 계획이었다. 일회용 컵에 일정액의 보증금을 부과하고 컵을 반납하면 돌려주는 제도다. 반납은 보증금제를 적용받는 매장이면 어디든 가능해, 이를테면 스타벅스 사의 일회용 컵을 버거킹 사의 매장으로 반납해도 보증금을 돌려받을 수 있게 된 것이다. 정확한 보증금 액수는 정해지지 않았다. 이렇게 매장이 회수한 컵은 자원순환보증금관리센터 COSMO(Container Deposit Deposit System Management Organization)가 전담으로 모아 한꺼번에 재활용할 계획이었다. 막대한 사용량을 고려한 특별 감독인 셈이다(참고로, 소주병 보증금은 약 100원(2022년 12월 기준)인데 회수율이 95%를 웃돈다).

문제는 이렇게 일회용 컵을 수거해도 로고가 있고 재질이 각각 다르면 안고 있던 문제가 그대로 반복된다. 정미란 환경운동연합 활동가는 인지도가 높은 기업들이 컵에까지 로고를 넣어야 하는지 모르겠다며, 컵 홀더에도 로고가 들어가는 만큼 컵에서는 로고를 빼는 편이 재활용 측면에서 도움이 될 것 같다고 말했다.

2020년 12월, 정부는 표준 용기 마련을 위해 연구 용역을 발주했지만 그제서야 연구 용역을 발주한 사항은 지나치게 한가하다는 비판을 받았다.

실제 매장에서 서비스 되는 일회용 컵 재고량을 감안하면 제도 시행 1년 전부터는 표준 용기가 도입되어야 한다는 지적이다. 실제 이 디야커피 사는 2019년에 잉크 로고가 없는 무인쇄 일회용 컵을 도입했음에도 일부 매장은 로고가 있는 일회용 컵 재고를 사용할 가능성이 있다고 응답했다.

환경부는 재활용률을 고려하여 규제 대상 일회용 컵을 규격화하기 위한 연구가 진행되고 있다며 업계의 재고품 소진 등을 고려해, 가능하면 2021년 상반기 내에 구체적인 안을 마련하고 업계 의견을 수렴할 계획이라고 밝혔다. 2022년 12월 기준, 표준 용기 도입 논의는 무의미한 것이 되어 버렸다. 환경부가 '일회용 컵 보증금제'를 크게 후퇴시켰기 때문이다.

■ 2022년 6월, 환경부는 전국에서 시행하기로 예정했던 '일회용 컵 보증제'를 2022년 12월로 한 차례 연기했다. 2022년 12월에는 제주특별자치도와 세종특별자치시에서만 시행하겠다고 밝혔다. 결국 전국적으로 확대하는 기간은 2024년으로 미뤘다(2022년 국회 환경노동위원회 국정감사 중 한화진 환경부 장관 발언). 표준 용기는 보증금제가 시

행된다는 전제 아래 설계된 것이므로 보증금제가 시행되지 않는다면 표준 용기 도입도 위축될 수밖에 없다.

　　제도 시행 연기는 주요 쟁점을 방치한 환경부 잘못이 크다. 일회용 컵 회수와 반납기 설치 비용 논란이 대표적이다. 보증금제를 시행하면 컵에 식별 바코드를 부착해야 한다. 컵 반납기에 인식시켜 보증금으로 교환해줘야 하기 때문이다. 여기에는 교환 수수료도 들어간다. 이런 부대 비용은 일회용 컵 1개당 약 15원 꼴이다. 하루에도 컵을 수백 개씩 사용하는 카페에선 적지 않은 부담이기에 본격적으로 제도를 시행하기 전 비용을 누가 부담할지는 반드시 논의해야 하는 사항이었다. 그러나 환경부는 이 문제를 프랜차이즈 본사와만 소통했다. 회사는 비용을 가맹점주에게 떠넘겼다. 이에 반발한 가맹점주들은 2022년 5월 국회 국민동의청원 게시판에 제도 폐지를 요구했다. 논쟁이 커지자 환경부는 뒤늦게야 가맹점주들과 간담회를 진행했고, 제도를 사실상 폐지했다. '일회용 컵 보증금제'는 2020년 5월, 자원재활용법 개정 이후 논의되기 시작했으니 2년이라는 시간 동안 무엇을 했는지 비판하지 않을 수 없다.

　　녹색연합, 그린피스, 환경운동연합 등 전국 47개 환경단체로 구성된 한국환경회의는 소상공인 피해 지원은 제도 시행과 보완할 수 있는 부분임에도 환경부는 2년 동안 준비한 제도 시행을 유예했다며, 환경부 정책의 신뢰도가 바닥에 떨어졌다고 강하게 비판했다.

와인 병,
한국에서는 땅에 묻힙니다

믿었던 유리병의 배신

●   기후 및 환경에 관한 취재를 시작하면서 새로운 습관이 생겼다. 되도록 플라스틱 재질보다는 유리병에 담긴 음료를 고르는 것. 유리는 플라스틱보다 재활용이 잘될 것이라는 믿음에서였다. 와인 역시 그런 것 중 하나였다. 소주병처럼 공식적으로 재사용되는 건 아니지만, 재활용이 쉬울 거라고 생각했다. 와인 병 라벨에 새겨진 '유리'라는 분리배출 표시를 보면서 믿음은 굳어졌다. 하지만 와인 병은 재활용 대신 땅에 버려져 매립되고 있었다. 각양각색의 수입산 술병도 마찬가지였다. 이 병들은 유독 한국에서 재활용되지 않고 있다고 한다. 병 자체의 특성 때문이 아니라 한국의 유리 재활용 시장의 구조 때문이었다. 와인 병 등으로 건축건설자재를 만드는 재활용 기술을 개발한 업체조차 활용하지 못하고 있다는데, 무슨 이유에서일까.

Point 1 재활용하기에는 너무 짙은 녹색

© 한국일보사, 2023

▶   질문에 대한 답을 얻기 위해 2021년 9월, 경기도 화성시의 유리 재활용 전문업체 성민 리사이클을 찾아갔다. 공장 한쪽에는 경기도 전역에서 수거한 유리병이 산처럼 쌓여있었다. 수많은 쓰레기 중 재활용이 가능한 것을 선별하는 것이 성민 리사이클의 역할이다. 업체의 김찬심 이사, 협력사인 유리 가공업체 한국발포유리의 홍승길 본부장을 만나 수집해간 유리병 중 재활용이 가능한 것을 물었다. 두 사람은 투명, 녹색, 갈색 유리병이 재활용이 용이하다며 해당하는 병을 집었다. 투명한 화장품 병, 소주병과 고량주 병, 〈비타 500〉(광동제약 사)과 〈원비디〉(일양약품 사) 등 자양강장 음료수 병이었다.

색깔이 확연히 차이나는 파란색 위스키 병과 하늘색 소주병은 재활용에 적합하지 않은 병으로 분류됐다. 다만, 하늘색 소주병은 제조업체에서 회수해가는 재사용 대상이다. 문제는 와인 병이었다. 분명 녹색인데도 색깔이 다르다는 이유로 재활용이 어려운 병으로 분류되었던 것이다. 소비자 입장에서 소주병이나 와인 병이나 색의 차이가

198

크지 않은데도 운명이 갈리는 이유는 뭘까. 김 이사는 현재 유리병은 제병, 또다른 유리병을 만드는 용도로만 재활용되고 있기 때문이라고 설명했다. 즉, 시장 논리에 따라 특정 색을 띤 병만 만들고 있어서다. 녹색 및 갈색병이 재활용이 잘되는 이유는 재질 때문이 아니다. 단지 초록색 유리병의 소주와 갈색 유리병의 맥주가 많이 팔리기 때문이다. 투명한 유리는 혼합이 되어도 색상을 방해하지 않아 선호 대상이다.

이런 재활용 시장구조 탓에 와인 병과 같은 애매모호한 색은 탈락 대상이다. 홍 본부장은 재활용할 때 와인 병이 일부만 들어가도 소주병 특유의 색이 나올 수가 없기 때문에, 원료가 조금이라도 섞이면 불량 처리가 된다고 설명했다. 또 와인이나 위스키 같은 수입산 술병의 경우 한국에서 사용하지 않는 원료가 첨가됐을 가능성도 있어 선호하지 않는다고 덧붙였다. 또한 홍 본부장은 재활용 과정에서 골치 아픈 존재는 단연 화장품 병이라고 덧붙였다. 그는 직접 분류한 화장품 병 6개를 취재진에게 보여줬다. 검정색, 보라색, 금색, 빨강색 등으로 화려한 색상으로 코팅 된 병이었다. 김 이사는 용기 자체를 마케팅 전략으로 쓰다보니 재활용이 어려운 유리가 자주 나온다며, 플라스틱 사용 증가로 유리 수요가 줄어드는 상황 속에서 이런 병들은 버려지기 십상이라고 말했다.

Point 2 유리병, 해외에서는 건축건설자재로 재활용

▶　유리병은 처음 태어난 그대로의 모습으로 환생할 수 있는 흔치 않은 자원이다. 모래에 열을 가해 만든 것인 만큼 녹이면 재가공이 용

이한 재질이다. 재활용 가능한 횟수에도 큰 제한이 없다. 그래서 유리병이 플라스틱보다 친환경적인 재료로 알려진 이유다. 플라스틱은 화학적 특성상 재활용을 하더라도 똑같은 모습으로 복원할 수 없다. 재활용이 용이하다는 투명 페트PET 병도 콜라 병으로 만들 수 없고 재생섬유(의류)로 쓰인다. 게다가 플라스틱은 가공 과정에서 반복적으로 품질이 손상돼 최대 여섯 번까지 재활용된다.

재활용되지 않은 유리는 일반쓰레기처럼 땅에 묻힌다. 이는 플라스틱만큼이나 환경에 큰 영향을 끼친다. 유리가 자연 분해되기까지는 약 100만 년이 걸리기 때문이다. 썩는 과정에서 플라스틱만큼 토양 오염을 발생시키는 건 아니지만 훨씬 오랜 시간 남아서 자연을 훼손하는 셈이다.

해결책은 있다. 유리병을 건축건설자재로 쓰는 것이다. 유리병은 잘게 파쇄하면 인공 모래와 비슷한 상태로 되돌릴 수 있는데, 가공해 콘크리트나 시멘트, 벽돌 등을 만드는 것이 가능하다. 색깔과 상관없이 유리병으로 만들 수 있고 깨진 유리나 사기그릇 등도 활용할 수 있다. 건축용 모래 채취로 한국에서도 매년 서울특별시 여의도 면적의 100배에 달하는 산림과 강변, 해변이 훼손되고 있는 와중에 이런 환경문제를 방지하는 데에 폐유리 활용은 각광받는다. 이미 해외의 여러 나라들이 활용하고 있다. 유럽과 미국은 1960년대 말부터 일명 '폐유리 아스팔트(글래스팔트glassphalt)'를 연구하고 사용해오고 있다. 영국에서는 유리병을 활용한 건축건설자재를 축구장 및 공항 등의 바닥재, 방화벽 등에 사용한다. 미국에서도 도로포장 및 주차장 바닥재에 활용한다. 2015년 기준, 유럽 연합EU에서는 회수된 유리병의 약 16% 비율을 건축건설자재로 사용했다.

Point 3 한국에서도 개발이 되었다지만

▶   한국의 경우 2019년, 재활용된 유리병 27만 톤 중에서 단 0.3%에 불과한 1,000톤만이 건축건설자재로 사용되고 나머지는 모두 제병 용도로 사용되었다. 2019년, 유럽 연합EU의 유리병 재활용률은 76%인데 한국은 그보다 12% 낮은 64%였다. 한국의 스티로폼 등 발포합성수지(82%)나 페트PET(80%) 재활용률보다도 뒤떨어진다. 제한된 재활용 방법 탓이다.

한국순환자원유통지원센터KORA(Korea Resource Circulation Service Agency)는 코로나19로 주류 수입량이 늘고 있어, 이에 대처하기 위해 건설 등 다른 방식의 재활용 방법을 모색하고 있고 비중도 많이 늘었다고 설명했다. 2020년 건설 등 타 용도 재활용 비율은 4% 정도로 늘긴 했지만 여전히 낮은 수준이다.

건축건설자재와 관련한 재활용 활성화가 안 되는 이유는, 역시 돈이다. 홍수열 자원순환사회경제연구소장은 유리를 건축건설자재로 재활용하려면 모래의 입자 수준으로 파쇄해야 하는데, 현재로서는 재활용 및 제병업체들이 하는 건 망치로 깨뜨리는 정도에 그친다고 말했다. 더 잘게 파쇄할수록 더 많은 비용이 들기에 유리병을 만드는 것보다 경제성이 낮은 것이라고 설명했다. 유리병을 활용할 기술이 있어도 활용되지 못하는 이유다. 포항시는 2018년, 한국순환자원유통지원센터KORA와 협약을 맺고 폐유리병이 포함된 아스팔트를 도로포장에 사용했다. 한국발포유리 사는 2019년, 환경부 한국환경산업기술원 유용자원재활용기술개발 사업단의 연구 지원을 받아 폐유리를 발포유리 비드로 가공하는 기술을 개발했다. 발포유리 비드는 단열재나 배수로 등 다양한 건축 공정에 활용할 수 있다. 이는 당시 폐유리 처리를 위한 획기적인 방법으로 주목받았다. 하지만 수년이 지난 지금도 관련 업체는 판로를 찾지 못해 애를 먹고 있다. 홍승길 본부장은 버려지는 폐유리를 가공해 건축건설자재를 만들고 있기에 기존의 자재보다 단가가 높아 시장 진입이 어렵다며, 재활용을 계속하려고 해도 시장 확보가 안 되니 손해만 계속된다고 말했다.

Point 4 와인 병, 위스키 병은 재활용등급 표시 면제?

©한국일보사, 2023

▶ 　관세청에 따르면 2021년, 와인 수입 금액은 5억 5981만 달러(한화 약 6,782억 원(2021년 12월 기준))나 된다. 와인은 마트는 물론 편의점에서도 쉽게 살 수 있는 친근한 술이 됐고, 아파트 내 분리수거장의 유리 수거함에 주민들이 자주 내놓는 병 중 하나다. 하지만 재활용에 대한 믿음은 소비자를 배신한다.

　재활용이 어려운 와인 병 및 위스키 병에 대해 정부는 생산자책임재활용제도EPR 분담금을 20% 할증해 책임을 부과하는 등 조치를 취했다는 입장이다. 그러나 유리의 생산자책임재활용제도EPR 분담금 단가는 1kg당 평균 36원에 불과해 할증해도 액수는 미미하다. 더욱이 재활용등급 '재활용 어려움'은 면제된 상태다. 환경부는 와인 병의 경우 품질 보존을 위해 어두운 색을 쓸 수밖에 없고, 위스키 병 또한 (유리와 분리되지 않은) 뚜껑 부분에 위조 방지 캡을 넣어야 하는 사정상 당장 용기 개선이 어려운 상황이라 재활용등급 표시를 면제하는 결정을 내리게 되었다고 설명한다. 또한 수입품이라 당장 용기 개선이 어렵다는 관련 업계의 반발도 작용했다. 2019년, 재활용 용이성 등급제

도입 검토 당시 미국 증류주 협회 등이 환경부에 서한을 보내 이번 조치는 무역에 불필요한 장애물을 만들어 세계무역기구WTO(World Trade Organization) 협정을 위반하는 것일 수 있다고 주장하기도 했다.

Point 5 생산자책임재활용제도, 관련 산업 키우는 데 안 쓰여

▶   할증한 생산자책임재활용제도EPR는 재활용 체계 개선에 제대로 활용되지 못하고 있다. 분담금이 재활용 방법과 상관없이 기계적으로 분배되고 있기 때문이다. 예를 들어, 유리병을 건축건설자재 용도로 분쇄하는 비용이 제병 용도로 분쇄하는 비용보다 네 배가량 높지만, 재활용업체들이 보전받는 비용은 제병 용도 수준에 맞춰져 있다는 점이다. 업체들이 재활용률을 높이려 무리하는 대신 매립 및 폐기라는 차선책으로 돌아서는 구조적 이유다. 분담금 할증은 생산자들의 용기 개선을 유도하겠다는 취지로 도입됐다. 하지만 현재는 별도의 효과 없이 벌금 선에서만 그치고 있다는 것이 환경 전문가들의 분석이다. 분담금이 건축건설자재 등 다양한 재활용 체계를 구축하는 데 투입되어야 하는데, 그렇게 이어지지 않는 게 현실이라는 것이다.

■   최근 연구를 보면, 유리병을 건축건설자재로 활용하는 게 유리병을 새로운 유리병으로 재활용하는 것보다 더 나을 수 있다는 분석이 나온다. 시멘트나 콘크리트를 만드는 과정에서 상당한 양의 온실 가스가 배출되는데, 폐유리를 섞으면 상당량의 온실가스를 줄일 수 있기 때문이다. 한국 곳곳에 이런 기술을 실현할 수 있는 중소기업들이 있

는데도 제도적, 경제적 한계로 시행되지 않고 있다는 점이 아쉽다. 한국처럼 매년 새로운 아파트를 짓고, 새로운 도로를 포장하길 반복하는 나라일수록 폐유리 재활용 체계가 더 빨리 갖춰져야 하지 않을까. 수많은 토목공사에 제동을 걸기 어렵다면, 온실가스 감축부터 시작해보자는 이야기다.

필요 없는 플라스틱은
이제 보내줍시다

분리배출 불가능한 뚜껑, 계속 쓰겠습니까

● "왜 숙취해소제는 뚜껑이 이중으로 되어있는 걸까?"

《제로웨이스트 실험실》을 취재하던 어느 날, 다른 회사 선배가 메시지를 보냈다. 전날 술자리의 흔적(?)을 지우려고 편의점에서 숙취해소제 한 병을 샀는데, 하나같이 플라스틱과 알루미늄 뚜껑 2개가 합쳐진 모양이라 이상했다는 것이다. 그 많은 숙취해소제를 마신 나도 눈치채지 못했다. 자양강장제나 비타민 음료와 달리, 왜 숙취해소제 중에는 이중 뚜껑이 많을까. 제조업체들은 소비자가 술 취한 상태에서 뚜껑을 열 때 안전사고가 나지 않게 하기 위함이라는 설명을 했다. 물론 사고 발생을 줄이는 건 중요하지만, 플라스틱을 덧붙이는 대신 알루미늄 뚜껑 디자인 자체를 개선하는 선택은 없는 걸까? 이런 질문을 던지는 이유는 알루미늄과 플라스틱을 덧댄 이중 뚜껑은 재활용이 불가능해 환경오염을 피할 수 없기 때문이다.

Point 1 알루미늄 뚜껑보다 여덟 배 무거운 플라스틱

©한국일보사, 2023

▶   숙취해소제 뚜껑에 쓰이는 플라스틱 양은 어느 정도일까. 여덟
종 제품의 무게를 분석해봤다. 판매량 1, 2위를 차지하는 ① 〈컨디션
헛개〉 ② 〈컨디션 레이디〉 ③ 〈컨디션 CEO〉 시리즈 3종(HK이노엔(한국
콜마) 사), ④ 〈더부룩한 모닝케어 D〉 ⑤ 〈깨질 듯한 모닝케어 H〉 ⑥ 〈
푸석푸석한 모닝케어 S〉 시리즈 3종(동아제약 사)과 유사한 숙취해소
제 2종, ⑦ 〈헛개 땡큐〉(종근당(종근당홀딩스) 사)와 ⑧ 〈헛개 파워〉(광
동제약 사)였다. 여덟 종 제품 모두 플라스틱과 알루미늄 재질을 각각
분리하기 어려운 구조였다. 뚜껑 중 플라스틱 무게는 뚜껑의 전체 무게
에서 알루미늄 뚜껑의 평균 무게 2g을 빼는 방식으로 측정했다.

    실험 대상 첫 번째로, 컨디션 시리즈 3종 〈컨디션 헛개〉〈컨디션
레이디〉〈컨디션 CEO〉. 앞의 두 제품은 플라스틱 뚜껑의 무게 5g으로 상
대적으로 적었다. 반면, 〈컨디션 CEO〉 특유의 갓 모양의 금빛 뚜껑은 플
라스틱 무게만 10g으로 추정됐다. 용량이 150ml로 다른 제품 용량(약
100ml)에 비해 많아서인지 뚜껑도 어린이 주먹 하나 크기로 묵직했다.

① 〈컨디션 헛개〉(HK이노엔(한국콜마) 사) : 5g

② 〈컨디션 레이디〉(HK이노엔(한국콜마) 사) : 5g

③ 〈컨디션 CEO〉(HK이노엔(한국콜마) 사) : 10g

④ 〈더부룩한 모닝케어 D〉(동아제약 사) : 16g

⑤ 〈깨질 듯한 모닝케어 H〉(동아제약 사) : 16g

⑥ 〈푸석푸석한 모닝케어 S〉(동아제약 사) : 16g

⑦ 〈헛개 땡큐〉(종근당(종근당홀딩스) 사) : 7g

⑧ 〈헛개 파워〉(광동제약 사) : 8g

실험 대상 두 번째로, 모닝케어 시리즈 3종 〈더부룩한 모닝케어 D〉 〈깨질 듯한 모닝케어 H〉 〈푸석푸석한 모닝케어 S〉. 세 제품 모두 생김새는 모두 같았다. 이중 뚜껑에는 유리병의 절반을 덮는 긴 플라스틱이 붙어있었고 그 위를 투명한 라벨이 덮고 있었다. 뚜껑의 전체 무게는 18g이었다. 알루미늄 뚜껑의 무게를 빼면 무려 16g이 플라스틱인 셈이었다.

나머지 두 제품은 〈헛개 땡큐〉와 〈헛개 파워〉. 두 제품 모두 이중 뚜껑인데 알루미늄 뚜껑의 무게를 뺀 플라스틱 무게는 각각 7g, 8g으로 추정됐다.

Point 2 이중 뚜껑 플라스틱, 약 3,400톤 넘게 버려졌다

(컨디션 시리즈 기준, 판매 기간 약 26년)

▶ 이중 뚜껑에 사용된 플라스틱은 재활용되는 것 없이 모두 버려진다. 재활용을 하려면 재질별로 분리배출을 해야 하는데, 플라스틱과 알루미늄이 접착제로 붙어있어 따로 떼내는 것부터가 불가능하다. 숙취해소제에 사용되는 플라스틱 재질이 대부분 물질재활용이 가능한 폴리에틸렌PE임에도, 알루미늄과 붙어있다는 이유로 일반쓰레기로 버려져 소각 및 매립하는 수밖에 없는 이유다. 2021년 3월부터 시행된 환경부 고시 '포장재 재질, 구조 등급표시'에서도 이같은 뚜껑은 재활용 등급 '재활용 어려움'으로 분류됐다.

컨디션 시리즈 3종 제조업체 HK이노엔 사에 따르면, 3종 제품은 1992년 출시 이후 2018년까지 약 6억 5,000만 병이 팔렸다. 뚜껑 플라스틱 무게를 5g으로 계산하면 최소 3,250톤의 플라스틱이 사용된 것이다. 여기에 〈컨디션 CEO〉의 무게까지 고려하면 그 양은 더욱 많아진다. 관련 연구자들은 플라스틱 1kg당 약 6kg 탄소 환산량의 온실가스가 배출되는 것으로 추정한다. 탄소 환산량은 이산화탄소와 메탄, 이산화질소 등 여러 온실가스를 탄소 배출량으로 환산한 양이다. 따라서 컨디션 시리즈 3종 이중 뚜껑의 플라스틱으로 배출된 온실가스는 약 1만 9,500톤. 미국 기후환경국EPA(Environmental Protection Agency)에 따르면 이는 나무 약 50만 그루를 10년 동안 길러야 모두 제거할 수 있는 양이다.

모닝케어 시리즈 3종 제조업체 동아제약 사에 따르면 플라스틱 뚜껑 무게가 16g에 이르는 디자인은 2021년 5월 출시됐다고 말하며, 2020년 2분기부터 2021년 1분기까지 판매 수익은 약 84억 원이라고 밝혔다. 한 병 가격인 5,000원으로 계산하면 168만 개가 판매된 셈이다. 그렇다면 약 26.88톤의 플라스틱을 사용했을 것으로 추정된다. 탄소 배출량은 161.28톤이다. 디자인이 바뀌기 전의 모닝케어 시리즈는 컨디션 시리즈와 유사한 구조의 이중 뚜껑을 사용했다. 병 1개당 플라스틱 사용은 적었지만 누적량은 상당할 것으로 보인다. 2005년 출시 이후 10년간 약 1,000억 원(2,000만 병) 넘게 판매되었다. 그동안 사용된 플라스틱은 약 100톤 정도로 추정된다.

〈헛개 땡큐〉는 2001년 출시 이후 매년 2억 5,000만 원어치가 팔린다고 한다. 연간 5만 병, 19년간 약 95만 병이 판매됐다. 그간 사용된 플라스틱 양은 약 6.65톤이다. 〈헛개 파워〉의 판매량은 광동제약사에 수차례 문의했지만 답변을 받을 수 없었다.

실험 결과 보고서
: 숙취해소제 이중 뚜껑 플라스틱 양, 온실가스 배출량

※ 보고 순서는 내용 순 / 단위는 그램(g)
※ 이중 뚜껑의 플라스틱 무게만 측정

① 컨디션 시리즈 3종(HK이노엔(한국콜마) 사)

✓ 5g X 6억 5,000만 병 = 3,250톤(플라스틱 양)

✓ 1만 9,500톤(온실가스 배출량)

✓ 특이 사항: 측정 기간 1992년~2018년

----

②-1. 모닝케어 시리즈 3종(최신 버전) (동아제약 사)

✓ 16g X 168만 병 = 26.88톤(플라스틱 양)

✓ 161.28톤(온실가스 배출량)

✓ 특이 사항: 측정 기간 2020년 2분기~2021년 1분기

----

②-2. 모닝케어 시리즈 3종(구 버전) (동아제약 사)

✓ 5g X 2,000만 병 = 100톤(플라스틱 양)

✓ 600톤(온실가스 배출량)

✓ 특이 사항: 측정 기간 2005년~2020년

----

③ 〈헛개 땡큐〉(종근당(종근당홀딩스) 사)

✓ 7g X 95만 병 = 6.65톤(플라스틱 양)

✓ 39.9톤(온실가스 배출량)

✓ 특이 사항: 측정 기간 2001년~2020년

Point 3 안전을 위한 이중 뚜껑, 누구를 위한 안전인가

©한국일보사, 2023

▶ 　이중 뚜껑이 필요한지에 대한 제조업체들의 대답은 크게 두 가지였다. 디자인과 안전이었다. 한국의 숙취해소제 시장 규모는 한 해 기준 약 2,400억 원. 매년 새 제품이 등장하는 상황에서 제조업체들은 디자인을 통해 소비자들의 주목을 받으려 한다. 〈컨디션 CEO〉는 출시부터 고급스러운 패키지(포장)로 주목성을 높였다고 홍보하기도 했다. 모닝케어 시리즈는 총알처럼 빠르게 숙취를 해소해주는 콘셉트를 표현하고자 차별화된 디자인을 사용했다는 동아제약 사의 답변이 있었다. 이는 판매 경쟁에만 치중하며 환경문제를 외면하는 기업들의 안이한 인식을 다시금 확인할 수 있는 대목이었다.

　　또한 제조업체들은 공통적으로 안전을 위해 숙취해소제 뚜껑에 손이 베이는 사고를 막기 위해 이중 뚜껑을 썼다고 설명했다. 하지만 이들 기업이 판매하는 〈홍삼진〉(HK이노엔 사), 〈박카스〉(동아제약 사), 〈위생천〉(광동제약 사) 등의 제품은 성인은 물론 청소년이나 어린이도 마실 수 있지만 알루미늄 뚜껑만 사용하기 때문이다. 이에 대해 HK이노엔 사는 숙취해소제를 마시는 소비자들은 주로 술에 취한 상태라는 것을 고려했다고 설명했다. 소비자들이 상대적으로 적은 힘으로 개봉하도록 고려했다는 것이다. 술을 먹고 찾는 것인 만큼 소비자가 제대로 힘을 쓸 수 없고 안전사고가 발생할 우려가 크다는 것. 하지만 제조업체 대부분이 권장하는 숙취해소제의 복용 시기는 음주 전, 즉 취하기 전이다. 동아제약 사는 음주 중간이나 직후에도 먹을 수 있는 제품이기에 안전성을 따진 것이라고 설명했다.

알루미늄 뚜껑이 위험하다는 피해 사례는 찾기 어렵다. 한국소비자보호원에 따르면 음료 뚜껑과 관련한 위해危害신고는 2021년 6건, 2019년 13건이다. 이는 재질과 상관없이 모든 뚜껑에 대한 사례를 합산한 결과라 알루미늄 뚜껑과 관련한 위해 여부를 알기는 어려웠다. 알루미늄에 의한 위해가 발생하는 경우는 주로 통조림 뚜껑이었는데, 관련 신고는 매년 200여 건이 넘는다. 이에 비하면 음료 뚜껑 관련 신고는 미미한 수준이다.

제조업체들은 안전을 강조하면서도 모순된 태도를 취한다. 종근당 사는 안전 문제가 있지만 모든 제품에 이중 뚜껑을 쓰면 가격이 올라 소비자에게 부담이라며, 숙취해소제 등 일부 제품에 한해 마케팅 차원으로 포장을 고급스럽게 하는 건 업체가 판단할 문제라고 말했다.

Point 4 플라스틱 더하기 플라스틱, 이중 뚜껑은 규제 밖

▶ 일반 음료 제품 중에서도 플라스틱을 한 겹 더 붙인 이중 뚜껑은 쉽게 찾아볼 수 있다. 이런 이중 뚜껑만 없애도 플라스틱 사용량은

크게 줄어들 수 있지만 변화는 더디다. 특히 똑같은 이중 뚜껑이더라도 플라스틱 속뚜껑에 또 다른 플라스틱 뚜껑을 덮은 음료는 별다른 제재를 받지 않는다. 같은 재질의 뚜껑 2개가 붙어있다는 이유로 등급 '재활용 보통'으로 분류되기 때문이다.

이는 알루미늄과 플라스틱을 덧댄 이중 뚜껑은 등급 '재활용 어려움'으로 분류돼 제조업체는 생산자책임재활용제도EPR 분담금을 기존보다 20% 더 내야 하는 것과 다르다. 플라스틱을 이중으로 사용하는 것도 환경을 악화시키지만 추가 부담은 없는 것이다.

정부의 포장 규제가 플라스틱 사용량 자체를 줄이는 것보다는, 포장재의 재활용 가능 여부에 초점이 맞춰졌기 때문에 이같은 한계가 생겼다. 정부도 맹점을 알고 있다. 2021년 6월, 취재 당시 환경부는 재질 중심의 재활용 용이성 분류가 플라스틱 과소비 우려로 이어질 수 있다고 말하며, 포장에 사용되는 플라스틱의 비중이나 용량을 제한하는 방향으로 포장 규칙을 개정하는 작업을 하고 있다고 말했다. 하지만 구체적인 제도 변화는 아직 없다.

■ 2020년, 소비자들은 '〈스팸〉 뚜껑 반납 운동'을 했다. 〈스팸〉 캔 위에 붙은 노란색 플라스틱 뚜껑만 제조업체에 되돌려보내는 것이었다. 단단한 캔 포장만으로도 충분히 견고한데, 상품 보호 명목으로 이중 뚜껑을 붙여 파는 기업의 행태에 일침을 가한 것이다. 이후 〈스팸〉 제조업체 CJ제일제당 사는 2020년 추석, 2021년 설날에 판매한 제품에서 플라스틱 뚜껑을 뺐다. 명절 선물 세트에만 시행한 일시적인 저

감 조치였지만 효과는 컸다. 플라스틱 약 20톤을 줄였기 때문이다.

어떻게 보면 제로웨이스트는 간단하다. 쓰레기를 만들지 않으면 쓰레기도 없다. 숙취해소제와 〈스팸〉 등에 붙어있는 이중 뚜껑이야말로 꼭 필요하지 않은데 만들어낸 쓰레기의 전형이다. 기업이 공정 개선을 통해 이중 뚜껑을 재활용 가능하게 만들더라도 미봉책일 수 밖에 없다. 버려진 플라스틱을 재가공해 물질재활용을 하는 과정도 에너지와 화학물질을 사용하고 탄소 배출까지 더해지는 작업이기 때문이다. 간소한 디자인과 내용물로 승부하는 상품을 만드는 것. 앞으로 더 많은 기업들이 이같은 단순하고도 과감한 변화를 시도하길 바란다.

작은 병
재활용에 대한 고찰

유리병은 재사용이 가능하다. 병을 살균 및 세척해 다시 사용하기에, 유리를 녹여 새로운 병으로 만드는 재활용보다 환경에도 유익하다. 또한 제조 및 재활용 공정에 필요한 에너지를 아낄 수 있어, 2020년 기준 한국은 유리병 재사용으로 약 17만 톤의 탄소를 저감했다고 한다(출처 : 자원순환보증금관리센터COSMO(Container Deposit Deposit System Management Organization)).

정부도 유리병 재사용을 촉진하기 위해 '빈 용기 보증금제'를 운영한다. 물, 음료, 주류 유리병 규격에 따라 병 1개당 보증금 70~350원을 설정하고 빈 병을 반환하면 이를 돈으로 돌려주는 것이다. 주류(소주 및 맥주)와 청량음료(롯데칠성음료 사, 한국 코카콜라(LG생활건강) 사) 제조업체를 중심으로 유리병 재사용 방식이 자리 잡았다.

그러나 유리병을 쓰는 자양강장 음료 제품 〈박카스〉(동아제약 사)나 〈비타 500〉(광동제약 사) 등은 보증금제 적용을 받지 않고 있다. 참고로, 〈박카스〉 연간 판매량이 약 5억 500만 병에 달하는 등 한국의 자양강장 음료 시장 규모는 연 6,000~7,000억 원으로 알려져 있다(출처 : 자양강장 음료 제조업체 제공). 그러나 이 제품들의 유리병은 전부 재사용이 아닌 재활용되고 있다.

2021년 상반기, 환경부는 자양강장 음료 제품의 유리병에 보증금제 도입을 검토했다. 그러나 좌절됐다. 원인으로, 병 회수 체계와 비용 문제를 꼽았다. 주류를 판매하는 술집 등에서 한꺼번에 모을 수 있는 술병과 달리 자양강장 음료 제품은 개별적인 소비가 많기 때문에 수거에 어려움이 있다고 한다. 시민들이 일일이 병을 약국에 반납해야 하고, 병을 회수하려면 유리병 선별업체에서 별도로 수거해야 하는 과정을 거쳐야 한다. 또 병의 크기가 주류에 비해 작은 탓에, 보증금은 그만큼 낮게 책정될 수밖에 없고 병의 모양도 천차만별이라 선별업체가 병 선별에 소극적이게 될 것이라는 우려를 감안한 것이다. 환경부는 자양강장 음료 제품의 용기는 이미 재활용이 잘되고 있는 품목이라고 설명하며, 보증금제를 도입하는 데 뒤따르는 사회적 비용을 고려하면 제도 도입 실익이 크지 않을 것으로 판단한다고 말했다.

빈 병 재사용을 위한 회수 체계를 마련하는 일이 쉬운 건 아니지만, 주류 제조업체들의 노력을 감안하면 자양강장 음료 제조업체들의 의지가 부족한 건 아쉽다. 2009년, 소주 제조업체들은 '소주공병 공용화 자발적 협약'을 체결했다. 제조업체 간 소주병의 모양과 규격을 통일하고, 병을 공동으로 제작 및 회수해 재사용을 촉진하겠다는 것이 골자다. 실제로 소주 제조업체들은 현재 제조업체 구분 없이 병을 회수하고 재사용하고 있다. 맥주나 청량음료 제조업체들은 병 규격을 맞추는 협약을 맺지 않았지만, 보증금과 별도로 병 1개당 회수 수수료 20~30원을 지급하는 방식으로 각 제조업체의 병을 회수하고 있다. OB맥주 사는 음식점분 아니라 가정으로 판매되는 병도 약 93% 회수하고 있다며, 가정에 판매되는 공병은 음식점 판매보다 수수료를 10원 정도 더 지급하고 있다고 했다. 참고로, 자원순환보증금관리센터COSMO에 따르면 2021년 보증금제 적용을 받는 유리병 약 37억 개 중 약 97.6%가 회수됐다. 이는 새로운 병을 제작할 때보다 약 17만 톤의 탄소 저감 효과가 있는 것으로 추정한다.

소규모 주류 제조업체 또한 보증

금제에서 비켜나있다. 병을 회수하고 재사용하려면 전국 단위의 유통 채널이 필요한데, 이런 채널을 마련하기 어렵다는 이유에서다. 수제 맥주를 제작 및 판매하는 한 제조업체는 빈 용기를 회수하기 위해서는 시장 점유율이 최소 15~20%는 돼야 하는 것으로 파악한다며 수제 맥주는 한국의 모든 회사를 합쳐도 시장 점유율이 3% 수준이라 병 회수 체계를 구축하는 데 현실적인 어려움이 있다고 말했다.

수입 음료 또한 보증금제 적용이 어렵다. 재사용은 제조업체가 병을 수거해서 다시 사용하는 것이 핵심인데, 수입 음료는 생산 공장이 해외에 있어 병을 수거하는 의미가 없기 때문이다. 자원순환보증금관리센터COSMO는 수입 맥주는 해외에서 제품을 생산하는데, 공장마다 병의 규격이 달라서 수거를 한다고 해도 한국에서는 그 병을 재사용할 수 없다며, 이런 병은 파쇄해서 재활용한다고 했다.

보증금제에 참여하지 않은 제조업체들은 재활용 비용을 부담한다. 생산자책임재활용제도EPR 적용을 받아 배출하는 용기량에 따라 일정 부분 분담금을 내고 있다.

Chapter 03

포장하는 일

두께 3cm 플라스틱 쓰레기를 샀습니다

과대 포장은 곧 과다 플라스틱

● 다 사용한 화장품 용기를 버리려다 망설인 적이 있다. 분명히 용기 안에 내용물이 남아있는 것처럼 무거운데, 아무리 펌프(분배기)를 연속으로 눌러봐도 내용물이 더 나오지 않았던 것이다. 뿐만이 아니다. 한눈에 딱 봐도 내용물보다 포장이 커보이는 용기를 한두 번 마주친 게 아니었다.

사실, 화장품 용기에 대한 실험은 십여 년 넘도록 화장품 소비자로 살아온 신 기자의 경험에서 나온 것이었다. 고급 패키지일수록, 구매할 땐 만족스럽지만 버릴 땐 분리배출이 애매하거나 잘할 수 없어 씁쓸한 적이 많았다. 심증만 있었던 의심은 화장품 용기의 무게를 재보고 잘라보면서 진실을 드러냈다. 화려한 포장은 곧 과대 포장이었고, 화장품 대부분이 제로웨이스트와는 거리가 멀었다.

Point 1 화장품 공병, 내용물의 다섯 배

▶   실험을 위해 플라스틱 용기에 담긴 기초화장품 여섯 가지를 무작위로 골랐다. 선택한 제품은 ① 〈비욘드 엔젤아쿠아 시카 카밍 앰플〉(LG생활건강 사) ② 〈입큰맨 파워액티브 올인원 크림〉(이넬화장품 사) ③ 〈진생 로얄 실크 워터리 크림〉(네이처리퍼블릭 사) ④ 〈한율 달빛 유자 수면팩〉(한율(아모레퍼시픽) 사) ⑤ 〈스킨 이센셜즈 배리어 리페어 멀티 오일〉(로벡틴(알엘에이피) 사) ⑥ 〈바이오 이엑스 셀 펩타이드 에멀전〉(토니모리 사) 모두 로드 숍에서 누구나 쉽게 구할 수 있는 제품들이 실험 대상이었다. (제품명은 #화장품에 한해 공식 홈페이지 및 유통사에서 자주 사용하는 방식으로 표기)

몇몇은 손으로 무게를 가늠해봐도 꽤나 묵직했다. 제품별로 플라스틱의 무게가 어느 정도인지 확인했다. 제품 전체의 무게를 측정한 뒤 내용물을 덜어내고 공병만 남았을 때의 무게를 다시 쟀다. 가장 무거운 제품인 ③ 제품은 전체 무게가 351g인데, 공병 무게만 293g으로 전체 비율의 83.5%에 달했다. 용기의 무게가 내용물 무게의 5.05배에 이르렀다. 이 제품의 정가는 13만 2,000원. 무게 비율로만 따지면 약 11만 원이 플라스틱 용기 가격인 셈이었다. ④ 제품은 공병 무게가 121g으로 내용물 무게보다 1.86배 무거웠다. ② ⑥ 제품은 공병 무게가 각각 125g, 156g으로 전체 무게의 절반(50.8%, 55.7%)을 넘었다. ① 제품은 공병 무게가 전체 무게 중 차지하는 비율이 43.1%, ⑤ 제품은 41.8%였다. 정리하자면, 대부분의 실험 대상이 플라스틱의 무게가 내용물의 무게보다 더 나갔다.

실험 결과 보고서

: 화장품 플라스틱 용기 무게 및 비중 확인하기

※ 보고 순서는 번호 순 / 단위는 그램(g), 퍼센트(%)
※ 전체 무게, 공병 무게, 비중 순으로 기재

① 〈비욘드 엔젤아쿠아 시카 카밍 앰플〉(LG생활건강 사)

✓ 전체 무게: 169g   ✓ 공병 무게: 73g   ✓ 비중: 43.1%

- -

② 〈입큰맨 파워액티브 올인원 크림〉(이넬화장품 사)

✓ 전체 무게: 246g   ✓ 공병 무게: 125g   ✓ 비중: 50.8%

- -

③ 〈진생 로얄 실크 워터리 크림〉(네이처리퍼블릭 사)

✓ 전체 무게: 351g   ✓ 공병 무게: 293g   ✓ 비중: 83.5%

- -

④ 〈한율 달빛유자 수면팩〉(한율(아모레퍼시픽) 사)

✓ 전체 무게: 186g   ✓ 공병 무게: 121g   ✓ 비중: 65.0%

- -

⑤ 〈스킨 이센셜즈 배리어 리페어 멀티 오일〉(로벡틴(알엘에이피) 사)

✓ 전체 무게: 165g   ✓ 공병 무게: 69g   ✓ 비중: 41.8%

- -

⑥ 〈바이오 이엑스 셀 펩타이드 에멀전〉(토니모리 사)

✓ 전체 무게: 280g   ✓ 공병 무게: 156g   ✓ 비중: 55.7%

화장품 플라스틱 용기 두께 및 비중(그래프)

① 〈비욘드 엔젤아쿠아 시카 카밍 앰플〉

✓ 용기 두께 : 0.3cm
✓ 비중 : 43.1%

43.1

전체 무게 : 169g
공병 무게 : 73g

② 〈입큰맨 파워액티브 올인원 크림〉

✓ 용기 두께 : 0.5cm
✓ 비중 : 50.8%

50.8

전체 무게 : 246g
공병 무게 : 125g

③ 〈진생 로얄 실크 워터리 크림〉

✓ 용기 두께 : 1.8~2.9cm
✓ 비중 : 83.5%

83.5

전체 무게 : 351g
공병 무게 : 293g

④ 〈한율 달빛 유자수면팩〉

✓ 용기 두께 : 1.3cm
✓ 비중 : 65.0%

50.8

전체 무게 : 186g
공병 무게 : 121g

⑤ 〈스킨 이센셜즈 배리어리 페어 멀티 오일〉

✓ 용기 두께 : 0.2cm
✓ 비중 : 41.8%

41.8

전체 무게 : 165g
공병 무게 : 69g

⑥ 〈바이오 이엑스 셀 펩타이드 에멀전〉

✓ 용기 두께 : 0.5cm
✓ 비중 : 55.7%

55.7

전체 무게 : 280g
공병 무게 : 156g

©한국일보, 2023

Point 2 겹겹이 플라스틱, 돈 주고 플라스틱을 샀다

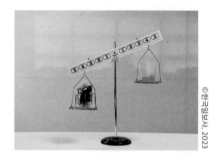

©한국일보사, 2023

▶   왜 이렇게 빈 화장품 용기가 무거운 걸까. 서울특별시 을지로에 위치한 한 공업사를 찾아 단면을 자르고 확인해보니 실마리가 풀렸다. 단지 같은 모양을 한 화장품 용기는 플라스틱의 두께가 1cm를 넘는 경우는 예사였으며 3cm에 육박하는 제품도 있었다. ③ 제품은 용기의 두께가 1.8cm. 겉의 용기(1cm) 1개와 속의 용기 2개(각각 0.2cm)를 끼워맞춘 뒤 용기와 용기 사이의 여분까지 합쳐 측정한 결과였다. 용기의 두께가 높이(5.6cm)의 3분의 1, 너비(7.9cm)의 4분의 1을 차지했다. 너비에서 용기 두께는 양쪽을 합쳐 두 번 들어가기에, 사실상 너비의 절반이 플라스틱 덩어리였던 셈이다. 또 가장 넓은 모서리를 기준으로 측정하면 두께는 2.9cm나 됐다.

주목할 점은 ① ⑤ 제품을 뺀 나머지 제품에는 속의 용기가 따로 있었던 점이다. 물론 ② 제품처럼 펌프 시 공기의 압력을 이용해 내용물을 끝까지 사용할 수 있도록 유도하는 등 나름의 이유가 있는 제품도 있었다. 하지만 ③ 제품은 뚜껑만 열면 제품 사용이 가능한데도 무려 세 겹이었다. 마치 큰 인형 안에 작은 인형이 반복해서 들어가는 러시아 민속 인형 마트료시카matryoshka 같은 구조였다. 속의 용기만으로도 제품을 담는 데 충분하지만, 그보다 두세 배가량 많은 플라스틱을 사용한 것이다.

플라스틱 용기가 여러 겹일 수록 두께도 덩달아 두꺼워졌다. 홑겹인 ① ⑤ 제품의 두께는 각각 0.3cm, 0.2cm. 둘 다 원통 같은 모양임에도 두 겹인 ② ⑥ 제품의 두께는 각각 0.5cm. 속의 용기(0.1cm)와 겉의 용기(0.4cm)를 합쳐 측정한 결과다. ② ⑥ 제품의 경우 너비(4.8cm)에 비해 두께가 차지하는 비중이 9분의 1 정도로 크지 않았다. 하지만 ⑥ 제품은 뚜껑도 이중 구조라 뚜껑 두께가 1.6cm나 됐다. 수치로 따지면 용기 두께가 너비의 3분의 1을 차지하는 셈이었다.

납작한 항아리 같은 모양인 ④ 제품의 두께는 1.3cm. 겉의 용기는 두께만 1cm였다. 용기의 두께가 높이(5cm)의 4분의 1을, 너비(7.6 cm)의 6분의 1을 차지했다.

이뿐만이 아니다. 제품에 동봉하지 않아도 되는 구성품이 들어있는 경우도 있었다. 위생상의 이유로 내용물을 뜨는 용도의 작은 숟가락 모양의 스패출러, 겉 뚜껑 안에 자리잡은 얇은 속 뚜껑, 액체류의 내용물을 빨아들이거나 도포하는 스포이드 등. 위생과 편리함을 명목으로 더해진 도구는 모두 플라스틱이었다.

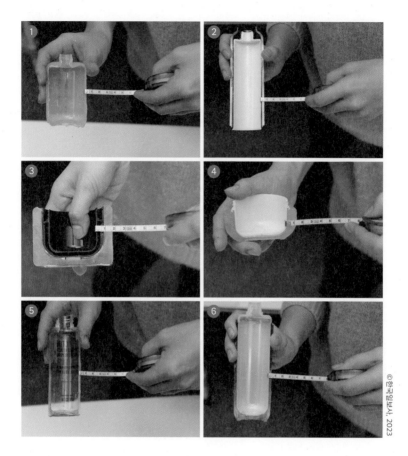

실험 결과 보고서
: 화장품 플라스틱 용기 두께 확인하기

※ 보고 순서는 번호 순 / 단위는 센티미터(cm)
※ 전체 두께, 겉의 두께, 속의 두께 순으로 기재

① 〈비욘드 엔젤아쿠아 시카 카밍 앰플〉(LG생활건강 사)
✓ 전체 두께: 0.3cm   ✓ 특이 사항: 홑겹

----

② 〈입큰맨 파워액티브 올인원 크림〉(이넬화장품 사)
✓ 전체 두께: 0.5cm   ✓ 겉의 두께: 0.4cm   ✓ 속의 두께: 0.1cm
✓ 특이 사항: 두 겹

----

③ 〈진생 로얄 실크 워터리 크림〉(네이처리퍼블릭 사)
✓ 전체 두께: 1.8cm   ✓ 겉의 두께: 1cm   ✓ 속의 두께: 0.2cm
✓ 특이 사항: 세 겹

----

④ 〈한율 달빛유자 수면팩〉(한율(아모레퍼시픽) 사)
✓ 전체 두께: 1.3cm   ✓ 겉의 두께: 1cm   ✓ 속의 두께: 0.2cm
✓ 특이 사항: 세 겹

----

⑤ 〈스킨 이센셜즈 배리어 리페어 멀티 오일〉(로벡틴(알엘에이피) 사)
✓ 전체 두께: 0.2cm   ✓ 특이 사항: 홑겹

----

⑥ 〈바이오 이엑스 셀 펩타이드 에멀전〉(토니모리 사)

　✓ 전체 두께: 0.5cm　✓ 겉의 두께: 0.4cm　✓ 속의 두께: 0.1cm

　✓ 특이 사항: 두 겹

Point 3　**분리배출 표시 있지만, 모든 제품 재활용 불가능**

©한국일보사, 2023

▶　　과연 제품에 사용된 플라스틱 용기나 구성품 등이 재활용이 완벽하게 이루어지기에 막대한 양의 플라스틱을 쓰는 것일까. 실제 실험 대상이 되었던 제품 용기 모두에 '분리배출 가능' 표시가 있었다. 다시 말하면 '재활용 의무 대상' 이라는 뜻이다. 플라스틱이 많이 들었다 해도 재활용이 잘 된다면 괜찮을 수 있다. 그러나 놀랍게도 6개 제품 모두 재활용이 불가했다.

　　제품의 재질부터 재활용과 거리가 멀었다. 6개 용기 중 ① ⑤ 제품을 제외한 4개 제품의 플라스틱 재질이 아더OTHER, 다중 또는 합성 플라스틱이었다. 이 재질의 경우 재활용 공정을 거쳐 다른 플라스틱 제품으로 만들어내는 물질재활용이 불가능하다. 보통 같은 재질의 플라스틱끼리 모아 재활용을 하는데, 아더OTHER는 합성된 종류와 비율을 알 수 없기 때문에 재활용이 어렵다. ⑥ 제품의 경우 제조업체 측에서 재활용이 불가한 일부분을 제거하면 재활용이 가능하다고 설명했지만, 선별업체에서는 복잡한 구조를 확인할 길이 없으니 사실상 '애물단지'라고 말한다. 그렇다면 왜 '분리배출 가능'으로 표시할까? "엄밀히 따지면 같은 플라스틱 재질끼리는 재활용이 가능한데, 선별장의 여건 등의 이유로 괴리가 있습니다." 한 재활용 선별업체의 설명이다. 예를 들어, 한국의 화장품 회사인 아모레퍼시픽 사, 해외 화장품 회사인 맥 사, 키엘 사 등은 자사의 제품 공병을 수거해 다시 제품 생산에 쓰는데, 이런 방법이라면 아더OTHER도 또다른 제품으로 부활할 수 있다. 이는 똑같은 합성 플라스틱끼리 모을 수 있는 유일한 방법이기 때문이다. 하지만 이를 시행하고 있는 회사는 손에 꼽는다.

나머지 2개 제품은 페트PET 재질이다. 역시 재활용이 어렵다는 판정을 받았다. 페트PET라는 이름에서 투명 음료수 병이 머릿속에 떠오르지만 엄연히 다르다. 홍수열 자원순환사회경제연구소장은 ⑤ 제품은 투명한 색깔이지만 겉면에 글씨가 인쇄되어있고, ① 제품도 글씨와 색깔이 겉면에 입혀졌다며, 두 제품은 결정화를 거친 페트-C나 화학약품을 사용한 페트-G일 가능성이 있는데, 눈으로는 구분이 어려워 재활용업체에서는 대부분 골라낼 것이라고 말했다(참고로, 결정화는 제품에 열을 가할 경우 분자사슬의 배열이 바뀌고 뭉치게 되어 불투명한 색이 되고 내열도 또한 높아지는 현상을 말한다). 이와 같은 페트PET 용기들은 재활용이 가능한 투명 페트PET 병(페트-A)과 섞일 경우 재활용을 방해한다.

실험 결과 보고서

: 화장품 플라스틱 용기 재질 확인하기

※ 보고 순서는 번호 순

① 〈비욘드 엔젤아쿠아 시카 카밍 앰플〉(LG생활건강 사): 페트PET
② 〈입큰맨 파워액티브 올인원 크림〉(이넬화장품 사): 아더OTHER
③ 〈진생 로얄 실크 워터리 크림〉(네이처리퍼블릭 사): 아더OTHER
④ 〈한율 달빛유자 수면팩〉(한율(아모레퍼시픽) 사): 아더OTHER
⑤ 〈스킨 이센셜즈 배리어 리페어 멀티 오일〉(로벡틴(알엘에이피) 사): 페트PET
⑥ 〈바이오 이엑스 셀 펩타이드 에멀전〉(토니모리 사): 아더OTHER

Point 4 씻을 수조차 없는데 분리배출 하라니

▶ 만약 플라스틱 선별 체계 여건이 개선되어 재활용이 원활하게 된다고 해도, 전제 조건인 세척조차 쉽지 않은 것이 현실이다. 오염된 플라스틱을 사용한 그대로 버리면 선별 및 분쇄 과정에서 다른 플라스틱과 섞여 전체적인 재활용률을 낮춘다. 그래서 세척이 필수인데, 화장품과 같은 제품은 유분 및 다양한 성분의 화학물질이 들어있기 때문에 세심하게 닦아서 배출해야 한다. 하지만 시중에 판매되는 대부분의

화장품 용기는 입구가 작거나 쉽게 열리지 않아 완전한 세척이 어렵다. 아더OTHER의 재활용률을 높이는 기술이 개발되거나 용기 자체가 재활용 가능한 소재로 바뀌더라도, 근본적으로는 제품 디자인의 변화 없이는 재활용률이 크게 개선되지 않을 거란 이야기다.

입구가 넓은 ③ ④ 제품은 비우고 세척하는 데 큰 어려움이 없었지만, 긴 원통에 펌프가 달린 ② ⑥ 제품은 수차례 펌프를 했음에도 내용물이 완전히 비워졌는지 확인할 길이 없었다. 결국 마개를 돌려 입구를 열고 병을 흔들어보면서 내용물을 다 비웠는데, ⑥ 제품의 경우 꽉 잠겨있어 마개를 여는 데만 오랫동안 물리적인 힘을 들여야 했다. 펌프를 사용하는 화장품 용기 상당수가 쉽게 열리지 않는 구조여서 소비자들이 세척을 포기하고 버리는 경우가 많다.

물론 세척을 하기 위해 플라스틱 용기에 물을 넣는 것조차 쉽지 않았다. 대부분 입구 지름이 1.5cm 이하로 좁아 수도꼭지에서 나오는 물을 받더라도 밖으로 흘러내려 빠르고 정확한 세척을 기대할 수 없었다. 특히 ⑤ 제품의 경우 입구가 마치 바늘구멍처럼 비좁았는데, 마개를 칼 등의 도구로 제거하지 않는 이상 물을 넣어 세척하기 어려운 구조였다.

Point 5 재활용등급 '재활용 어려움' 그 이후

▶   화장품을 사는 소비자들은 결국 '크고 예쁜 쓰레기'를 함께 구매하고 있었다. 이는 단순히 돈 낭비를 넘어선 환경문제다. 특히 화장품은 제품 특성상 소비자가 사용 후 버리는데 걸리는 시간이 3~6개월로 짧아 필연적으로 다른 소비재에 비해 더 많은 폐기물이 발생한다. 여기에 과대 포장이 더해지면 플라스틱 쓰레기의 양은 배로 늘어날 수밖에 없다.

        이런 제품 생산 방식은 쉽게 바뀌지 않을 것으로 보인다. 화장품업계에서는 제품 디자인이 곧 브랜드 이미지와 매출로 직결된다는 인식이 확고하기 때문이다. 네이처리퍼블릭 사는 ③ 제품의 삼중 구조와 두께에 대해서 내부 방침으로 구체적인 답변이 어렵다면서도 현재 디자인은 제품 정보를 시각적으로 표현해 소비자에게 전달하기 위한 것이라고 설명했다.

        그나마 환경부의 '포장재 재질·구조 등급 표시'가 화장품 용기에도 적용되면서 2022년부터 제품의 상당수 용기에 재활용등급 '재활용 어려움' 표시가 붙기 시작했다. 사실, 이 제도도 어렵사리 얻어낸 결과다. 한국포장재재활용사업공제조합KPRC(Korea Packaging Recycling Cooperative)에 따르면, 시판되는 화장품 90% 이상이 등급 '재활용 어려움' 표시 대상이다. 원래는 화장품 제조업계의 요청으로 2025년까지 생산된 제품의 10% 이상을 역회수해 재활용하겠다는 협약에 참여할 경우, 재활용등급 표시의 예외가 인정될 뻔했다. 하지만 시민단체의 적극적인 개선 요구로 이 계획은 무산됐다.

■　　화장품 소비자로서 로드 숍에 가면 가끔 뿌듯해진다. 등급 '재활용 어려움' 표시가 붙어있는 용기는 가급적 피해서 구매하기 때문이다. 하지만 의문은 남는다. 재활용이 어렵다는 표시를 하는 것만으로 환경문제가 해결되는 것은 아니기 때문이다. 재활용등급 표시만으로 화장품 제조업체들에게 면죄부가 주어지지 않으면 좋겠다. 등급 '재활용 어려움' 표시는 재활용이 잘되는 플라스틱 용기로 바꿔야 한다는 신호로 바뀌어야 한다. 최근 플라스틱 용기를 수거해 공병을 재사용하는 등 새로운 시도를 하는 업체도 많아지고 있다. 등급 '재활용 어려움' 표시를 받은 화장품은 반드시 공병을 재사용 하도록 요구하는 것은 어떨까? 우리가 이용하는 화장품 제품 모두 리필이 가능해지는 날이 빠르게 왔으면 하는 바람이다.

페이퍼 보틀?
화장품업계의 안일함이 빚은 소동

2021년 4월, 이니스프리(아모레퍼시픽) 사에서 제품 하나가 출시된 지약 10개월 만에 뒤늦게 논란에 휩싸였다. 2020년 6월, 이니스프리 사가 친환경 정책의 일환이라며 이벤트로 진행한 '페이퍼 보틀 에디션' 때문

이었다. 기존 플라스틱 용기에 담겨있던 제품 〈그린티 씨드 세럼〉을 종이 용기에 담아 플라스틱 사용량을 51.8% 줄였다고 해당 회사는 홍보했다. 그런데 SNS에 "종이용기를 잘라보니 안에 플라스틱 용기가 있었다."는 글

© 유튜브 INNISFREE 영상(이니스프리)

이 올라왔다. 페이퍼 보틀(종이 용기)이라는 이벤트 설명과는 달리 포장재 겉면만 종이고 안에는 플라스틱 병이 있었던 것이다. 제품 포장에는 플라스틱에 대한 설명 없이 '페이퍼 보틀'로 문구가 표기돼있어, 소비자들은 종이만으로 이뤄진 용기로 착각하기 쉬웠다. SNS 게시글에는 '소비자 기만'이라는 댓글이 줄을 이으며, 그린워싱greenwashing(위장환경주의) 논란이 일었다. 이니스프리 사는 혼란을 드려 죄송하다고 사과했다.

환경 전문가들은 기업이 대놓고 소비자 기만 행위를 한 것이라 평하기엔 애매한 부분이 있다고 말하면서도, 결과적으로 환경 이슈에 대한 화장품업계의 안일한 판단이 거센 비판의 원인이라고 지적했다.

'페이퍼 보틀 에디션' 출시 당시, 보도 자료나 온라인 설명 자료를 살펴보면 이니스프리 사는 제품에 플라스틱 용기가 사용된다는 사실을 고지했다. 이니스프리 사는 제품 사용 후 페이퍼 보틀과 비워진 플라스틱 용기는 분리배출이 각각 가능하다고 적어놓았다. 또 제품 용기를 담은 종이 박스 포장재에도 관련 내용을 기재했다. 이는 재활용 측면에서도 개선된 점이 있다. 기존 제품 〈그린티 씨드 세럼〉은 초록색 페트PET 용기를 사용하는데, 재활용이 어렵다. 불투명한 페트PET 용기는 판매 단가가 맞지 않아 대부분 일반쓰레기로 버려지기 때문이다. 반면 '페이퍼 보틀 에디션'은 비교적 재활용이 잘 되는 흰색 폴리에틸렌PE을 사용했다. 플라스틱 용기에 별도의 문구를 쓰지 않은 것도 재활용 가치를 높이는 방법이었다. 물론, '페이퍼 보틀'이라는 명칭을 쓴 것이 기만이라는 비판이 있지만 선례로 비슷한 용기를 만들어 사용했던 해외 제품의 명칭을 그대로 옮겨온 것이기도 하다. 미국의 물병 제조업체 페이퍼 워터 보틀 사가 겉은 종이, 속은 플라스틱인 물병을 만든 것이 그 예다.

아쉬움은 여전하다. 대부분의 화장품 용기가 그렇듯 이 플라스틱 용기 또한 크기가 작은 편이어서 작은 용기들은 잘 걸러지지 않는 현재 선별장의 체계에서 재활용이 잘 이뤄질지 의문이다. 또한 플라스틱 분리배출에 대한 필요성을 제품 페이퍼 보틀 겉면에만 기재해, 박스를 버린 뒤 오랜 기간 제품을 사용하고 버리는 소비자

입장에서는 이를 인식하기 어렵다. 추가적으로, 플라스틱만 사용해도 충분할 것을 종이까지 둘러야 했느냐는 비판도 있다.

무엇보다 화장품업계가 이를 소비자의 오해로 단정 짓고 넘어갈 문제는 아니라는 지적이 많다. 해당 논란의 배경에는, 환경문제에 무책임한 태도로 일관한 화장품업계에 대한 소비자들의 불신이 있다는 것이다.

홍수열 자원순환사회경제연구소장은 이니스프리 사에서는 업계 상황과 비교했을 때 이 정도면 친환경이라고 여겼을 수 있지만, 시민의 기준은 엄격했던 것이라고 짚으며 화장품업계가 환경문제에 안일한 건 아닌지 돌아보는 계기가 되길 바란다고 말했다.

한국의 화장품업계의 환경문제

불감증은 심각하다. 한국포장재재활용사업공제조합KPRC 연구에 따르면, 한국에서 생산되는 화장품 용기 중 90% 이상이 재활용이 어렵다. 앞서 살펴봤듯(#화장품), 플라스틱 두께가 3cm에 이르는 포장 관행도 존재한다. 또한 화장품만 재활용 용이성 평가 규제에서 빠진 점도 공분을 샀다. 환경부는 '포장재 재질 및 구조 평가제도'를 통해 기업들이 소비재 용기의 재활용 용이성을 평가해, 2022년 1월부터 개별 제품에 표시하게 했다. 포장재가 얼마나 재활용이 잘 되는지 평가 기준을 마련한 뒤, '재활용 어려움' '재활용 보통' '재활용 우수' 등의 등급을 매겨 제품에 기재하도록 한 것이다. 하지만 화장품만은 예외였다. '2025년까지 생산된 제품의 10% 이상을 역회

수해 재활용하겠다'는 협약에 참여할 경우 재활용등급 표시 예외를 인정하기로 했기 때문이다. 다만 녹색연합 등 환경단체가 '화장품 어택attack 시민행동'을 출범시켜 화장품 용기들을 업체에 반납하는 프로젝트를 진행하는 등 이에 반발했다. 그 결과, 2021년 3월부터 화장품 또한 재활용등급 표시를 기재하도록 제도가 개선됐다.

이니스프리 사는 제품 이름으로 인해 전체 용기가 종이 재질로 인식될 수 있다는 부분을 간과했다며, 정확하게 정보를 전달하지 못하고 혼란을 드려 죄송하다고 밝혔다. 이어, 제품 제조와 판매 전 과정에서 고객의 기대에 부합하는 브랜드가 되도록 더욱 노력할 예정이라고 말했다.

아이돌 덕질을 하면
쓰레기가 따라옵니다

지속 가능한 덕질 방법은 없을까

● 　최근 K-POP 앨범을 살펴보면, CD만 팔지 않는다. 사진집과 더불어 각종 포토 카드(신용카드 크기로 만들어 지갑 등에 넣을 수 있도록 제작된 사진), 포스터와 엽서 등이 담긴다. 디지털 음원이 보편화된 시대에 실물 앨범을 팔기 위한 소속사의 판매 전략인 셈이다. 대부분의 포토 카드는 재활용이 되지 않는 양면 비닐 코팅 종이를 쓴다. 커버 또한 플라스틱 포장재를 쓰는 경우도 있다. 팬이라면 최애 아이돌의 음반이니 소장할 텐데 무엇이 문제인가 싶겠지만, 현실은 그렇지 않다. 앨범을 사면 사인회 응모권을 1장씩 주는 경우도 있는데, 이런 탓에 같은 앨범을 수십 장씩 구매하는 팬들이 많다. 소장용 앨범을 제외한 나머지 앨범과 부록은 이벤트가 끝나자마자 버려지곤 한다. 여기에 앨범 안에 포토 카드를 랜덤으로 동봉해 모으게 하는 것도 소속사의 판매 전략이 되기도 하니, 쓰레기가 늘어날 가능성은 더욱 커진다.

Point 1 앨범 1개, 내용물 20개

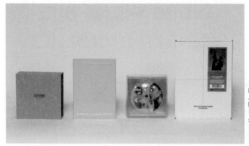

©한국일보사, 2023

▶ 2021년 상반기 음반 판매량 상위 50개로 올랐던 앨범 중 부피가 크거나 재질이 특이한 4개를 임의로 골랐다. 종이 재질의 재활용 여부는 류정용 강원대학교 제지공학과 교수의 자문을 받았다.

구성품이 가장 많았던 앨범은 그룹 트레저의 1집 앨범 〈트레저 이펙트Treasure Effect〉였다. 앨범 1장에 포장재를 포함해 총 25개의 구성품이 딸려왔다. 얇은 플라스틱 포장재가 종이 박스를 감쌌고, 종이 박스 안에 내용물이 들어있었다. 종이 박스도 충분히 두꺼운 편이라 플라스틱 포장재가 불필요해보였다. 구성품으로는 멤버 사진을 엮은 사진집 1개, 사진 뒤편에 가사 텍스트를 쓴 가사 엽서 세트 12장, 셀피 및 증강 현실AR(Augmented Reality) 등 버전별 포토 카드 4장, 그룹 로고 스티커, 멤버 유년시절 사진, 폴라로이드 사진도 있었다. 이중에서 포토 카드 4장 중 3장과 폴라로이드 사진은 재활용이 안 되는 양면 비닐 코팅 종이였다. 사진, 책자 등 인쇄용지는 물에 풀어서 작은 목재 섬유로 분해하는 과정(해리解離)을 거쳐야 재활용할 수 있는데, 한 면에만 비닐 코팅이 돼있으면 반대 면의 종이가 물을 흡수하지만 양면에 비닐 코팅이 돼있으면 종이가 물을 흡수하지 못한다.

환경부도 단면 코팅 종이는 분리배출 하고 양면 코팅 종이는 일반쓰레기로 버리도록 안내하고 있다. 단면 코팅 종이에서 분리된 비닐은 따로 모아 연료로 태운다(참고로 코팅 여부는 종이를 찢어서 면을 벗겨봐야 정확히 알 수 있다).

그룹 블랙핑크의 1집 앨범 〈더 앨범The Album〉은 총 18개의 구성품(포장재 포함)으로 이뤄져 있었다. 엽서 세트, 크레디트 시트, 포토 카드, 마운티드(액자형) 포토 카드 등 유사한 사진 품목들이 뒤섞여있었다. 종이 박스 높이는 약 6cm로 다른 앨범에 비해 높았는데, CD 받침대의 단을 불필요하게 2cm나 늘린 탓이었다. 포토 카드 등 사진 9장은 종이 양면을 코팅해 재활용이 안 됐다. 사진집은 겉면이 천으로 감싸져 있고 앞부분에 홀로그램 필름이 붙었는데, 천과 필름은 해리 과정에서 자동으로 분리되어 재활용에는 지장이 없었다. 책자이기에 인쇄용지와 함께 버리면 되었다. 사진집 표지와 앨범 제작자 안내서에는 염색용지를 썼는데, 이 또한 재활용을 방해하는 종이였다. 보통 책자 등의 인쇄용지는 종이 표면에만 잉크를 입히기에 재활용 과정에서 약품을 이용해 잉크를 제거하기가 비교적 쉽다. 이런 종이는 보통 신문지를 만들 때 재활용된다. 염색용지는 종이 전체를 염색한 것이기에 잉크 제거가 어렵다. 이는 색상에 덜 민감한 택배 박스나 골판지로 재활용된다. 그러나 재활용 과정에서 인쇄용지, 염색용지를 일일이 구분할 수 없기 때문에 염색용지는 인쇄용지에 섞이기 일쑤다. 환경 전문가들은 염색용지를 쓰지 않는 게 최선이라고 답한다.

가수 이하이의 3집 앨범 〈포 온리4 Only〉는 구성품이 총 11개로 다른 앨범에 비해 가짓수가 비교적 적었다. 그러나 대부분의 앨범이 종이 포장재를 쓰는 것과 달리 플라스틱 포장재를 사용했다. 플라스틱 포장재는 꽉 닫히지 않아서, 제품 보호보다는 앨범이 잘 보이도록 하기 위한 마케팅 목적이 커보였다. 포토 카드 역시 전부 양면 코팅 종이였다.

가수 청하의 1집 앨범 〈케렌시아Querencia〉는 포장재, 사진첩, 가사집 등에 재생 종이를 사용했다. 재생 종이는 인쇄용지를 재활용해서 만든 종이다. 구성품은 총 10개였고, 사진집의 크기는 다른 앨범에 비해 컸다. 또 사진집 표지에 UV 인쇄로 대문자 Q를 새겨넣었는데, 이는 재활용을 방해하는 인쇄 방법이다. 인쇄 부분에 특수 처리를 해서 잉크 제거가 어렵기 때문이다. 이런 경우는 표지만 찢어서 버리거나 사진집 전체를 폐종이 등과 함께 버려야 한다. 포토 카드 4장도 모두 양면 비닐 코팅 돼있어 재활용이 안 된다.

실험 결과 보고서

: 앨범 구성품 확인하기

※ 보고 순서는 내용 순

① 〈트레저 이펙트Treasure Effect〉(그룹 트레저)

ⓒ한국콜브사, 2023

✓ 구성품: 플라스틱 케이스, 패키지 박스, 사진집, 가사 엽서 세트 12장,
  포토 카드 4장, 그룹 로고 스티커, 폴라로이드 사진, 홀로그램 사진 등
✓ 특이 사항: 포토 카드 3장 양면 비닐 코팅

----

② 〈더 앨범The Album〉(그룹 블랙핑크)

ⓒ한국콜브사, 2023

✓ 구성품: 패키지 박스, 사진집, 사진 4장, 엽서 2장,
  포토 카드 2장, 폴라로이드 포토 카드 1장, 가사집
✓ 특이 사항: 사진집, 표지, 앨범 제작자 안내서에 염색용지 사용

③ 〈포 온리4 Only〉 (가수 이하이)

© 한국인쇄사, 2023

√ 구성품: 플라스틱 케이스, 사진집, 엽서, 포토 카드, 스티커

√ 특이 사항: 포토 카드 양면 비닐 코팅

----

④ 〈케렌시아Querencia〉 (가수 청하)

© 한국인쇄사, 2023

√ 구성품: 패키지 박스, 사진첩, 포토 카드 4장, 가사집, 미니 포스터

√ 특이 사항: 패키지 박스 및 사진첩 및 가사집에 재생 종이 사용,
  사진집 표지에 UV 인쇄, 포토 카드 4장 양면 비닐 코팅

Point 2 앨범은 곧 응모권, '앨범 사재기'로 이어져

ⓒ 케이팝포플래닛

케이팝포플래닛이 팬들로부터 기부받은 앨범들

▶   K-POP 업계에는 앨범 50장을 사고 49장은 버리도록 하는 판매 전략이 팽배하다. 대부분의 소속사는 실물 앨범 1장을 사면 팬 사인회 응모권을 1장 주는 식으로 음반 판매 이벤트를 기획한다. 앨범을 더 많이 사면 당첨될 확률도 높아지는 구조다. 이다연 케이팝포플래닛 활동가는 온라인 카페나 현장 선착순 등으로 진행하던 사인회 응모 방식을 앨범 판매와 연계한 것이라며 상당수 팬들이 앨범을 수십 장씩 구매해 1장만 남기고 처분한다고 했다. 무작위 포토 카드도 대량 구매를 부추긴다. 보통 앨범 1개엔 포토 카드 2장이 무작위로 들어간다. 팬들 입장으로서는 가장 좋아하는 멤버의 포토 카드를 얻거나 멤버 전체의 포토 카드를 모으기 위해 앨범 수십 장을 산다. 또한 같은 앨범을 디자인, 음원 구성을 다르게 제작해 두세 종류 버전으로 만들고, 버전마다 포토 카드 종류를 다르게 넣기도 한다.

그룹 트레저의 앨범 〈트레저 이펙트Treasure Effect〉는 버전이 3

개다. 같은 앨범을 블루, 오렌지, 그린 세 종류로 냈다. 각 버전마다 포토 카드는 랜덤이다. 모든 포토 카드를 모으려면 자그마치 36장을 모아야 한다. 이런 방식은 대부분의 K-POP 소속사와 앨범에 적용되고 있다. 그룹 세븐틴은 8집 미니 앨범 〈유어 초이스Your Choice〉를 세 버전으로 냈다. 버전별로 사진집, 엽서, 포토 카드 등이 다르다. 같은 버전 내에서도 포토 카드 13장, 사진집 2~5종, 엽서 카드 13종, 미니 카드 13장이 있는데 이것도 앨범당 1개씩만 준다. 온라인에서 앨범을 살 때도 세 버전 중 어떤 버전이 올지 모르는 랜덤 발송이다. 랜덤으로 지급되는 구성품을 전부 모으면 124가지. 이들 조합의 경우의 수는 7만 8,416가지다. 솔로 가수의 앨범 또한 다르지 않다. 그룹 하이라이트의 멤버 양요섭은 솔로 정규 앨범 〈초콜릿 박스Chocolate Box〉에 포토 카드 105개를 넣었다.

팬들도 이런 상황에 문제 제기를 하고 있다. 2021년 6월, 온라인 플랫폼 케이팝포플래닛이 팬 360명을 대상으로 한 설문 조사에서 팬덤 문화 중 친환경적이지 않은 부분을 묻는 질문(중복 응답)에 응답자 중 69.7%가 앨범 및 굿즈 제품의 과도한 포장 판매를 택했다. 앨범 대량 구매도 65.9%을 차지했다. 응답자 중 88.9%는 K-POP이 친환경 문화를 조성해야 한다고 답했고, 95.6%는 K-POP 업계가 변해야 한다고 답했다. 이 활동가는 사인회 응모권과 무작위 포토 카드를 앨범과 연계하지 않고 별도 판매하는 등의 대안이 있다며, 지속 가능한 K-POP 문화를 위해서라도 관련 업계가 속히 대안을 마련해주길 바란다고 했다.

Point 3 재활용되지 않는 종이, 분담금도 내지 않는 현실

▶ K-POP 앨범도 플라스틱을 쓰면 폐기물부담금과 생산자책임재활용제도EPR 분담금을 내야 한다. 앨범 중 CD는 폴리카보네이트Polycarbonate 재질의 플라스틱을 써서 폐기물부담금(무게 1kg당 150원)을, 종이 상자를 감싼 비닐 포장재나 플라스틱 포장재는 생산자책임재활용제도EPR(재질별로 무게 1kg당 100~200원) 분담금을 내야 한다. 이 제도는 재활용이 어려운 폐기물의 처리 비용을 생산자에게 부과하는 제도다. 예를 들어, 재활용이 되지 않는 일회용 기저귀 1개당 5.5원의 처리 비용은 제조업체에게 부과하는 것이다. 참고로, 담배의 경우는 20개비당 24.4원이다. 이렇듯 생산자책임재활용제도EPR는 재활용이 가능한 일회용품 제조 및 판매업체에 분담금을 부과하는 것으로, 재활용업체들을 보조하는 데 쓰인다.

그러나 종이의 경우 두 제도 모두 적용받지 않아서 K-POP 소속사들은 대부분의 비용을 부담하지 않는다. 재활용 가능 품목이라 폐기물부담금 대상은 아니고, 비용 보전이 없어도 재활용이 잘된다는 이유로 생산자책임재활용제도EPR 대상에서 제외되어있다. 참고로, 우유팩, 멸균 팩과 같은 종이 팩은 생산자책임재활용제도EPR 대상이지만 박스 및 책자 등 종이는 대상이 아니다.

정리하자면, K-POP 소속사들은 양면 코팅 종이, 염색용지, UV 인쇄용지처럼 재활용이 안 되거나 방해하는 용지를 쓰고 있는데도 종이의 종류를 세부적으로 구분하지 않는 제도 탓에 비용 책임에서도 비껴나있는 것이다.

류정용 교수는 일반 종이와 섞여 재활용을 방해하는 종이가 많지만, 이를 제재할 정책적 수단이 없다고 설명하며 종이 구분을 세분화하고 앨범을 제작하는 제조업체도 재활용에 방해가 되는 종이는 사용하지 않아야 하는데 그러지 않고 있다고 지적했다.

YG 엔터테인먼트 사는 환경문제를 충분히 인지하고 있고 변화에 대한 노력이 필요하다는 데 공감한다며, 종이 및 생분해성 플라스틱을 활용할 예정이라고 밝혔다. 취재진은 K-POP 엔터테인먼트 업계의 입장을 듣기 위해 AOMG 사, HYBE 사, JYP 사, MNH 사, SM 사에도 문의했으나 답변을 받지 못했다.

■ 2022년에는 소비자의 목소리가 어느 정도 성과를 거뒀다. JYP 사는 서울 본사 등에서 사용하는 2021년 연간 전력 소비량 100%를 재생에너지로 조달했다. RE100Renewable Energy 100%을 달성한 것이다. RE100은 기업이 필요한 전력을 전부 재생에너지로 구매하거나 직접 생산하겠다는 자발적 캠페인이다. 영국의 다국적 비영리기구 클라이밋 그룹The Climate Group이 처음 만들었고, 현재 전 세계 300여 기업이 참여하고 있다.

RE100은 음원 스트리밍 서비스로도 확대되고 있다. 케이팝 포플래닛은 카카오엔터테인먼트 사의 유료 음원 서비스 멜론 사에도 RE100 달성을 요구하는 캠페인을 진행하고 있다. 음원 스트리밍은 막대한 데이터를 사용해 전력 소비가 크기 때문이다. 멜론 사의 연간 탄소 배출량은 약 20만 톤으로 추산된다. 멜론 사의 모회사 카카오엔터테인먼트 사는 2022년 6월에 2040년까지 탄소 중립을 하겠다고 발표했고, KT 사의 유료 음원 서비스 지니뮤직 사는 2022년 7월 RE100에 가입했다.

여전히 K-POP 산업 전반에는 환경을 파괴하는 요소가 남아있다. 일부 친환경 소재를 사용한 앨범이 등장하고 있지만 대부분의 앨범은 플라스틱을 두른 채 굿즈를 끼워 판매하고 있다. YG 엔터테인먼트 사 외에 어느 소속사도 음반 폐기물 문제에 관한 문의에 답하지 않은 것을 보면, 자발적인 변화를 기다리기 어려워 보인다. 소비자들의 지속적인 관심과 요구가 필요한 이유다.

(연재기사 작성에 도움을 준 케이팝포플래닛 또한 소속사와 관련한 청원 활동을 이어가고 있다. 홈페이지에 방문해 설명을 읽어보고 청원하는 일 역시 '지속 가능한 덕질'을 향한 작은 발걸음이 될 수 있겠다.)

홈페이지

• **온라인 플랫폼 케이팝포플래닛** www.kpop4planet.com

아이들을 위한
포장은 없습니다

포장이 70% 차지하는 장난감 실태

● 화려하고 큰 선물일수록 더 좋아하는 어린이들. 그러나 어린이에게 크고 화려한 선물을 주는 부모의 마음은 편하지 않다. 장난감 본체는 소형 복합 재질인데다가, 가정에서 분리배출 할 수 없는 플라스틱 ABS(아크릴로나이트릴Acrylonitrile, 뷰타다이엔Butadiene, 스타이렌Styrene)을 쓴다. 재활용이 안 되지만, 환경 호르몬에서 상대적으로 안전하고 편의성과 품질 등이 우수해 업계는 수십 년째 ABS를 쓰고 있다. 장난감 자체는 오랜 시간 사용하고 물려주기도 한다고 위안을 한다지만, 포장은 어떤가. 장난감 과대 포장은 성인 소비재보다 수위가 심각하다. 환경문제는 어린이들의 미래와 직접적인 관련이 있다. 2027년 수도권 매립지 사용이 끝날 것으로 예측되고 수도권 주민 2,500만 명의 폐기물을 어디에 묻을지 정해진 것이 없는데도, 어린이의 행복을 위한다는 장난감 포장들을 보면 어떤 책임감도 보이지 않는다.

시중에서 판매되는 장난감을 살펴보면, 포장이 차지하는 공간은 70%에 이르는 경우도 있다. 그런데도 정부의 기준(포장공간비율 35%)을 충족하고 있었다. 고정재나 장식을 끼워넣으면 포장 공간을 줄여주는 제도적 허점 때문이다.

Point 1 포장 규제법이 과대 포장을 눈감아준다

▶ 한국의 대표 완구 3사 제품 중 4개를 골랐다. ①〈믹서기 쉐이크 놀이(콩순이)〉(영실업 사) ②〈페로B(헬로카봇 뱅)〉(초이락컨텐츠컴퍼니(손오공) 사) ③〈헬로카봇 카봇쿵 큐브팩세트 E (헬로카봇)〉(초이락컨텐츠컴퍼니(손오공) 사) ④〈더블X고스트컬렉션 6(신비아파트)〉(오로라월드 사)이다. 계열사까지 합치면 3사 모두 한 해 매출 1,000억 원이 넘는 대형 완구업체다.

환경부는 과대 포장을 규제하는 '포장공간비율제도'를 운용하고 있다. 포장공간비율제도는 포장과 제품 본체의 비율을 토대로 과대 포장을 막는 제도다. 예를 들면, 사각형 종이 상자 부피는 $10cm^2$이고 제품 부피가 $8cm^2$인 제품이 있다고 치자. 이 제품의 포장공간비율은 20%가 된다. 이렇게 환경부는 품목별로 허용치를 두고 있는데, 장난감 품목은 빈 공간 비율을 35%로 허용해 모든 품목 중 가장 느슨하다. 음료, 주류, 화장품 품목이 10%이며 가공식품, 건강 기능 식품, 세제류는 15%인 것과 비교하면 약 두세 배의 포장을 인정해주는 것이다.

① 제품은 한국환경공단에서 포장공간비율 33.4%를 책정받아 합격 판정을 받고 시중에 유통되고 있다(참고로, 포장공간비율 준수 여부

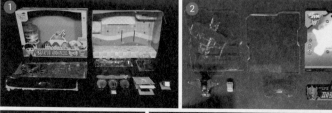

©한국일보사, 2023

❶ 〈믹서기 쉐이크 놀이(콩순이)〉 ❷ 〈페로B(헬로카봇 뱅)〉
❸ 〈헬로카봇 카봇쿵 큐브팩세트 E(헬로카봇)〉 ❹ 〈더블X고스트컬렉션 6(신비아파트)〉

는 판매시작 이후에 지방자치단체에서 단속하지만, 기업이 원하는 경우 사전
에 심사를 받을 수 있다. 한국환경공단은 환경부 고시인 포장공간비율, 포장
횟수 간이측정방법에 따라 비율 등을 측정하는 업무를 맡는다). 법정 기준을
준수한 ① 제품의 실제 포장 공간은 전체의 약 60% 정도에 이른다. 어
쩌다가 33.4%라는 결과값이 나오게 됐을까. 여기에는 꼼수가 있었다.

254

그 예로 고정재를 사용하거나, 종이 및 플라스틱 장식을 끼워넣는 것이 대표적이다. 제품에 고정재를 사용할 경우 본체의 가로, 세로, 높이에 길이 0.5cm를 합산해준다. ① 제품은 믹서기, 냄비, 받침 장난감을 철사로 고정했고 과일, 과일 칩, 컵 장난감에는 플라스틱 고정재를 사용했다. 결과적으로, 제품 부피가 고정재를 사용하지 않은 경우(약 1만 2,371cm³)보다 약 14.1%(2,038cm³) 크게 계산된 것이다. 취재진이 고정재를 사용해 가로, 세로, 높이에 대해 길이 0.5cm 가산을 적용하지 않고 ① 제품의 포장공간비율을 계산하자 41.2%라는 결과값으로 불합격 판정이라는 결과가 나왔다.

또, 정부의 기준은 제품 부피를 측정할 때 제품이 실제로 차지하는 부피가 아니라, 제품 전체를 감싸는 직육면체를 기준으로 한다. 이런 기준은 직육면체와 장난감 사이의 빈 공간도 제품의 부피로 계산되는 허점을 기본적으로 안게 만든다.

이밖에도 ① 제품은 포장재로 종이 상자, 플라스틱 트레이, 종이 안내판, 철사 등을 사용했다. 이중 삼중으로 포장 폐기물을 늘리는 요소이지만, 포장재가 아닌 고정재로 분류되어 포장공간비율을 낮추는 역할을 했다.

Point 2 규제 영역 바깥에 있는 장난감

©한국업부사, 2023

▶ 　헬로카봇 시리즈는 블리스터blister 포장이 제품 부피로 계산되지 않는 점을 이용한 장난감 제품이다. 블리스터 포장이란, 포장재를 상자 형식으로 만드는 대신 얇은 플라스틱 시트 2개를 붙여 접착시키는 포장 기법이다. 제품이 있는 부분만 볼록하게 나오도록 만든 모습이 마치 물집과 비슷해 블리스터(물집)라고 이름 붙은 것이다. 주로 칫솔이나 건전지 제품 등에 쓰이는 이 기법은 상자를 만들 때보다 포장재를 절약할 수 있다는 장점이 있다. 종이에 제품을 얹고 제품 부분만 플라스틱으로 덮기 때문이다. 그러나 헬로카봇 시리즈는 상황이 달랐다. 제품보다 훨씬 넓은 플라스틱을 앞뒤로 덮었다.

　② 제품의 경우, 두 장난감의 가로세로 면적이 약 130.9cm²인데, 넓이가 585cm²나 되는 플라스틱 시트 2장을 사용했다. 실제 장난감이 차지하는 면적의 비율은 약 22.4% 뿐, 나머지 면적 454.1cm²는 사실상 필요하지 않은 포장인 셈이었다. ③ 제품의 경우, 한 면의 면적이 3.61cm²인 정육면체 알맹이 장난감 4개를 포장하기 위해 면적

230cm² 플라스틱 시트 2장을 썼다. 시트 1장만 치더라도 포장이 15배쯤 되었다. 아이러니하게도, ② ③ 제품은 정상 포장으로 분류되었다. 포장공간비율은 부피를 단위로 측정하는데, 2개 면이 밀착돼있는 블리스터 포장의 경우 부피가 계산되지 않는다는 이유에서다. ③ 제품처럼 면적을 늘려도 별도의 제재는 받지 않는다.

Point 3 기준을 어긴 제품도 유통됩니다

▶   ④ 제품은 포장공간비율 심사를 받지 않았다. 포장공간비율 심사는 지방자치단체가 단속하거나 기업이 자발적으로 의뢰했을 때만 이뤄지는데, 이 제품은 단속이나 기업의 자발적인 검사도 없었다. 취재진이 ④ 제품을 측정했을 때 포장공간비율은 약 72.5%로 정부의 기준을 두 배 이상 위반하고 있었다. 시중에서 쉽게 만날 수 있는 대형 제조업체의 제품조차 검사 사각지대에 놓인 것이다. 2019년, 지방자치단체가 포장공간비율 심사를 명령한 건수는 1,650건밖에 안 된다(참고로, 지방자치단체가 심사를 명령하면 제조업체가 한국환경공단에 의뢰해 검사를 수행하는 순서로 진행된다).

이 제품은 고정재 명목으로 대형 플라스틱 트레이를 사용했고 그 위를 덮은 플라스틱 뚜껑이 따로 있었다. 겉의 종이 포장재만으로 제품을 촘촘히 배치하고 작은 종이 고정재 등을 사용할 수 있는데도 부피가 큰 플라스틱을 사용했던 것이다.

실험 결과 보고서
: 장난감 제품 측정하기

※ 보고 순서는 번호 순 / 단위는 세제곱센티미터(cm³)
※ 포장재 부피(면적), 내용물 부피(면적), 포장공간비율 순으로 기재
※ 취재진이 부피를 측정해 계산한 추정치, 전문 검사기관이 실시한 검사 결과와 다를 수 있음

① 〈믹서기 쉐이크 놀이(콩순이)〉 (영실업 사)

✓ 포장재 부피: 21,056cm³

✓ 고정재 반영 전

  - 내용물 부피: 12,371cm³

  - 포장공간비율: 41.2%

✓ 고정재 반영 후

  - 내용물 부피: 14,409cm³

  - 포장공간비율: 31.6%

  - 특이 사항: 한국환경공단 측정치 33.4%.

  (전문 도구를 사용한 공단과 달리 취재진은 자로 재서 결과값에 오차 발생)

----

② 〈페로B(헬로카봇 뱅)〉 (초이락컨텐츠컴퍼니(손오공) 사)

✓ 부피

  - 포장재 부피: 585cm³

  - 내용물 부피: 582cm³

  - 포장공간비율: 0%

✓ 면적

  - 포장재 면적: 585cm³

  - 내용물 면적: 130.9cm³

- 포장면적비율: 77.6%

- 특이 사항: 블리스터 포장은 부피 차이가 없음.

----

③ 〈헬로카봇 카봇쿵 큐브팩세트 E(헬로카봇)〉

(초이락컨텐츠컴퍼니(손오공) 사)

✓ 부피

- 포장재 부피: 27.6cm³

- 내용물 부피: 27.6cm³

- 포장공간비율: 0%

✓ 면적

- 포장재 면적: 230cm³

- 내용물 면적: 14.4cm³

- 포장면적비율: 98.4%

- 특이 사항: 블리스터 포장은 부피 차이가 없음

----

④ 〈더블X고스트컬렉션 6(신비아파트)〉(오로라월드 사)

- 포장재 부피: 4,320cm³

- 내용물 부피: 1,196cm³

- 포장공간비율: 72.5%

- 특이 사항: 고정재 없음

Point 4 문제는 포장 경쟁. 해결 방안은 업체가 쥐고 있다

▶   제조업체들의 공통적인 의견은 정부의 기준을 최대한 준수했다는 입장이다. 영실업 사는 다양한 구성품을 하나의 박스로 안전하게 포장하기 위해 고정재를 사용하고 있다며, 모든 제품을 만들 때 정부의 기준에 맞춰 박스 크기와 포장 방법을 정하고, 종이 및 고정재 사용을 최소화하도록 연구하고 있다고 말했다. 또한 종이 재질, 잉크 등 친환경에 대한 방법을 검토하고 있다고 말했다. 초이락컨텐츠컴퍼니(손오공) 사는 사전에 한국환경공단에 포장공간비율 심사를 의뢰하는 등 관련 법을 준수하고 있다며, 완구 제품 특성상 크기가 작은 제품인 경우 법적 표기 사항을 준수하느라 포장 면이 넓어지기도 하나, 과대 포장에 대한 문제를 개선하기 위해 노력한다고 말했다. 오로라월드 사는 수차례 문의했음에도 별다른 입장을 내놓지 않았다. 한국완구공업협동조합은 완구 제품 포장재도 제품의 일부로 봐야 한다고 말했다.

반면, 시민단체는 업계의 노력이 턱없이 부족하다며 포장 경쟁이 있다고 진단한다. 1998년부터 장난감 재활용 문제를 제기해온 박준성 사단법인 트루 사무총장은, 오늘날 장난감 시장에서 포장이 작으면 잘 팔릴 수가 없다며 대형 완구업체부터 가능한 크게 포장을 하다 보니 다른 업체들은 이를 따라갈 수밖에 없는 구조라고 지적했다. 이어 장난감업계의 대다수는 영세하여 생산자책임재활용제도EPR 분담금조차 내기 버거워하지만, 포장이 작으면 팔리지 않아 울며 겨자 먹기 식으로 과대 포장을 하기도 한다며, 환경문제에 관심 가진 완구업체는 많지 않다고 전했다.

Point 5 장난감에게만 느슨한 규제, 언제까지

▶ ① 제품 등에서 알 수 있듯 장난감 제조업체들은 정부의 기준을 준수하고 있지만, 현행법상 얼마든지 포장을 과하게 할 수 있다. 이는 제도의 보완이 꼭 필요함을 보여준다. 장난감의 포장공간비율을 35%까지 허용하고 있는 것도 문제이지만 고정재를 사용한다는 이유로 기준을 완화해주는 부분은 재검토할 필요가 있다. 블리스터 포장 또한 장난감 본체 크기에 알맞게 덮도록 포장 규정을 마련하면 해결 가능하다.

그러나 환경부는 고정재를 사용하면 본체 크기를 길이 1cm 더 크게 인정해주던 것을 2020년에 길이 0.5cm로 줄였다고 설명하며, 2개 이상의 제품을 포장할 때 고정재를 사용하면 제품 간의 거리를 둬야 하고 그만큼 필수적으로 공간이 더욱 필요해 가중치를 주는 것이라고 덧붙였다. 또한 블리스터 포장에 대해서는, 한국환경공단 측에서도 검사 사각지대라는 보고를 받는 등 문제점을 인식하고 개선 검토가 필요하다고 본다면서도, 규제하는 해외 입법 사례가 없어 제도화하기 조심스러운 측면이 있다고 말했다. 포장 검사가 제대로 이뤄지지 않는 데 대해서는, 제품 출시 전 포장공간비율에 대한 검사를 의무적으로 받아야 하는 법안이 국회에 발의되어 있는 등 개선하고 있다고 답했다.

오재영 한국건설생활환경시험연구원KCL(Korea Confermity Laboratories) 부산울산지원장은 블리스터 포장은 정부의 기준으로 규제할 수 없는 사각지대여서 보완이 필요하다고 말했다. 박준성 사무총장은 포장의 종류가 다양해지고, 제조업체 또한 영세해서 규제가 어려운 상황이라면 자발적 협약으로 포장을 감축하는 노력을 해야 한다고 했다.

■   장난감은 가장 답답했던 실험 중 하나였다. 얼마든지 포장을 줄일 여지가 있었지만 그 누구도 줄일 생각을 하지 않았다. 제조업계에서도 별다른 문제의식을 느끼지 못했고, 정부도 구실을 만들어줬다. 그 결과, 지나치게 큰 포장을 덕지덕지 감싸고도 '아이들을 위한 선물'이라는 타이틀을 유지하고 있었다. 한 제조업체에게 포장재 감축 계획을 묻자 (취재진은 최대한 공손하게 질문했다) 왜 그렇게 공격적인 질문을 하느냐며 불쾌해했다. 다른 업계에서 볼 수 없는 반응이었다. 장난감 제품 포장을 줄여야 한다는 말이 납득할 수 없는 비난처럼 느껴져서였는지는 모르겠다. 이런 대응을 보면, 앞으로도 장난감 제품 포장 규제를 기대하긴 어렵겠다는 걱정이 든다.

"더 풍요롭고 즐거운 세상을 만들기 위해 항상 고민하고… (후략)"
— 영실업 사

"우리는 아이들에게 항상 즐거운 경험을 줍니다."
— 초이락컨텐츠컴퍼니(손오공) 사

"전 세계 아이들에게 웃음과 행복을 선물합니다."
— 오로라월드 사

위의 문구는 대형 완구업체 3사의 설명이자 슬로건이다. 어린이와 미래를 향한 희망의 메시지가 말로 그쳐선 안 될 것이다.

아이스 팩

분리수거 했는데
재사용은 절반 수준

수거해도 문제, 로고도 크기도 문제

● 우리 집, 그리고 당신의 집 냉장고에는 미세 플라스틱 덩어리가 있다. 아이스 팩 이야기다. 아이스 팩은 물에 플라스틱인 고흡수성수지 SAP(Super Absorbent Polymer)를 섞어 얼음보다 더 오랜 시간 얼어있도록 만든 것이다. 환경부는 아이스 팩을 종량제 봉투에 넣어 버리라고 하지만 이를 소각 및 매립한 뒤에도 플라스틱이 남는다. 그렇다면 아이스 팩의 봉투를 잘라 내용물만 하수구에 버리는 방법은? 미세 플라스틱을 강에 투입하는 꼴이다. 2016년부터 2021년까지 지난 5년간 한국에는 아이스 팩이 약 9억 2,000만 개 생산됐다. 지방자치단체(이하 '지자체')에서 '아이스 팩 수거 사업'을 시작하며 재사용을 위해 노력하고 있다. 하지만 어려움이 크다. 수거 사업을 중단하거나 계속할 수 있을지 미래가 불투명하다고 고심하는 곳도 있을 정도다. 이유는 너무나 간단해서 이상할 정도다. 아이스 팩 겉면에 있는 로고나 크기가 문제였기 때문이다.

Point 1 로고가 재사용을 막는다?

▶   아이스 팩 수거함은 2020년부터 급격히 증가해 2021년 5월까지 전국에 633개가 설치됐다. 이렇게 수거한 아이스 팩 중 재사용이 실제로 이뤄지는 건 약 절반에 그친다고 했다.

2021년 5월, 취재진은 서울특별시 강동구에 위치한 강동구청을 찾았다. 강동구는 전국에서 아이스 팩 수거 사업을 가장 먼저 시작해 재사용 체계가 가장 잘 갖춰진 곳이다. 2019년부터 사업을 시작해 수요처를 늘려온 덕에 다른 지자체보다 재사용률이 높은 편이다. 하지만 강동구도 재사용률은 65% 정도다. 다시 쓸 수 없는 제품이 상당 부분 발생한다는 뜻이다. 이날 강동구청에 설치된 아이스 팩 수거함을 열었을 때도 마찬가지였다. 일주일간 수거된 아이스 팩은 295개였는데, 이 중에서 85개(약 29%)가 불량 판정을 받았다. 강동구청 공무원과 지역 환경단체 환경오너시민모임 회원들이 선별한 결과다.

불량으로 판정되는 대표적인 경우는 특정 회사의 상호나 로고가 들어간 아이스 팩이다. 한눈에 봐도 재사용인 것이 티가 나는 아이스 팩이기 때문이었다. 서울의 한 시장에서 수산물을 판매하는 김익선 (가명) 씨는 대형 마트의 로고가 새겨진 아이스 팩을 택배용으로 넣었다가 고객이 깨끗하지 않다며 크게 항의한 적이 있다며, 세척을 마친 아이스 팩이라도 이전에 사용한 걸 받는 건 꺼리는 분위기라고 말했다. 이같은 이유로 상당수의 아이스 팩이 품질에 별다른 문제가 없어도 버려진다. 일부 가게나 지자체에서는 아이스 팩 위에 스티커를 붙여서 상호나 로고를 가리기도 한다. 그러나 이 역시 스티커 부착 비용이 들고 접착제로 인해 아이스 팩이 오염되는 등 한계가 있다.

Point 2 재질도 문제인데 크기도 제각각이라 더 문제

©한국일보사, 2023

▶   포장 재질을 부직포로 만든 아이스 팩 또한 재사용이 어렵다. 위생 문제 때문이다. 부직포 재질의 아이스 팩은 결로 현상(물건 표면에 물방울이 맺히는 현상)이 적기 때문에 농산물이나 축수산물 배송에 많이 쓴다. 하지만 부직포는 한 번만 사용해도 쉽게 오염된다. 겉면에 오염이 생기면 쉽게 닦을 수 있는 비닐과 다른 점이다. 부직포 재질의 아이스 팩은 치과 병원에서 치료를 받은 환자들에게 나눠주는 것이 대표적

이다. 비닐 사용을 줄이는 취지로 도입된 코팅 종이 아이스 팩 역시 오염되기 쉬워 다시 쓰기 어렵다.

충전식 아이스 팩도 재사용이 쉽지 않다. 입구 한쪽이 트여있어 사용자가 냉매를 넣을 수 있는 구조인데, 냉매량이 일정치 않은 게 문제다. 최병옥 당시 강동구청 청소행정과 주무관은 충전식 아이스 팩은 물이 너무 많이 들어가면 이동 중 터질 위험이 있거나 반대로 물이 너무 적게 들어가면 보온 및 냉동 효과가 없는 경우가 대부분이라고 설명했다. 이 경우 충전재가 물이라면 물은 버리고 포장재만 분리배출 하면 된다. 하지만 고흡수성수지SAP가 섞인 경우도 있어 주의해야 한다.

재사용을 할 때는 크기도 중요하다. 신선식품 유통 과정에서 주로 사용하는 아이스 팩의 크기는 가로 15cm, 세로 20cm 정도다. 최근 4인 가구는 물론 2인 이하의 소형 가구의 택배 주문도 늘었기에 이 크기가 가장 적합하다는 것. 하지만 취재 당시 아이스 팩 수거함에서 나온 아이스 팩 중 길이만 40cm가 넘는 것은 물론 가로 5cm, 세로 5cm 크기로 성인 손 하나보다 작은 것도 있었다. 특수 제작한 크기의 아이스 팩을 사용하고자 하는 매장도 있을 수 있지만 아직까진 드문 실정이다.

Point 3 홍보를 위해 새겨지는 로고

©한국일보사, 2023

▶   아이스 팩 재사용이 가능하려면 기본적으로 특정 회사나 상호
나 로고가 없어야 한다. 화려한 색깔이나 디자인이 없는 흰색 아이스
팩이 가장 좋지만, 아이스 팩이라는 글씨만 있거나 눈꽃 또는 북극곰
등 간단한 일러스트가 인쇄된 정도도 무방하다.

환경부도 재사용이 용이한 디자인을 알고 있다. 2020년 7월,
'아이스 팩 재사용 활성화 가이드라인'을 만들어서 아이스 팩 제조
업체 22곳과 유통업체 19곳에 배포했다. 아이스 팩 재사용 활성화
를 위해 판촉을 위한 과도한 마케팅 요소 표시를 지양하고, 고흡수성
수지SAP 아이스 팩 여부를 포장재에 표기하며, 크기를 대형(가로22cm,
세로 27cm), 중형(가로 15cm, 세로 20cm), 소형(가로 12cm, 세로 17cm)
으로 통일된 규격에 맞춰 제조하라는 내용이었다. 하지만 이는 어디까
지나 권고일 뿐이었다. 환경부에서 만든 가이드라인은 생산업체가 자
발적으로 이행하는 것이라며 실제로 이를 적용한 업체는 확인이 어렵
다고 설명했다.

정작 아이스 팩 제조업체들은 가이드라인 준수가 언감생심이라

는 반응이다. 디자인 결정권은 주문업체에게 있기 때문이다. 아이스 팩 제조업체 A 사는 회사 제품을 주문하는 고객 또는 고객사에게 가이드라인을 지키자고 권하기는 쉽지 않은 입장이라며, 제조업체들은 홍보를 위해 로고 등 특정 디자인을 먼저 제시하는 경우가 많아 이를 거부하기 어렵다고 털어놨다.

결국 아이스 팩을 소비자에게 전달하는 유통업체들이 결단을 내려야 한다. 하지만 주문업체, 유통업체 측도 사정이 있다. 브랜드 홍보 효과를 무시할 수 없다는 게 주된 반응이다. 아이스 팩 겉면에 특정 상품명을 넣은 건강 기능 식품 제조업체 셀로닉스 사는 자사 제품을 배송하는 것인 만큼 기업을 알리는 용도로 제작했다고 설명했다. 롯데백화점 사는 아이스 팩 대부분을 주로 정육, 굴비 등 선물 세트에 사용하는데, 배송 받는 고객이 당사에서 구매한 상품임을 알아볼 수 있도록 로고를 넣었다고 답변했다. 이유식 전문업체 베베쿡 사는 사업 초기에 회사를 알리기 위해 아이스 팩에 상호명을 넣었다며, 요즘은 이유식 정기 배송 시 아이스 팩을 같이 수거하고 있어 회사의 아이스 팩이 맞는지 구분하기 위해 상호명을 유지하고 있다고 답변했다.

Point 4 아이스 팩, 물로만 채울 수 없을까

▶ 고흡수성수지SAP 아이스 팩 생산은 점차 줄어들 것으로 보인다. 아이스 팩의 악영향이 알려지고 정부도 친환경 냉매 사용을 권장하면서 물이나 식물 영양제를 사용한 대체 아이스 팩을 사용하는 업체가 늘고 있기 때문이다. 2021년 4월, 한국소비자원의 조사에 따르면

온라인 식품 유통업체 32곳 중 17곳이 친환경 아이스 팩으로 전환할 계획을 밝혔다. 롯데백화점 사를 비롯해 취재진이 취재한 업체들도 향후 이같은 계획이 있다고 답변했다. 환경부도 2023년 4월부터는 고흡수성수지SAP 아이스 팩에 무게 1kg당 313원의 폐기물부담금을 부과할 예정이다. 하지만 고흡수성수지SAP 아이스 팩이 빠르게 사라지긴 어려울 것이라는 전망이다. 폐기물부담금을 부과한다고 해도 고흡수성수지SAP 아이스 팩은 물 아이스 팩에 비해 1개당 약 30~50원 정도 비싸질 뿐이다. 더욱이 고흡수성수지SAP 아이스 팩에 비해 물 아이스 팩의 보냉 효과가 약 30% 비율로 떨어져 고흡수성수지SAP 아이스 팩 사용이 필수적이라는 업체들도 있기 때문이다. 농협의 축산물 판매법인 한우지예는 한우를 배송하는 경우 보냉이 생명과도 같은 문제라 우려가 많다며 겨울에는 보냉에 지장이 크지 않아 물 아이스 팩으로 전환할 수 있지만, 여름에는 불안해서 고흡수성수지SAP 아이스 팩 제품을 사용할 계획이라고 밝혔다.

Point 5 지방자치단체의 수거 사업, 좌초 위기

▶   아이스 팩 수거 사업을 시작한 지자체들은 사업을 지속하는 데 어려움을 겪고 있다. 서울특별시 성동구는 2019년 하반기부터 수거 사업을 시작한 이후 1년간 수요처 문제로 수거 사업을 잠시 중단한 이력이 있고, 송파구는 2021년 3월부터 수거 사업을 일시 중단했다. 2021년부터 수거 사업을 시작한 지자체들도 수거 사업 유지가 불투명하다는 입장이다. 서울특별시 B구 관계자는 아이스 팩을 수거함에 넣

는 사람은 많은데, 정작 쓰려는 사람은 없어 사실상 쓰레기통이나 다름없는 상황이라고 말했다. 백명순 환경단체 환경오너시민모임 대표는 그동안 단체에서 제조업체 및 유통업체에게 아이스 팩 규격의 변화와 통일을 수차례 요구했지만 요지부동인 업체가 많았다며, 환경부가 재사용이 용이한 아이스 팩의 규격을 도입하는 것은 물론 '아이스 팩 보증금제' 등을 도입해 대형 유통업체가 책임지고 재사용할 수 있도록 유도해야 한다고 말했다.

■　아이스 팩 수거 사업은 지역 공공기관이 환경문제 해결을 위해 나선 좋은 사례다. 하지만 수거 사업의 한계도 뚜렷하다. 폐기물 생산자는 따로 있는데 소비자의 선의를 통해 문제를 해결하려는 방식이기 때문이다. 근본적인 해결을 위해선 관련 업체들이 먼저 아이스 팩을 쓰지 않도록 노력하는 건 어떨까 싶다. 아이스 팩 대신 생수병 등을 이용하는 것이다. 2021년 가을, 비영리단체 통영거제환경운동연합이 보낸 택배를 받은 이후에 한 생각이다. 통영거제환경운동연합은 '아이스 팩 없애기 실험'을 하면서 경상남도 통영의 어민들이 잡은 해산물과 얼린 라벨 없는 생수병을 포장해 전국 곳곳에 보냈다. 경상남도 끝자락에서 서울특별시까지 수백 킬로미터를 달려왔는데도 생수병은 꽁꽁 얼어있었다. 당연히 물과 생수병은 재사용했다. 이는 완벽한 해결책은 아닐 것이다. 하지만 물로 된 아이스 팩의 비닐보다는 라벨 없는 생수병이 양질의 재활용 자원이라는 건 분명하니까. 우리의 제로웨이스트는, 조금이라도 더 괜찮은 방향으로 나아가야 한다.

코팅 종이도
재활용 가능합니다

우유 팩 분리배출은 언제쯤 시행될까

●   종이를 분리배출 할 때마다 고민에 빠진다. 지금 버리는 종이 중 비닐 코팅이 된 종이가 있는 건 아닐까. 눈으로만 보면 구분하기 어려워 직접 만져보고 찢어본다. 코팅된 종이가 '재활용되는 척 깜빡 속인 쓰레기'라는 환경부의 친절한 카드 뉴스를 접하니 분리배출에 더욱 철저해진다. 일부 소비자들은 종이의 환생을 위해 손으로 일일이 비닐 코팅을 떼어내는 수고도 감내한다. 하지만 코팅 종이는 모두 재활용이 가능하다. 생김새와 색깔이 다른 코팅 종이 10개를 들고 제지업체 및 재활용업체에 확인한 결과다. 오히려 일반쓰레기에 버리라는 환경부의 무책임한 홍보가 코팅 종이 재활용을 막고 있었다. 종이 쓰레기 특성을 반영하지 못한 분리배출 체계도 문제였다.

Point 1 코팅 종이: 100% 재활용할 수 있습니다

©한국일보사, 2023

▶ 　2021년 4월, 경기도 하남시의 종이 가공업체인 동방제지 공장을 찾았다. 이곳의 정인태 대표에게 비닐 코팅 종이는 중요한 원료였다. 코팅 종이는 용기의 안쪽 또는 바깥쪽이 폴리에틸렌PE으로 뒤덮인 종이다. 종이 컵처럼 액체를 담거나 색깔을 인쇄하기 위해 플라스틱을 얇게 덧붙이는 것이다. 이 때문에 일반 종이와 섞일 경우 재활용을 위한 펄프화 과정에서 방해가 된다. 환경부가 코팅 종이를 일반쓰레기로 배출하라는 이유다.

　코팅 종이끼리 모은다면 재활용 공정에 큰 문제가 없다. 폴리에틸렌PE은 화학약품을 이용해 해리 과정을 거치면 종이와 비닐 코팅이 각각 분리되기 때문이다. 이후 남은 펄프만 모아 화장지, 키친타월 등 새 제품을 만들 수 있다. 해리 과정 이후 비닐 잔여물이 골칫덩어리이긴 하지만 소각을 통해 공장에서 자체 에너지재활용을 하는 등 활용 방법은 여러가지다. 이런데도 현행 배출 체계에선 코팅 종이가 재활용으로 이어질 수 있는 길이 없다. 정 대표는 코팅 종이를 일반 종이와 한꺼번에 버려도 안 되고, 그렇다고 일반쓰레기로 분류하면 말 그대로 그냥 버려지는 것이라고 말하며 현재로선 소비자들이 혼란을 겪으며 곤란해할 수밖에 없다고 말했다.

Point 2 종이 컵, 종이 팩: 반드시 씻어서 버리세요

©한국일보사, 2023

▶　물론 비닐 코팅 종이 중에서도 재활용이 쉬운 것과 어려운 것이 있다. 종이 컵은 재활용하기 가장 좋다. 코팅이 얇기 때문이다. 겉면에도 인쇄 면적이 없거나 적은 편이라 화장지로 재생해도 상품성이 좋다. 다만, 종이 컵 전체에 화려한 인쇄가 된 건 색상이 강해서 골판지 제작 등에만 사용된다. 우유 팩 등의 종이 팩 역시 재활용이 잘된다. 종이 팩은 안과 바깥 면 모두 코팅이 돼있다. 겉면에 여러 디자인이 인쇄되지만, 종이에 직접 한 게 아니고 비닐 위에 덧씌워진 거라 코팅만 떼어내면 깔끔하게 재생할 수 있다. 그러니 화려한 분홍색 딸기 우유 팩도 얼마든지 재활용할 수 있는 것이다. 하지만 종이 컵이든 종이 팩이든 모두 잘 세척해서 배출해야 하는 건 마찬가지다. 한 제지업체는 세

척을 하지 않고 버릴 경우, 찌꺼기가 남을 수 있고 오래 두면 곰팡이가 생기기 때문에 재활용하기 어렵다고 말했다. 특히 우유 팩은 수거 후 재활용하기까지 적체 기간이 긴 편이라 중간에 상해서 곰팡이가 생기는 경우가 부지기수라고 한다.

Point 3　멸균 팩: 재활용이 쉽지 않지만 가능합니다

▶　멸균 팩은 종이 팩과 용도가 비슷하지만 재활용은 쉽지 않다. 상온 보관이 가능하도록 알루미늄 코팅까지 더해졌기 때문이다. 종이 팩의 코팅은 평균 네 겹 정도인데, 멸균 팩은 특성상 일곱 겹이라 코팅을 벗겨내더라도 종이로 쓸 수 있는 부분은 절반을 넘지 않는다. 알루미늄 잔여물이 남아 화장지, 키친타월 등에 섞일 수 있어 관련 업체에선 선호하지 않는다.

멸균 팩을 재활용하려면 복잡한 재활용 공정을 거쳐야 하지만 재활용이 불가능한 것은 아니다. 정인태 대표는 예전에 멸균 팩 재활용을 전문으로 처리하기 위해 수십 억을 투자해 설비를 마련한 어느

업체가 있었는데 원료 수집이 잘 되지 않아서 사업을 접은 경우가 있다며, 분리배출만 됐다면 해결될 문제라고 말했다.

이 때문에 2021년 2월, 환경부가 행정 예고한 '분리배출 표시에 관한 지침' 개정안은 멸균 팩 재활용을 가로막는 정책이라며 뭇매를 맞았다. 2022년부터 멸균 팩과 같이 여러 재질이 붙어있는 폐기물에 '도포, 접합' 표시를 하고 일반쓰레기로 버리도록 한다는 내용이었다. 이 개정안은 환경단체의 반발로 2021년 7월에 취소됐다. 그러나 이후 2022년 9월, 환경부가 멸균 팩을 재활용등급 '재활용 어려움' 표시 대상으로 포함시키겠다고 발표한 것을 둘러싸고 논쟁이 지속되고 있다. 환경부는 등급 '재활용 어려움' 표시가 소비자의 알 권리를 위해 필요하다고 주장하지만, 환경단체는 이 표시 때문에 시민들이 재활용을 소홀히 할 것을 우려한다.

Point 4 글자, 문양, 접착제 있어도 괜찮아요

ⓒ한국일보사, 2023

▶   기타 비닐 코팅을 한 종이 용기 또한 재활용이 된다. 어떤 제품으로 다시 만들 수 있는지의 여부는 인쇄의 종류에 따라 달라진다. 코

팅 위에 인쇄가 돼있다면 비닐을 벗겨낸 뒤 화장지 등을 만들 수 있다. 반면, 색상이 이미 입혀진 종이를 비닐로 감싼 형태의 코팅 종이 용기들은 표백 과정을 거쳐도 미세하게 색이 남는다. 이런 건 골판지나 물류용 박스를 만드는 데 주로 쓴다.

종이 컵 형태의 아이스크림 통이나 컵라면도 재질 자체는 재활용이 가능하다. 다만, 화장지 제품을 생산하는 제지업체 측은 컵라면 용기는 재활용 원료로 선호하지 않는다고 설명했다. 국물이나 음식물 등으로 기름져 오염이 된데다가 세척해서 버리더라도 국물 자국이 남아 제품 색에 영향을 주기 때문이다. 그래서 컵라면 용기 또한 골판지나 물류용 박스 등으로 만든다.

코팅 종이에 스티커가 붙어있거나 접착제가 남아있더라도 재활용은 문제가 없다. 코팅을 해리하는 과정에서 접착 부분도 같이 떨어지기 때문이다. 플라스틱 용기에 접착식 라벨이 붙으면 재활용 가능성이 낮아지는 것과 다른 점이다.

Point 5 페트PET 병처럼 분리배출 하는 건 어려울까

▶ 비닐 코팅 종이 또한 분리배출만 잘되면 일반 종이와 마찬가지로 재활용할 수 있다. 종이 컵 250개를 만들려면 15년생 소나무 한 그루가 쓰인다고 한다. 안 쓰는 게 최선이지만 쓰더라도 재활용 또는 재사용해야 하는 건 종이도 마찬가지다. 선별업체들은 공통적으로 코팅 종이 중에서도 종이 팩과 종이 컵만큼은 분리배출 되어야 한다고 말한다. 천연 펄프로 만들 수 있기에 자원으로서 가치가 높기 때문이다. 플

라스틱으로 따지자면 재활용 효용이 가장 높은 투명한 페트PET 병과 같은 존재다. 제지업체들은 최근 페트PET 병의 라벨을 떼고 분리배출하는 것처럼, 종이 팩이나 종이 컵도 색깔이나 로고 없이 생산되고 분리배출 된다면 가장 좋을 것이라고 말했다.

그러나 현실은 정반대다. 2021년, 한국의 종이 팩 출고량 7만 2,968톤 중 재활용된 건 1만 197톤으로 14% 비율에 그쳤다. 자원재활용법상 지켜야 할 재활용 의무율이 30.5% 비율인데, 2013년부터 이를 충족하지 못하고 있다. 환경 전문가들은 페트PET 병처럼 수거 단계부터 분리배출 하는 간단한 해결책이 있다고 입을 모은다. 더욱이 종이 팩과 종이 컵은 페트PET 병과 마찬가지로 환경부 지침상 '분리수거 대상 재활용 가능 자원'이다. 그러나 환경부는 이같은 대책에 미온적이다. 종이 팩 종류는 따로 수거하기엔 양이 많지 않고 자원 가치가 상대적으로 낮다는 이유에서다. 선별업체에서도 종이에 코팅 종이가 섞일 경우 선별을 하지만, 양이 적어 선호하지 않고 대부분 선별업체에서 폐기되는 걸로 안다고 덧붙였다.

이같은 환경부의 인식은 현실과 거리가 멀다는 지적이 나온다. 수거량이 적어 재활용이 안 되는게 아니라 애초에 분리배출이 되지 않기에 수거량 또한 적다는 것이다. 이만재 폐자원수거 사회적협동조합 자원과순환 회장은 지금은 코팅 종이 용기를 수거해와도 그 안에 비닐이나 플라스틱까지 섞여있을 정도로 분리배출이 되지 않고 있어 제지업체들은 분류를 포기하고 폐자재를 수입하고 있는 실정이라며, 수거 단계에서 분리배출 되지 않는다면 해결될 수 없는 문제라고 말했다.

■　　취재 이후, 환경부는 종이 팩 재활용률을 높이기 위한 분리배출 시범 사업에 나섰다. 2021년 11월부터 시범 사업을 시작했던 것이다. 그러나 이 시범 사업은 1차 계획에서 멈춘 채 별다른 진전이 없다. 환경단체는 적극적으로 재활용 체계 구축에 나서길 촉구하고 있다.

　　사실, 우리에게는 비슷한 실패의 역사가 있었다. 환경단체 자원순환사회연대에 따르면, 1990년대 초반에 민간 환경 및 소비단체를 중심으로 우유 팩 수거 운동이 전개됐다고 한다. 우유 팩을 재활용해 귀한 펄프 자원을 얻고 숲과 생태계 보호도 하자는 취지로 시작한 운동이었다. 당시 일부 여성단체의 경우 백화점과 연계해 상설 우유 팩 교환 창구를 운영했다고 한다. 그래서 가정에서도 우유 팩을 잘라 깨끗이 씻고 말려 켜켜이 모아두곤 했다. 그런데 1992년을 기점으로 수거 운동의 열기가 식었다. 가정 등 민간에서 많은 양을 회수해도 운반하고 선별할 재활용 체계가 뒤따르지 못했기 때문이다. 시민들의 의식 변화에 정부가 빠르게 대응하지 못했던 것이다. 이때 교훈을 얻고 조금씩 제도를 손질해왔다면 얼마나 큰 변화가 있었을지 생각해본다. 적어도 야트막한 산 10개 정도 크기의 숲은 보전할 수 있지 않았을까.

궁금해서 플라스틱을
땅에 묻어보았습니다

흙 속에서 분해되는 플라스틱, 과연 가능할까

● 　2021년 4월, 서울특별시 중구 한국일보 사옥의 옥상 화단에는 수상한 화분 2개가 생겼다. 길쭉한 화분에 묻혀있는 것은 식물이 아닌 각종 플라스틱. 생분해성 플라스틱이 자연 분해가 될지 궁금해서 직접 흙에 매립해놓았던 것이다. '매립 시 6개월 이내 자연 분해됩니다' '자연 원료 플라스틱으로 환경에 흔적을 0%로'. 생분해성 플라스틱 제품에 붙어있던 광고 문구를 보니 궁금함을 참을 수 없었기 때문이다. 500년이라는 시간이 넘도록 썩지 않고 바다에 떠다닐 미세 플라스틱을 생각하면, 6개월이라는 시간 안에 자연 분해가 가능하다는 이 신소재는 기후 위기의 해결사처럼 보였다. 조금이라도 분해가 되어있다면 희망을 가져볼 수 있지 않을까, 하는 생각에서 시작된 실험이었다.

Point 1 2021년 4월: 생분해성 플라스틱을 흙에 묻다

©한국일보사, 2023

▶   실험을 시작한 날은 2021년 4월 2일. 5개 제품을 선정해 묻었다. 딱딱한 재질의 플라스틱으로는 ① 폴리락틱 애시드PLA 컵 뚜껑(블루보틀 사)을 골랐고, 대조군으로 석유계 플라스틱 ② 페트PET 컵 뚜껑(스타벅스(스타벅스코리아) 사)을 골랐다(참고로, 폴리락틱 애시드PLA는 옥수수 전분을 원료로 한 생분해성 플라스틱이다). 비닐 재질 플라스틱은 ③ 폴리락틱 애시드PLA 생분해성 비닐(편의점 CU(BGF리테일)에서 판매) ④ 산화 생분해성 비닐 위생 백(애드그린 사)을 골랐고, 역시 대조군으로 ⑤ 저밀도 폴리에틸렌LDPE 재질의 비닐봉지를 택했다. 참고로 ⑤ 제품은 주변에서 흔히 볼 수 있는 주방용 비닐로 제조사는 확인이 어려웠다.

생분해성 플라스틱과 일반 플라스틱은 색깔이나 재질이 비슷해 눈으로 구분하기 어려웠다. 겉포장이나 로고만 차이가 났다. 특히 생분해성 비닐봉지에는 분해 기능을 강조하는 문구가 눈에 띄었다. ① 제품 컵 뚜껑에는 별다른 문구 없이 폴리락틱 애시드PLA라는 분리배출 표시만 보였다. 블루보틀 사는 친환경 정책 일환으로 전 세계 매장에서 동일한 컵을 사용한다. ② 제품에는 별도의 문구가 없었다. ③ 제품 한쪽 면에는 'CU는 환경보호를 위해 친환경 인증을 받은 봉투를 사용합니다'라고 적혀있었다. 실제 이 봉투는 환경부의 친환경 인증 마크를 달고 있었다. ④ 제품의 포장재에는 '물과 이산화탄소로 자연 분해되는 제품입니다'라고 쓰여있었다.

　　땅에 묻을 경우 혹시 모를 환경오염을 고려해 화분에 묻기로 했다. 환경 전문가의 자문을 얻어 미생물이 풍부한 흙만 사용하면 화분에서 실험해도 괜찮다는 답변을 받았기 때문이다. 가로 55cm, 세로 10cm, 깊이 7.5cm 크기의 나무 소재 화분을 구해 부엽토 등 양질의 흙을 채워 넣었다. 컵 뚜껑인 ① ② 제품은 각각 지름 9.8cm가 되도록 반으로 잘라 매립했다. 비닐인 ③ ④ ⑤ 제품은 가로세로 10cm 크기의 정사각형으로 잘라 매립했다. 본래 크기보다 작아진다면 생분해가 된다는 증거일 것이었다.

Point 2　2021년 7~10월: 3개월, 6개월. 두 번에 걸쳐 확인하다

© 한국립묘사, 2023

▶　2021년 6월 30일, 실험을 시작한 지 세 달이 되어 3개월용 화

분을 열어봤다. 처음 매립했을 때와 똑같은 모양이었다. 크기의 변화도 없고 플라스틱 뚜껑은 물론 비닐 조각도 탄탄하게 형태를 유지하고 있었다. 3개월 만에 큰 변화를 기대한 건 섣불렀던 것일까. 생분해 과정에는 온도도 중요한데, 6월 말이라 충분히 덥지 않았던 것도 문제였을까. 생분해성 플라스틱 인증 시 분해 정도를 가늠하는 기준도 6개월이니 조금 더 시간을 들여 기다려보기로 했다.

　　2021년 9월 30일, 6개월용 화분을 확인했다. 지난 여름의 폭염을 지나며 내심 기대했다. 기온이 높을수록 분해가 촉진될 수 있기 때문이었다. 그해 서울특별시의 여름 폭염 일수는 15일로 기상관측이 시작된 1973년 이래 세 번째로 길었다. 열대야 일수도 17일로 역대 두 번째로 많았으니 생분해성 플라스틱 또한 혹독한 여름을 보냈다. 하지만 변화가 없었다. 크기는 실험 시작 당시와 동일했고 조각이 나거나 금이 가지도 않았다. 폴리락틱 애시드PLA 재질인 ① ③ 제품의 경우 두께가 조금 얇아지고 색깔이 거뭇해졌다는 느낌이 들었다. 하지만 분해됐다고 보기는 어려운 수준이었다. 광고 문구에서 말한 자연 분해는 전혀 진행되지 않았던 것이다.

실험 결과 보고서

: 생분해성 플라스틱 확인하기

※ 보고 순서는 번호 순

✓ 실험 대상

플라스틱 재질(각각 지름 9.8cm)

① 폴리락틱 애시드PLA 컵 뚜껑(블루보틀 사)

② 페트PET 컵 뚜껑(스타벅스(스타벅스코리아) 사) *대조군

비닐 재질(각각 가로세로 길이 10cm)

③ 폴리락틱 애시드PLA 생분해성 비닐(편의점 CU(리테일BGF)에서 판매)

④ 산화 생분해성 비닐 위생 백(애드그린 사)

⑤ 저밀도 폴리에틸렌LDPE 재질 비닐봉지(제조사 확인불가) *대조군

- -

✓ 실험 환경

- 화분: 가로 55cm, 세로 10cm, 깊이 7.5cm, 나무 소재 화분

- 흙: 부엽토 및 일반 배양토 사용

- 장소: 서울특별시 중구 한국일보 사옥 옥상 화단

  (조성된 지 10년 넘은 화단으로 나무와 꽃, 벌레까지 자연과 비슷한 환경.

  바람, 비, 눈 등 자연환경에 노출됨)

- -

✓ 실험 결과

: ①~⑤ 제품 크기 및 두께 변화 없음

Point 3 6개월 분해는 연구실 기준, 실제로는 수년

실험에는 어떤 문제가 있었을까. 실험 당시 한국화학연구원 KRICT(Korea Research Institute of Chemical Technology) 전 바이오화학연구센터장을 맡았던 황성연 박사에게 묻자 미생물이 잘 자라지 않는 조건에서 실험했기 때문이라는 답이 돌아왔다. 참고로, 황 박사는 한국의 생분해성 플라스틱 연구를 선도하는 전문가다. 그의 설명에 따르면, 화분이 작아 미생물이 자라기에 충분하지 않았다고 했다. 그렇다면 화분 크기가 컸다면 문제가 없었을까. 사실, 자연의 조건에서도 6개월 분해는 어렵다고 한다.

생분해는 미생물의 작용이 관건이다. 토양에 존재하는 다양한 미생물 중엔 생분해성 플라스틱을 먹이로 하는 미생물도 있다. 미생물이 활발하게 활동할 수 있는 환경일수록 분해 속도도 빨라진다. 국제표준화기구ISO(International Organization for Standardization)는 생분해성 플라스틱 인증 기준으로 '56~60℃ 상태의 흙에서 6개월간 90% 이상 분해'로 규정한다. 한국의 정부도 이 기준을 준용한다. 하지만 국제표준화기구ISO 표준은 '퇴비화 조건'을 전제해 일반 토양에서는 구현이 어렵다. 시중의 생분해성 플라스틱이 기준을 충족할 수 있었던 것도 연구실에서 실험했기에 가능했다. 일반 매립지에 묻더라도 6개월 분해라는 결과는 보기 어렵다. 일반 플라스틱보다 분해되는 시간이 상대적으로 빠를 뿐 실질적으로 수년이 걸린다는 설명이었다.

황 박사는 바이오화학연구센터 옥상에서 진행한 생분해성 플라스틱 분해 실험을 보여줬다. 석유계 폴리에틸렌PE 비닐은 그대로인데 생분해성 비닐은 분해되어 사라진 지 오래였다. 그는 취재진이 실험했던 것과 똑같이 화단에서 쓰는 부엽토를 사용했는데, 온도와 습도 관리를 조금 더 잘해주기 위해 미생물이 활발히 분해할 수 있는 환경을 만들어줬다고 설명했다. 또한 그는 생분해성 플라스틱은 쉽게 분해가 되는 편이지만 6개월 만에 썩는다고 단정적으로 말할 수 없다며, 계절별로도 분해 속도가 다르다고 덧붙였다.

Point 4 한국에는 생분해성 플라스틱 처리 시설이 없다

▶ 더구나 한국에는 생분해성 플라스틱을 처리할 전문 처리 시설이 없다. 소비자들이 환경을 고려해 생분해성 플라스틱을 선택해도 친환경 활동이 될 수 없는 여건이다. 2019년 기준, 한국의 생분해성 제품 유통 규모도 약 4만 톤으로 전체 플라스틱의 0.5%에 불과해 생분해성 플라스틱만 분리배출 및 수거하는 체계도 갖춰지지 않은 상황. 결국 생분해성 플라스틱은 현재 대부분 일반쓰레기로 분류돼 소각되고 있다.

추가적으로, '생분해'와 '산화 분해'는 엄밀히 구분해야 한다.

황성연 박사는 ④ 제품의 산화 생분해성 비닐의 문제를 지적했다. 그는 해당 비닐은 '생분해'가 아니며 '산화 분해'가 맞다고 설명했다. 시중에 팔리는 산화 분해 제품은 석유계 플라스틱에 산화 촉진제를 섞어 빛이나 열에 빨리 쪼개지게 하는 것이다. 미생물의 작용을 통해 자연 분해되는 생분해의 원리와는 달리 미세 플라스틱을 대량 발생시켜 유럽 연합EU에서는 사용을 규제하고 있다. 하지만 아직까지 산화 분해 제품에 '지구를 살리는' '토양에 해를 끼치지 않는' 등의 광고 문구를 쓰는 경우를 쉽게 발견할 수 있다.

Point 5 그럼에도 생분해는 장점이 있다

©한국일보사, 2023

▶   어차피 분해가 쉽지 않으니 일반 플라스틱을 쓰는 편이 나을까. 그렇진 않다. 옥수수 전분 등으로 만든 생분해성 플라스틱은 생산과정에서 온실가스 배출을 일반 플라스틱보다 60~80% 감축할 수 있다. 자연 소재인 만큼 소각 및 매립 과정에서 나오는 온실가스도 덜하다. 다만, 소각 시 환경오염을 일으키는 휘발성 유기화합물이 발생하는 것은 생분해성 플라스틱도 마찬가지다.

황성연 박사는 배달 용기나 마스크와 같은 생활 편의형 플라스틱 제품들을 계속 써야 한다면, 500년이 걸리는 분해 과정을 수년 안으로 줄일 수 있는 대체재를 활용할 수 있는 여건도 준비해야 한다고 말했다. 결국 용도와 환경 영향을 따진 세심한 정책 설계가 필요한 것이다. 홍수열 자원순환사회경제연구소장은 재활용이 잘되는 플라스틱이라면 굳이 생분해성 플라스틱으로 대체할 필요는 없다며, 제품 특성상 투기가 일어날 수밖에 없는 영역 또는 재활용이 어려워 소각되는 경우에 한해 온실가스 배출을 줄일 수 있는 식물성 원료로 대체해야 할 것이라고 말했다.

Point 6 그린워싱이 일어나지 않도록 규정도 손봐야

결국 생분해성 제품도 대부분 일회용품이다. 환경단체들은 정부가 이를 친환경으로 규정하고 별다른 규제도 하지 않는데다가 그린워싱greenwashing(위장환경주의)을 일으킬 가능성을 만든다고 비판한다. 생분해성 플라스틱이 주로 비닐이나 빨대 등에 쓰이는데, 분해가 잘된다는 명목으로 일회용품 사용을 방조할 수 있다는 것이다. 다행히 2022년 1월, 환경부는 생분해성 플라스틱의 환경 표지 신규 인증을 중단했다. 농업용 비닐이나 수의용품 등 회수가 불가한 경우를 제외하고 일회용품부터 다회 용기까지 모든 생분해성 플라스틱에 친환경 표시가 사라질 예정이다. 생분해성 플라스틱 인증 기준도 토양, 해수, 수계(하천 등) 등 자연 조건에서 분해되는 경우에 한정하는 것으로 강화할 계획이다.

하지만 한계도 여전하다. 2022년 11월부터 일회용품 사용 금지 제도가 시행되었음에도 생분해성 제품은 2024년까지 사용 가능하게 여지를 열어두었기 때문이다. 기존에 환경 표지 인증을 받은 생분해성 포장재의 인증 기한이 2024년까지라는 이유에서다.

■   취재를 하고 연재기사를 작성한 뒤, 생분해성 플라스틱의 맹점을 밝히는 기사들이 여럿 쏟아졌다. 하지만 여전히 많은 사람들이 생분해를 친환경 소재로만 생각하는 것 같아 씁쓸하다. 제로웨이스트 제품을 판매하는 일부 기업조차 생분해 재질로 포장했다는 것을 자랑스럽게 광고하기도 한다.

왜 이러한 생각은 쉽게 변하지 않을까. 생분해성 제품 친환경 인증을 중단하면서도 사용 제한은 2년씩이나 유예하는 환경부의 미지근한 태도 때문일 것이다. 일회용품 판매 및 사용이 금지가 되었는데도 편의점에서 생분해성 비닐봉지를 받은 소비자들은 이 재질은 괜찮은 것이라고 오해하지 않을까. 문제는 인식이 한 번 굳어지면 바꾸기 어렵다는 점이다. 환경부가 생분해성 플라스틱 매립 전용 시설을 빠른 시일 내 개설할 것이 아니라면, 하루 빨리 사용처와 범위를 제한하는 것이 낫다. 현재 수도권 매립지 문제조차 수년간 제자리걸음인 상황 속에서, 생분해성 플라스틱의 순기능만 기대하는 건 순진한 발상일 것이다.

종량제 봉투에 관한 고찰

일반쓰레기를 담는 종량제 봉투의 재질은 대부분 플라스틱 비닐이다. 재질만 보자면 분리배출 항목(폴리에틸렌PE)에 들어가지만, 일반쓰레기를 담는 탓에 대부분 일반쓰레기로 버려진다. 종량제 봉투는 2019년에만 약 9억 9,200만 장이 팔렸는데 80% 이상이 매립되거나 소각됐다. 한때 환경부는 생분해성이 있는 비닐봉지를 사용하고자 했으나, 비용이나 내구성 때문에 추진되지 못했다. 환경 전문가들은 재생 플라스틱으로 만든 재생 비닐봉지를 이용해 소각해서 매립하는 방식을 현실적인 대안으로 꼽는다. 하지만 이마저도 지방자치단체의 준비가 부족한 실정. 소비자로서는 쓰레기를 줄여 종량제 봉투를 적게 사용하는 것이 최선일 수밖에 없다.

**종량제 봉투 1kg 만드는 데
탄소는 3kg 배출**

종량제 봉투 또한 만들 때 온실가스가 배출되고 한 번 묻으면 썩지 않아서 그 땅은 영영 쓰지 못한다. 식물 성장을 방해하는 문제도 있지만 바다로 유입되면 해양생태계를 망칠 수 있기 때문이다.

매립지에 직접적으로 독성 오염을 일으키는 것은 음식물쓰레기다. 수도권매립지관리공사는 매립 시 환경오염을 일으키는 주된 요인은 음식물과 같은 유기물질이라고 말하며, 종량제 봉투로 인한 매립지 내부의 환경오염 영향은 없다고 밝혔다. 유기물질은 매립되어 썩는 과정에서 메탄가스나 침출수가 발생하지만 플라스틱은 그렇지 않다. 대부분의 종량제 봉투는 폴리에틸렌PE으로 제작되는데, 이는 불에 타더라도 유해물질을 상대적으로 적게 배출하는 대표적인 플라스틱 재질이다.

물론, 독성물질 배출만이 환경오염과 연관되는 것은 아니다. 황성연 한국화학연구원KRICT 전 바이오화학연구센터장은 종량제 봉투가 썩지 않아 발생하는 문제와 플라스틱을 제작 및 소각할 때 배출하는 온실가스 또한 함께 고민해야 한다고 지적했다. 화학공학소재연구정보센터CHERIC(Chemical Engineering and Materials Resarch Information Center)에 따르면, 새로운 폴리에틸렌PE 재질의 비닐을 1kg 만드는 데엔 약 3kg의 이산화탄소가 발생한다고 했다.

생분해성 종량제 봉투는
일반 종량제 봉투 가격의 다섯 배

- -

그렇다면 생분해되어 자연으로 회귀하는 종량제 봉투를 사용하는 건 어떨까. 2006~2008년, 환경부는 종량제 봉투에 생분해성 비닐봉지를 사용하는 시범 사업을 벌였다. 전라남도 여수시가 3년간 참여했고 서울특별시 서초구(2006년), 제주특별자치도(2007년), 충청남도 연기군(2006~2007년) 등도 동참했다. 문제는 비용과 내구성이었다. 2007년 기준 20리터 종량제 봉투 1장을 만드는 데 폴리에틸렌PE 재질은 41원이었지만, 생분해성 비닐 재질은 215원에 달했다. 2008년, 감사원이 생분해성 종량제 봉투의 생산 가격이 일반 종량제 봉투보다 3~5배 높고, 재질이 약해 잘 찢어져 민원이 발생한다며 사업 실효성을 비판했고, 환경부 또한 일반 가정에서조차 쓰레기를 폴리에틸렌PE 재질의 일반 종량제 봉투에 담은 후 생분해성 종량제 봉투에 담는 등 사용 효과를 기대하기 어렵다며 사업을 종료했다. 그로부터 10여 년이 지난 지금도 생분해성 종량제 봉투 도입은 요원하다. 이승희 경기대학교 환경에너지공학과 교수는 경제적, 기술적으로 생분해성 종량제 봉투 도입을 한국에서 논의하기는 이르다고 말했다. 홍수열 자원순환사회경제연구소장도 생분해성 종량제 봉투로 바꾼다면 비용이 크게 올라간다며, 다른 자원 순환 관리에 투자하는 게 낫다고 말했다.

무관심한 지방자치단체

정부는 재생 비닐봉지(재활용한 비닐 재질을 사용해 만든 봉투. 생분해성 비닐봉지와 다르다)로 종량제 봉투를 만들도록 권고하고, 직매립(폐기물을 그대로 땅에 묻는 행위) 금지를 통해 소각 없이 땅에 묻는 플라스틱 봉투를 없애겠다는 입장이다. 2019년, 환경부는 '쓰레기 수수료 종량제 시행지침'을 개정해 재생 비닐봉지를 활용한 종량제 봉투 사용을 권고하고 있다. 또한 폐비닐을 재활용해 만든 재생 비닐봉지가 40% 이상 포함된 종량제 봉투를 우선적으로 제작, 구매해야 한다는 지침이다. 재생 비닐봉지를 쓰면 매립 및 소각할 때 유해물질 발생량이 일반 종량제 봉투보다 늘어나진 않기 때문이다. 또한 환경부는 2021년 7월, 종량제 봉투에 담긴 생활폐기물의 매립을 금지하는 내용의 '폐기물관리법' 시행규칙을 제정했다. 이 경우 소각 시설에서 소각해 재로 만든 폐기물만 매립할 수 있도록 해 폐기물 부피를 줄일 수 있다.

2020년, 서울특별시는 종량제 봉투 중 약 95.1%(3억 9,330만 장)를 재생 비닐봉지로 바꿨다. 2019년에 비해 42.7% 증가한 수치다. 서울특별시는 이를 통해 폴리에틸렌PE 재질의 비닐을 2,800톤을 줄여 약 7,694톤의 온실가스를 감축했다고 추정했다. 또 2026년부터 수도권을 중심으로 소각하지 않은 폐기물의 매립을 금지해 썩지 않는 비닐이 땅에 묻히는 문제를 방지하겠다는 입장이다. 그러나 재생 비닐봉지 사용에 대한 환경부 권고에 대한 사실을 모르는 지방자치단체도 있고, 준비 부족에 따른 불만도 나온다. 대전광역시 대덕구청 관계자는 재생 비닐봉지의 경우 내구성이 떨어지는 등 품질 저하 우려로, 재생 비닐 종량제 봉투를 도입하지 않았다고 말했다. 추가적으로 확인해보니, 재생 비닐봉지를 사용하고 있는 광역자치단체는 17곳 중 10곳(약 58.8%, 2019년 기준)이었다. 서울특별시와 경기도 또한 소각 시설 확충이 어려워 매립 금지 시행 시기를 미뤄달라고 환경부에 요청하고 있는 것으로 전해졌다.

한 번 쓰기에는 편하지만
재활용은 불편한

랩과 염소에 대한 이야기

● 　환경오염의 측면에서 보자면, 플라스틱에도 '급'이 있다. 국제 환경단체 그린피스는 플라스틱 재질 중에서 폴리염화비닐PVC이 '최악의 플라스틱'이라 주장한다. 폴리염화비닐PVC은 불에 탈 경우 염화수소 가스HCL(Hydrochloric acid)(이 가스가 물에 녹으면 염산이 된다)가 나온다. 염화수소 가스는 부식성이 강한 탓에 폴리염화비닐PVC은 재활용이 매우 어렵고, 일반쓰레기로 소각할 때조차 골칫거리다. 따라서 정부도 일회용 포장재에서 폴리염화비닐PVC 사용을 금지하지만 예외가 있다. 바로 '랩'이다. 정부는 포장이 잘 되도록 쫀득쫀득하고 습기가 차지 않는 랩을 만들려면 폴리염화비닐PVC이 꼭 필요하다고 말한다. 그러나 최근 폴리염화비닐PVC 재질이 아닌 랩을 만드는 업체들도 늘고 있다. 랩의 대체재를 쓰면 더 좋지 않을까. 여러 재질의 랩을 모아 실험해봤다.

Point 1 개량형 랩, 조금 부족하지만 괜찮아

© 한국일보사, 2023

▶ 익명을 요구한 랩 제조업체가 2021년 내부적으로 진행한 시장 조사에 따르면, 주요 업체가 대형 유통업체에 판매한 내역만으로 따져도 한 해 랩 생산량은 최소 1,500톤이다. 보편적인 규격(폭 40cm, 길이 500m)이 1개당 무게가 약 2.4kg꼴인데, 이를 기준으로 한 해 625만 개, 지구 전체 둘레의 77% 이상을 감싸는 양의 랩이 사용되는 셈이다. 순수하게 랩 사용량만을 다룬 공식 통계는 없다.

환경부에 따르면 2020년 폴리염화비닐PVC(랩과 그외 포장재의 총합) 사용량은 3,634톤이었다. 2019년(4,727톤)과 비교했을 때 소폭 줄었지만 여전히 수천 톤의 랩이 유통되고 있다. 대체재를 만드는 업계는 정부가 랩 사용을 지속적으로 허용하면서 대체재가 설 자리를 잃게 만들고 있다고 비판한다.

취재진은 랩의 성능을 확인하기 위해 네 종류의 랩 제품을 모아봤다. 먼저, 가정용 폴리에틸렌PE 랩(《크린랩》(크린랲 사). 가정용 랩은 재활용, 화학 안전 등의 이유로 일찍부터 폴리에틸렌PE 재질로만 출시되고 있다. 그러나 업소용 폴리염화비닐PVC 랩에 비해 포장 성능이 크게 떨어진다. 다음은 업소용 폴리염화비닐PVC 랩(《썬랩》(삼영화학 사)). 재활용은 안 되지만 포장 성능이 좋아 정부도 업소용 일부 품목에 한해 예외로 허용하고 있다. 여기까지는 널리 쓰이는 랩 제품이다. 주목할 제품은 최근 새롭게 개발된 개량형 폴리에틸렌PE 랩 두 종류다. 〈퓨어 랩〉(삼영화학 사) 1개와 SK지오센트릭 사와 크린랩 사가 공동 개발한 제품 1개를 택했다. 두 제품은 가정용 폴리에틸렌PE 랩을 개량해 재활용이 잘 되면서도 포장 성능도 뛰어나게 만들었다. 제조 공정을 바꾸거나 첨가제 배합을 조절한 제품이라고 한다. 따라서 업소용 폴리염화비닐PVC 랩의 대체재로 주목받고 있다. SK지오센트릭 사와 크린랩 사가 공동 개발한 제품은 상용화되지 않아 업체를 통해 샘플을 제공 받았다.

네 종류의 랩으로 삼겹살 스티로폼 그릇을 감쌌다. 가정용 폴리에틸렌PE 랩과 업소용 폴리염화비닐PVC 랩 성능은 알려진 것과 같았다. 가정용 폴리에틸렌PE 랩은 대형 마트 등에서 사용하기 부적절해보였다. 재질 자체가 셀로판지처럼 바스락거려서 접착력이 크게 떨어졌기 때문이다. 반면 업소용 폴리염화비닐PVC 랩은 잘 늘어나고 제품에 잘 들러붙어서 사용이 편했다.

개량형 폴리에틸렌PE 랩도 사용 가능한 정도라는 판정을 받았다. 업소용 랩 포장기를 사용할 경우 큰 문제없이 포장할 수 있었다. 취재진이 맨손으로 포장했을 땐 포장이 잘 되지 않았지만, 마트에서 사용하는 포장기를 사용하니 말끔하게 붙었다. 랩이 마감되는 끝부분이 업소용 폴리염화비닐PVC 랩보다는 매끈하게 처리되진 못했지만 제기능을 하는 데 손색없어보였다. 습기 면에서도 큰 문제가 없어보였다. 일반적으로 랩을 만들 때 플라스틱에 응결凝結 현상(물체 표면에 물방울이 맺히는 현상)을 방지하는 방담제를 섞는데, 플라스틱이 얼마나 잘 흡수하느냐가 관건이다. 랩은 방담제를 문제없이 흡수하는 재질인 반면 개량형 폴리에틸렌PE 랩은 방담제를 많이 흡수할수록 접착력이 떨어진다고 한다.

개량형 폴리에틸렌PE 랩을 개발한 삼영화학 사는 가정용 폴리에틸렌PE 랩에 방담제를 많이 넣어 습기 문제를 해결하면 랩의 접착력이 떨어져 포장 상태가 유지되지 않는다며, 개량형 폴리에틸렌PE 랩은 상충되는 성능 간 균형을 맞춰 개발했고 랩의 80% 성능까지 따라갔다고 평가했다. 앞서 정부는 재활용이 잘 되는 랩 개발을 장려하기 위해 기술 개발 사업을 진행하며 개량형 폴리에틸렌PE 랩 성능이 기존 랩의 90~95% 이상 성능을 내는 것을 목표로 삼았다.

Point 2 폴리염화비닐PVC은 재활용 불가, 소각하면 염산까지 나와

▶ 　폴리염화비닐PVC 랩이 포장 성능이 좋아도 퇴출해야 하는 이유는 많다. 기존 폴리염화비닐PVC은 재활용이 안될 뿐더러 다른 플라스틱의 재활용까지 방해한다. 무엇보다도 폴리염화비닐PVC 특성상 모양과 질감을 다양하게 바꿀 수 있어 어떤 것이 폴리염화비닐PVC인지 구분하기 어렵다. 플라스틱 쓰레기를 녹여 다시 플라스틱으로 만드는 물질재활용을 하려면 같은 재질의 플라스틱끼리 모아야 하는데, 선별장에 무더기로 버려진 플라스틱 더미에서 폴리염화비닐PVC만 골라내기란 불가능에 가깝다. 에너지재활용 또한 불가능하다. 일반적으로 물질재활용이 어려운 플라스틱은 모아서 고형연료SRF로 만들어 연료로 태

운다. 플라스틱 원료가 석유인 점을 이용해 플라스틱 쓰레기를 한데 모아 화력발전이나 시멘트 연료 등으로 활용하는 것이다. 그러나 폴리염화비닐PVC은 고형연료SRF로도 쓸 수 없다. 다른 플라스틱과 달리 염소CI 함량이 높기 때문이다. 염소는 소각되어 수소와 만나면 염화수소 가스가 나오는데, 이를 물에 녹인 것이 염산이다. 신체에 유해한 물질이면서도 강한 부식성 탓에 공장 설비에도 지장을 준다. 그런 탓에 환경부도 고형연료SRF의 염소 함유량이 2% 이하가 되도록 규제하고 있다.

홍수열 자원순환사회경제연구소장은, 재활용 과정에서 폴리염화비닐PVC 조각을 찾아서 빼내야 하지만 식별이 어려운 탓에 되레 나머지 플라스틱 재활용까지 방해한다고 지적하며, 폴리염화비닐PVC을 전면 금지하는 게 최선이고 그래도 사용해야 한다면 분리배출 항목에서 제외시켜 일반쓰레기로만 버리도록 해야 한다고 덧붙였다. 그렇다고 일반쓰레기로 버려도 폴리염화비닐PVC은 골칫거리다. 일반쓰레기로 처리하면 매립하거나 소각되는데, 소각장들은 폴리염화비닐PVC에서 나오는 유해물질을 줄이기 위해 공정을 이중삼중 거친다고 말했다. 그러나 환경부가 2016년부터 3년간 한국의 다이옥신 배출 시설을 점검한 결과 25개 사업장이 법정 허용 기준을 초과한 것으로 적발되는 등 유해물질 저감 조치가 적절히 이뤄지지 않은 사례도 적지 않다. 다만, 한국바이닐환경협회KOVEC(Korea Vinyl Environmental Council)는 일반쓰레기 안에는 폴리염화비닐PVC 외에도 음식물쓰레기의 염분 등 염화수소의 원인이 다양하게 존재하며 염화수소를 제거하는 기술 또한 널리 알려져 있고 대부분의 시설에 적용되어있다고 설명했다.

Point 3　폴리염화비닐PVC의 원료는 발암물질

▶　앞서 설명했듯 폴리염화비닐PVC은 인체 유해성 논란도 있는 재질이다. 환경단체에서는 폴리염화비닐PVC의 원료가 발암물질이고 첨가물질 중 신체에 유해한 성분이 있어 우려를 표하는 한편 폴리염화비닐PVC 랩 제조업계에서는 비합리적인 우려라고 맞선다. 우선 랩의 주요 원료 염화비닐vinyl chloride은 1군 발암물질이다. 국제 암 연구소IARC(International Agency for Research on Cancer)는 염화비닐이 사람에게 간세포 암을 일으킨다는 충분한 증거가 있다며 사람에게 암을 일으키는 물질로 규정했다. 여기서 알아둬야 할 것은, 폴리염화비닐PVC 자체는 발암물질이 아니다. 한국바이닐환경협회KOVEC는 염화비닐이 발암물질인 것은 맞지만 이를 원료로 만든 폴리염화비닐PVC은 완전히 다른 물질이라고 짚으며, 품질 검사를 해도 발암물질이 검출되는 경우를 보지 못했다고 설명했다. 그래서 국제 암 연구소IARC 또한 폴리염화비닐PVC 자체를 발암물질로 지정하지 않고 있다.

여기에 폴리염화비닐PVC을 부드럽게 만들기 위해 첨가하는 가소제可塑劑(합성수지 및 합성고무 등 고체에 첨가해 가공성을 향상시키거나 유연성을 높이기 위하여 쓰는 물질)도 논란 거리다. 본래 폴리염화비닐PVC은 휘거나 늘어나지 않는 딱딱한 재질이어서 부드럽게 만들어주는 가소제를 첨가한다. 과거 이 가소제 중 신체 내분비계 교란물질(환경 호르몬)을 분비하는 프탈산계phtalate plasticizer 가소제가 쓰이며 유해성 논란이 일었다. 이는 간, 신장, 생식기, 내분비계 장애를 일으킬 수 있다는 것이다. 이 탓에 식품의약품안전처도 가소제 포함량과 관련된 규제를 만들었지만 가구, 전선, 장난감 등 폴리염화비닐pvc을 이용한 제품군에서는 매년 기준치 위반 사례가 나온다. 하지만 랩 제조업계에서는 이같은 우려에 식용 랩 만큼은 프탈산계 가소제를 전혀 사용하지 않고 있다고 한다. 식품의약품안전처는 가소제 없이도 100℃를 넘긴 환경에서는 랩을 사용하지 않도록 안내하고 있다.

Point 4 쓰기 편한 랩, 대체재 시장 질식시킨다

> □ 우선, 재활용 과정에서 문제를 유발하거나 재활용이 어려운 **폴리염화비닐**, 유색 페트병, 일반접착제 사용 페트병 라벨의 사용을 원천 금지한다.
>
> ○ 폴리염화비닐이 다른 합성수지와 섞여 재활용될 경우, 제품의 강도가 떨어지고 재활용 과정에서 염화수소와 같은 유해화학물질이 발생하는 등 다양한 문제를 일으키기 때문에 폴리염화비닐로 만든 포장재의 사용이 금지 대상으로 지정됐다.
>
> ○ 다만, 대체재가 상용화되지 않고, 식·의약 안전과 직접적으로 연관된 의약·건강기능식품, 상온에서 판매하는 햄·소시지, 물기가 있는 축(고기)·수산(생선)용 포장햄(농산물용 포장랩은 금지) 등 일부 제품의 포장재에 한정해 폴리염화비닐의 사용을 예외적으로 허용한다.
>
> ※ 2017년 기준으로 전체 PVC 포장재 출고량은 4,569톤으로, 주로 식품용 랩, 포장용 투명필름 및 투명용기 등에 사용
>
> ⓒ환경부 고시

▶ 2019년, 환경부는 폴리염화비닐pvc 랩을 한정된 대상에만 사용하도록 제도화했지만 시중에서는 품목의 구분 없이 사용되고 있는 상황이다. 마트에서는 폴리염화비닐pvc 랩을 농산물이나 공산품 등에 포장 목적으로 사용하는 곳을 쉽게 찾을 수 있다. 또한 의약품과 햄 및 소시지 종류(《천하장사》(진주햄 사) 혼합 소시지와 같은 상온 유통 제품 한정) 또는 마트에서 판매하는 축수산물(물기가 있는 대상)을 포장할 때는 폴리염화비닐pvc 랩을 허용하고 있다. 마트의 경우 사용 금지 기준을 준수하지 않을 경우 개선 명령이나 제조, 수입, 판매 중단 처분을

받을 수 있지만 단속 자체가 이뤄지지 않아 실효성이 떨어진다.

개량형 폴리에틸렌PE 랩을 개발한 화학업체는 폴리에틸렌PE 랩을 개발했지만 정작 거래처인 마트나 대리점에서는 정부에서 단속하지 않는데 비싸고 성능이 떨어지는 폴리에틸렌PE 랩을 쓰겠냐고 말한다며, 폴리염화비닐PVC을 퇴출하겠다는 정부 방침만 믿고 개발과 투자를 진행했는데 결국 제살 깎아먹기가 되었다고 답했다.

폭 30cm, 길이 500m 기준의 폴리염화비닐PVC 랩 제품 1개 가격은 9,900원. 개량형 폴리에틸렌PE 랩 제품 1개의 가격은 1만 2,000원이다. 업계에서는 개량형 폴리에틸렌PE 랩 시장이 확대될 경우 개량형 제품의 가격 또한 떨어질 것으로 예측하고 있다. 홍수열 소장은 마트 뿐만 아니라 배달업체의 배달 용기, 소규모 음식점 포장 용기 등에도 여전히 폴리염화비닐PVC 랩이 쓰이고 있다고 말하며, 대체재가 판매되는 만큼 정부가 폴리염화비닐PVC 랩을 금지해야 한다고 덧붙였다. 환경부는 2021년 하반기에 포장재 재질 및 구조 검토 위원회를 통해 금지 사항과 예외 허용 사항 등을 재검토한 뒤 2022년 1월에 축수산물에 쓰는 포장용 랩도 2024년까지 금지하겠다고 발표했다.

■ 폴리염화비닐PVC 랩은 그동안 우리가 누렸던 편리함에 대해 다시 생각하게 만든다. 폴리염화비닐PVC 랩은 개량형 폴리에틸렌PE 랩보다는 확실히 성능이 좋지만 재활용을 방해한다. 그럼에도 폴리염화비닐PVC 랩을 꾸준히 사용했던 이유를 되짚어보면 우리가 무엇을 더

중요하게 여겼는지 짐작케한다. 연재기사가 세상 밖으로 나간 이후, 폴리염화비닐pvc 랩 제조업계로부터 뜻밖의 항의를 받았다. 폴리염화비닐pvc 랩 사용이 마치 불법인 것처럼 기사가 작성되었다는 것이 요지였다. 앞서 환경부가 보도 자료를 통해 폴리염화비닐pvc 랩으로 만든 포장재 사용이 금지 대상으로 지정됐다고 밝혔기에 금지된 것으로 파악하고 있어서 깜짝 놀랄 수밖에 없었다. 곧장 환경부에 사실관계를 확인해보니 폴리염화비닐pvc 랩 제조업계 말이 맞았다. 전체 폴리염화비닐pvc 랩 사용량의 90% 가량이 예외 조항을 적용받고 있었기 때문이다.

금지인데도
계속 사용했던 이유

숨겨진 예외 조항, 사라지지 않는 랩

●　　　2019년 8월 26일, 환경부가 취재기자들에게 배포한 보도 자료에는 염소Cl 성분이 함유돼 재활용이 어렵고 다른 플라스틱의 재활용까지 방해하는 폴리염화비닐PVC에 대한 사용을 2019년 12월 25일부터 금지한다는 내용이 담겨있었다. 이어, 대체재가 상용화되지 않은 일부 제품 포장재에 한정해 예외적으로 허용한다는 단서가 달렸다.

　　이 보도 자료를 철석같이 믿었던 취재진은 마트나 전통 시장에서 농산물, 떡, 반찬, 공산품까지 널리 쓰이는 폴리염화비닐PVC 랩은 법령을 위반한 것으로 믿었다. 그러나 취재 도중 폴리염화비닐PVC 제조업계와 정부로부터 불법이 아니라는 뜻밖의 설명을 듣게 되었다. 환경부는, 제도 운영의 효율성과 영세업체 보호를 위해 폴리염화비닐PVC 금지 정책을 생산자책임재활용제도EPR와 연계해 연매출 10억 원 미만 사업장에는 예외를 뒀다고 말했다. 업계 자료 등을 토대로 추산해보니, 환경부의 금지 정책 전후로 전체 폴리염화비닐PVC 사용량의 10% 가량 줄어들었을 뿐이다. 보도자료만 살펴보면 대부분의 폴리염화비닐PVC이 퇴출되는 것처럼 여겨지는 것과 다른 결과였다. 예외 규정이 기존 규정을 압도해 정책 자체의 실효성을 없애버리는 것, 이것이 한국의 포장재 정책의 현주소이기도 하다.

Point 1 기름기 없는 식품까지 랩으로 덕지덕지

©한국일보사, 2023

▶　　　서울특별시 종로구 광장시장, 마포구 망원시장, 양천구 신영시장을 찾았다. 세 시장은 서울에서 식료품을 취급하는 대표적인 전통시장이다.

　　　광장시장 내 식료품 점포는 총 15곳이었는데, 모두 폴리염화비닐PVC 랩을 사용하고 있었다. 신축성이 뛰어나고 제품에 쉽게 들러붙어서 포장이 쉽기 때문이다. 업종별로 점포를 분류하면 떡집(2곳), 한과 가게(5곳), 과일 가게(2곳), 횟집(2곳), 반찬 가게(2곳), 수산물 점포(2곳)였다. 매출 예외 규정이 없었다면 수산물 점포를 제외한 나머지 14곳에서는 폴리염화비닐PVC 랩을 사용할 수 없었을 터였다. 망원

시장 내부에는 식료품 점포 32곳에서 25곳이 폴리염화비닐PVC 랩을 사용했다. 폴리염화비닐PVC 랩을 쓰는 축수산물 점포는 10곳이었다. 신영시장은 72곳 중 42곳이 폴리염화비닐PVC 랩을 썼고, 축수산물 점포는 17곳이었다.

특히 시장에서는 개량형 폴리에틸렌PE 랩으로 포장해도 큰 지장이 없는 제품에도 폴리염화비닐PVC 랩을 사용했다. 과일, 견과류, 건어물, 떡, 과자 등이 그랬다. 언급한 식품류는 랩에 묻어나지 않아서 개량형 폴리에틸렌PE 랩을 사용할 경우 고형연료SRF로 활용하는 에너지재활용이 충분히 가능한 상황이다. 또한 연매출 10억 원 이상의 대형 마트에서는 이런 식품류에는 개량형 폴리에틸렌PE 랩을 사용하고 있다. 폴리염화비닐PVC 랩이 축수산물 등에 예외적으로 허용된 이유는 폴리염화비닐PVC 랩 특성상 접착력과 방담성放曇性(물체 표면에 물방울이 맺히는 것을 방지하는 성질)이 좋아서 물기 있는 제품 포장에 유리하기 때문인데, 정작 현장에서는 물기 없는 제품군까지 방대하게 쓰이는 것이 현실이다.

시장 상인들은 환경부의 폴리염화비닐PVC 금지 정책에 대해 잘 인지하지 못하고 있었다. 신영시장에서 농수산물 및 반찬 등을 판매하는 상인들은 사용하는 랩의 재질을 잘 모르기도 했고, 폴리염화비닐PVC을 금지하는 정책이 있는지도 몰랐다며 대체재가 상용화된다면 친환경적인 포장재를 선택할 것이라고 답했다. 환경부의 폴리염화비닐PVC 금지 정책 발표 이후 성능을 개선한 개량형 폴리에틸렌PE 랩이 잇따라 출시되고 있지만 예외 규정 때문에 폴리염화비닐PVC 랩이 많이 쓰이면서 개량형 폴리에틸렌PE 랩이 시장에서 자리잡지 못하고 있다.

Point 2 연매출 10억 원 미만 업체, 랩 전체 사용량 90%

▶   환경부는 폴리염화비닐PVC 사용에 대한 금지가 필요하다고 결론을 내린 바 있다. 2018년, 폴리염화비닐PVC 랩에 대해 순환이용성평가(제품의 재활용을 방해하는 요소를 평가해서, 제품 설계 단계에서 개선할 수 있도록 돕는 제도)를 하며, 랩 무게 1kg당 염소가 0.57kg이 포함돼있다며 성분 탓에 다른 플라스틱의 재활용도 망치고 있다고 결론지었던 것이다. 일반 비닐류는 화력발전 등의 땔감으로 쓰는 고형연료SRF로 활용하지만, 폴리염화비닐PVC은 염소 함량이 높아서 불에 탈 때 재활용 설비와 작업자에게 악영향을 줄 수 있다. 염소가 수소와 결합하면서 강한 부식성을 가진 염화수소 가스HCL(Hydrochloric acid)(이 가스가 물에 녹으면 염산이 된다)가 나오기 때문이다. 이에 따라 환경부는 폴리염화비닐PVC 랩을 생산자책임재활용제도EPR에서 제외했다. 다만, 폴리염화비닐PVC 재질이 아닌 식품 포장용 랩은 재활용분담금을 부과한다. 폴리염화비닐PVC 랩은 재활용이 안 되니 재활용 의무 또한 부여하지 않는 것이다.

        여기에 연매출 10억 원 미만 업체에 폴리염화비닐PVC 랩 사용을 허용하면서 정책이 꼬였다. 영세업체 보호라는 명분이 있는데, 영업에 직접적인 타격이나 손실 등과 관계없는 랩 사용 여부까지 명분이 되는지는 의문이 든다. 가장 문제인 점은 연매출 10억 원 미만의 업체가 광범위하다는 점이다. 해당 업체의 폴리염화비닐PVC 랩 사용량은 별도로 집계하지 않아 정확한 통계는 없다. 그러나 여러 자료를 통해 규모를 짐작할 수는 있었다. 한 폴리염화비닐PVC 랩 제조업체의 시장조사에 따르면, 한국의 연간 폴리염화비닐PVC 랩 사용량은 약 1만 5,000톤이다(2021년 기준). 그중 90%를 연매출 10억 원 미만 업체에서 사용한다. 환경부의 폴리염화비닐PVC 금지 정책 이후 줄어든 건 10%뿐이었다.

식품 제조업계 관련 통계를 보더라도 대다수 업체들이 폴리염화비닐PVC 금지 정책 규제에서 빠져나간다. 음식점은 2021년 기준 95.8%가 연매출 5억 원 미만이었다. 중국집, 분식집 등 배달 음식을 주문할 경우 어김없이 폴리염화비닐PVC 랩이 딸려오는 이유다. 대한상공회의소에 따르면, 2018년 한국 음식, 식료품, 담배 및 소매업체의 전체 매출액 중에서 약 47.1%(약 11조 7,000만 원)가 연매출 10억 원 미만 업체에서 발생했다. 게다가 연 매출 10억 원 이상 업체 중에서도 폴리염화비닐PVC 랩 사용량은 크게 줄지 않았다. 환경부에 따르면, 2019년 연매출 10억 원 이상 업체의 폴리염화비닐PVC 랩 사용량은 4,727톤이었다. 폴리염화비닐PVC 금지 정책 이후인 2020년 사용량은 3,634톤이었다. 금지 대상인 업계조차 1,093톤(약 23.1%)밖에 줄지 않은 셈이다. 이는 축수산물이나 의약, 건강 기능 식품이 예외 적용을 받았기 때문으로 추정된다.

김태희 자원순환사회연대 정책국장은 영세업체 보호 목적이라는 제한 취지를 감안하더라도 배달 용기 등까지 대다수 업체들이 예외 적용을 받는다며, 연매출 10억 원이라는 조건이 자원 순환 촉진을 위해 충분한 기준인지 검토할 필요가 있다고 지적했다. 다만, 한국바이닐환경협회KOVEC(Korea Vinyl Environmental Council) 측은 랩의 경우 대부분 일반쓰레기로 버리기에 랩과 재활용은 큰 관련이 없다며 개량형 폴리에틸렌PE 랩을 쓸 경우 성능을 보완하기 위해 다른 플라스틱을 더 써서 쓰레기의 양이 늘어날 것이라고 했다. 그럼에도 2022년, 환경부는 폴리염화비닐PVC 랩을 2024년부터 사용을 전면 금지하겠다고 발표했다. 개량형 폴리에틸렌PE 랩의 성능이 기존의 폴리염화비닐PVC 랩을 대체할 만큼 향상됐으니 '연매출 10억 원 미만의 업체'라는 예외도 풀겠다는 것이다. 또한 축수산물에 대한 예외 조항도 없앨 방침이라고 했다.

■ 사실, 폴리염화비닐PVC 랩 금지에 '연매출 10억 원 이하' 예외 조항을 둔 건 소상공인만큼이나 폴리염화비닐PVC 랩 제조업체를 보호하기 위한 성격이 크다. 당장 랩이 금지된다면 대비하지 못한 업체들은 큰 어려움에 빠질 것이다. 매출 1,000억 원 전후인 랩 제조업체로서는 이런 변화를 받아들이는 데 어려움을 겪고 있다. 게다가 일본 제조업체들이 대체재 폴리올레핀PO(Poly Olefin) 랩을 상당한 수준으로 개발해 시장을 빼앗길 우려도 있다.

이런 어려움은 충격을 줄이기 위해 사전에 제도 설계를 정밀히 해야 할 문제이다. 어려움이 따른다고 환경 정책을 뒤집기엔 우리가 낭비한 시간이 너무 많다. 오랜 시간 방치한 환경문제는 기후 재난이 되어 현실로 다가오고 있다. 벌써부터 2024년 폴리염화비닐PVC 랩 퇴출도 물 건너갈 수 있다는 이야기가 나온다. 앞선 내용(#일회용 컵)과 같이 '일회용 컵 보증금제'가 축소, 연기된 사례를 떠올리면 우리 정부가 세심한 정책 설계를 하고 있는지 걱정이 앞선다. 지금부터 대체재 개발 등 정책 파급 효과에 적극 대응할 필요가 있다.

달걀 포장 용기는
페트 병으로 분리배출 하면 안 돼요

달걀 포장 용기는 페트PET가 아닌 일반 플라스틱 배출함에 버려야 한다. 눈으로 보기에 똑같은 투명 페트PET일지라도 음료 및 생수병과 달걀 포장 용기는 다른 재질일 가능성이 있기 때문이다.

음료수 병에 사용되는 투명 페트PET는 첨가물이 섞이지 않은 순수 페트PET 재질이다. 재활용 가치가 높은 이유다. 반면 생활용품에 사용되는 투명 페트PET 중에는 글리콜 변성 페트PET(페트-G)라는 재질이 있다. 기존 페트PET로는 제조하기 어려운 투명하고 두꺼운 시트나 용기에 적합하도록 첨가물을 넣은 것이다. 페트-G 용기의 경우, 겉은 페트PET로 표시돼있지만, 실제로는 반투명이거나 색이 있는 경우가 많다. 하지만 달걀 포장 용기처럼 투명한 경우도 있다. 실제 페트PET와 페트-G 원료를 비교하면 후자가 더 투명하다. 소비자들이 혼동하는 이유다.

변성 페트는 일반 페트와 섞일 경우 재활용을 방해할 수 있다. 물론 페트PET도 종류마다 모아 재활용이 가능하지만, 현재 정부의 분리배출 정책의 핵심은 일반 페트PET다. 2022년 12월 기준으로 환경부는 투명 페트PET 분리배출 대상으로 음료수 병과 생수병 두 항목만을 지정했다. 반면 '포장재 재질 및 구조 평가 가이드라인'에서도 페트-G와 같은 혼합 제품은 재활용등급 '재활용 어려움'으로 분류했다. 다만, 간장병의 경우 원칙적으로는 페트PET 분리배출 대상이 아니지만, 잘 세척하면 페트PET로 버려도 된다고 한다.

페트의 종류는 페트-C(열결정
화 페트PET), 페트-O(길게 늘여 편
페트PET) 등 다양하다. 이 많은 페트
PET를 모두 구분해 재활용하면 좋겠
지만 쉽지 않을 것이다. 그렇다면 다
른 물질끼리 섞이더라도 잘 가공하고
활용할 수 있는 방법을 연구하는 게
환경을 위해 좀 더 나은 선택이지 않
을까.

Special page

프로 배출러를
위한 Q & A

재활용 안 될 것 같은데,
씻어서 분리배출 해야 할까?

A 세척은 필수, 수분도 닦아내길 권장한다.

플라스틱 쓰레기 중 재활용이 어려운 재질이라도 분리배출 표시가 있다면 가능한 씻어서 버려야 한다. 선별장에 쓰레기를 모았을 때, 내용물이 흘러서 다른 쓰레기에 묻으면 재활용이 가능한 쓰레기조차 오염시킬 가능성이 있기 때문이다. 또한 재활용 선별 작업자들의 안전 문제도 있다. 락스 또는 주방세제 내용물이 쓰레기 안에 남아있다면 가스가 차게 되어 내용물이 터질 수 있다. 락스 또는 산성 세제에 포함된 계면활성제 등과 섞일 경우 염소$_{CI}$ 가스가 발생할 가능성도 있다.

세척 이후에는 물기를 닦아 배출해야 한다. 물질재활용을 할 때는 상관없지만, 고형연료$_{SRF}$ 등으로 에너지재활용을 할 경우 물기가 있으면 발열량이 저해된다. 그렇기에 플라스틱 용기를 닦은 뒤 물을 털어주거나 수건 등으로 물기를 닦은 뒤 버려야 한다.

그렇다면 염소 가스와 같은 유해물질을 세척하는 것 자체가 환경에 해가 되지 않을까. 배재근 서울과학기술대학교 환경공학과 교수는 소비자들이 쓰는 플라스틱 제품을 세척하면서 나오는 오염은 하수처리 시설을 거치기에 수질에 크게 문제될 양은 아니라고 말했다. 다만, 세제를 사용해 세척해도 이물질이 닦이지 않는 용기는 재활용의 품질이 떨어지기 때문에 과한 노력을 들일 필요는 없다고 덧붙였다.

해외에서 직구(직접 구매)한 제품, 어떻게 분리배출 할까?

A 직구 상품 또는 수입품의 플라스틱 재질을 살펴보면, 세모 꼴의 분리배출 표시에 숫자(1~7번)가 새겨져 있는 것을 볼 수 있다. 유럽과 미국에서 사용하는 분리배출 코드recycling code다. 암호 같은 분리배출 코드를 해독하는 방법을 소개한다.

1번: 재활용 불가능

▶ 분리배출 코드 중 1번은 페트PET다. 간혹 'PETE'로 표시되는 경우도 있는데 페트PET와 동일하다. 페트는 재활용이 잘된다고 알려져 있지만, 물병 같이 투명한 경우에 국한된다. 일반 용기에 쓰이는 색깔이 다르고 단단한 페트는 똑같은 페트PET여도 화학물질이 첨가된 변성 페트PET다. 재활용업체들은 변성 페트PET에 어떤 화학물질

이 들었는지 확인할 길이 없어 선별을 피하기도 한다. 대부분의 직구 페트PET는 재활용이 어렵다고 보면 된다.

3번, 7번 : 재활용 불가능

▶   분리배출 코드 중 3번과 7번은 재활용이 안 된다. 7번은 아더OTHER. 1개 이상의 플라스틱을 혼합했거나 1~6번 외 다른 재질이 사용된 경우다. 전자는 물론 후자도 정확한 재질을 확인할 수 없어 재활용이 어렵다. 3번은 폴리염화비닐PVC이다. 폴리염화비닐PVC은 신용카드, 휴대폰 케이스 등 생활용품에 자주 쓰이는데 현재로서는 재활용이 쉽지 않다. 염소 함유량이 높아 이를 제거하는 정교한 과정을 거쳐야 하는데, 대부분의 한국 재활용업체는 별도 공정을 처리하는 시설이 없기 때문이다. 다른 플라스틱과 섞이면 재활용에 방해되므로 폴리염화비닐PVC 재활용은 더더욱 어렵다.

때문에 환경부는 2019년부터 재활용 '자원재활용법' 시행령을 개정해 포장재에 폴리염화비닐PVC 사용을 금지했다. 다만, 알약 포장 등 대체재가 없는 경우는 예외다. 그렇다해도 폴리염화비닐PVC 포장의 해외 제품 수입이 금지된 것은 아니다. 온라인으로 구매하는 제품이기에 포장재까지 일일이 확인하긴 어렵지만 정보가 있다면 가급적 3

번 또는 폴리염화비닐PVC 이 표기된 제품은 피하는 것이 낫다.

2번, 4번, 5번, 6번: 재활용 가능, 분리배출 필수

▶ 분리배출 코드 중 2번, 4번, 5번, 6번은 재활용이 가능하다. 분리배출 할 때 내용물을 세척하고 겉면에 스티커 등을 떼는 수고만 감수하면 된다.

2번과 4번은 각각 고밀도 폴리에틸렌HDPE, 저밀도 폴리에틸렌LDPE이다. 전자는 영양제나 세제를 담는 용기로 쓰이며, 후자는 비닐봉지로 쓰인다. 2번, 4번 모두 폴리에틸렌PE을 필요한 밀도에 따라 가공한 것으로 재활용 관점에선 같은 재질이다. 폴리에틸렌PE 재질은 재활용이 잘 된다. 5번은 폴리프로필렌PP을 뜻한다. 전자레인지용 밀폐용기 등이 폴리프로필렌PP으로 만들어져 재활용이 용이하다. 6번은 폴리스티렌PS이다. 폴리스티렌PS은 단가가 낮아 재활용시장에서 폴리에틸렌PE 또는 폴리프로필렌PP보다 선호도가 떨어지지만 분리배출 시 재활용 가능한 재질이다.

락스 통이 일회용 컵으로
재활용될까?

A   모든 플라스틱을 재활용할 수 있다면, 락스처럼 화학물질이 담겼던 플라스틱 용기가 일회용 컵이나 수저가 되어 사람의 입으로 들어올 수도 있다. 충분히 걱정할만한 일이다.

질문에 대답하자면 락스 통이 일회용 컵이 될 가능성은 낮다. 좀 더 구체적으로 말하면, 식품 접촉면에 재생 플라스틱을 쓰면 안 된다. 식품의약품안전처는 '기구 및 용기, 포장의 기준 및 규격' 고시에 따라 물리적인 재활용을 거친 플라스틱 재생원료를 식품 포장용으로 쓰는 것을 제한하고 있다. 그러므로 재생 플라스틱으로 만든 컵에 커피를 담아 테이크 아웃 하거나, 음식물을 포장하는 일은 일어나기 어렵다.

하지만 이렇게 되면 플라스틱 재활용은 활성화되기 어렵다. 재활용업계도 재생 플라스틱을 사용할 곳이 많아야 열심히 원료를 모으고 공장을 가동할 텐데, 정작 플라스틱을 가장 많이 쓰는 식품 분야에는 공급조차 못하니 말이다. 유럽, 미국 등에서 재생 플라스틱이라도 오염물질 기준을 통과하면 음식물 포장에 사용하는 것을 허용하는 데 비하면 강한 규제다. 그래서 정부는 2022년 2월부터 기준을 완화했다. 투명 페트PET 병에 한해 식품 용기로 재활용을 허용했다. 이때 재활용사업자는 별도로 배출된 투명 페트PET 병만을 사용하고, 재생원료를 생산할 때에도 다른 재질과 혼합되지 않도록 광학 선별 시설 등을 갖춰야 한다. 이물질과 관련된 기준 등을 지켜야 하는 것도 당연하다.

따라서 화학물질이 담긴 플라스틱이 식품에 사용될까 두려워할 필요는 없다. 다만, 재활용이 활성화되려면 식품 용기 플라스틱에 쓸 수 있는 플라스틱 원료의 범위를 넓혀야 한다고 생각한다. 음식물 포장은 생활 속 플라스틱 비율의 절반 이상을 차지하기 때문이다. 유럽처럼 모든 플라스틱을 식품에 쓰지 못하더라도, 페트PET 병 외 음료수 병이나 플라스틱 트레이에도 활용할 수 있지 않을까.

라벨과 뚜껑,
어떻게 분리배출 해야 할까?

앞선 글(#페트 병)에서 알 수 있듯 재활용률을 높이기 위해서는 플라스틱 재질에 따라 부자재의 재질 또한 달라져야 한다. 플라스틱의 몸체뿐만 아니라 둘러싼 라벨의 재질 표시도 유심히 봐야 하는 이유다. 첨언하자면 뚜껑 또한 부자재이므로 재질별로 처리 방법이 다르다. 그래서 라벨과 뚜껑 분리배출 방법을 정리해봤다.

유리병: 딱 달라붙은 종이 라벨, 떼지 않아도 됩니다

©한국일보사, 2023

▶ 유리병의 종이 라벨은 떼지 않아도 된다. 유리병 재활용업체에 따르면, 유리병에 붙은 종이는 떼어내지 않아도 재활용에 크게 영향을

주지 않는다. 재활용을 위해 유리를 녹일 때 1,350°C에 달하는 고온의 용광로를 이용하는데, 이때 종이는 타서 없어지기 때문이다. 또한 용광로에 들어가기 전에 유리를 크기 20mm² 이하로 잘게 파쇄하므로 이 과정에서 종이의 대부분이 떨어져나간다.

반면 유리병 플라스틱 비닐(필름) 라벨은 꼭 떼야 한다. 종이와 달리 용광로에 녹여도 촛농 형태의 잔탄이 남아 완제품의 색깔 또는 모양에 변형을 가져올 수 있다. 재활용업체 SGC솔루션은 라벨이 없는 경우가 최선이지만 부득이하다면 종이를 쓰거나 잘 떼지는 비닐로 제조하는 편이 좋다고 말했다. 마찬가지 이유로 유리병에 붙은 플라스틱 뚜껑도 꼭 떼내야 한다.

하지만 유리병의 철제 캔 뚜껑은 떼지 않아도 된다. 철은 자석을 통해 선별이 가능하다. 대부분 유리병 재활용업체는 선별 기계를 갖추고 있다.

플라스틱 용기: 페트PET, 폴리에틸렌PE, 폴리프로필렌PP 구별합시다

▶ 환경부 및 한국순환자원유통지원센터KORA(Korea Resource Circulation Service Agency)에 따르면, 페트PET 용기에 붙은 라벨은 뗄 필요가 없다(여기서, 페트PET 용기는 페트PET 병과 다르다는 점을 유념하자). 페트PET 용기는 달걀 포장 용기나 과일 포장재 등을 말한다. 이런 플라스틱은 페트PET 병만큼 순도 높게 재활용하지 않아서 일일이 라벨을 떼지 않아도 된다. (참고로, 페트PET 용기를 재활용하는 업체는 규모가 커 화학약품 사용, 비중 분리, 고가 장비 등도 비교적 잘 갖추고 있다. 라벨 접착제

가 강한 편이라도 파쇄, 세척 과정에서 상당수 걸러진다). 반면 페트PET 외 용기는 라벨을 꼭 떼야 한다. 폴리에틸렌PE, 폴리프로필렌PP 재질의 용기가 해당한다. 여기에 해당하는 용기를 재활용하는 업체들은 규모가 비교적 작아 라벨을 제거하는 설비가 비교적 덜 갖춰져 있다. 라벨을 제거하지 않고 버리면 처리가 어려워서 매립 또는 소각될 수 있다. 다만 폴리프로필렌PP의 플라스틱 몸체에 폴리에틸렌PE의 라벨을 쓰거나 그 반대의 경우도 재활용이 가능하다. 폴리에틸렌PE, 폴리프로필렌PP이 유사한 화학구조를 갖춰 라벨이 섞이는 정도는 품질에 큰 영향을 미치지 않기 때문이다. 실제 두 플라스틱 재질의 재활용품을 분석하면 약 9:1 비율로 섞여있다고 한다.

뚜껑은 페트PET 병의 경우 병을 눌러 압축한 뒤 닫아서 버리는 게 좋다. 재활용 공정에서 자동으로 뚜껑을 분리할 수 있고 페트PET 병 안에 오염 물질이 들어가지 않도록 막아주는 역할도 겸하기 때문이다. 페트PET 병뚜껑엔 보통 폴리에틸렌PE, 폴리프로필렌PP이 사용되는데 둘 다 물에 뜬다. 반면 몸체인 페트PET 재질은 물에 가라앉는다. 그러므로 페트PET 병을 잘게 자른 뒤 수조에서 세척하는 과정에서 뚜껑 조각들은 물에 떠올라 분리할 수 있다. 또 페트PET 병이 재활용업체로 이동하는 과정에서 이물질이 들어갈 수 있기에 병뚜껑을 닫아서 버리는 게 좋다고 한다.

비닐 용기나 아더OTHER 플라스틱에 플라스틱 병뚜껑이 있다면 닫아서 버려도 된다. 이런 용기는 고형연료SRF로 쓰이기 때문이다. 일반적으로 비닐류는 80% 이상, 기타 재질의 플라스틱은 거의 대부분 고형연료SRF로 쓰인다. 폴리에틸렌PE, 폴리프로필렌PP 몸체에 붙은 폴리에틸렌PE, 폴리프로필렌PP 병뚜껑도 동일하게 닫아서 함께 버려도 괜찮다.

종이, 철 , 캔: 재활용이 잘됩니다

▶   종이 팩과 철제 캔의 라벨은 안 떼도 된다. 종이 팩은 겉면에 비닐이 코팅 돼있는데 재활용 과정에서 이 부분을 제거하고 안쪽의 종이만 펄프로 활용한다. 또한 우유 팩 중 플라스틱 뚜껑을 사용하는 경우가 있는데, 이 역시 함께 버려도 괜찮다. 종이는 재활용할 때 잘게 분쇄한 뒤 약품과 물을 이용해 짓이기는 해리解離 과정을 거친다. 이때 종이가 죽의 모습처럼 풀어지면서 플라스틱 뚜껑과 분리된다. 이렇게 분리된 플라스틱 뚜껑은 따로 모아 화력발전연료로 사용하는 고형연료SRF 업체로 보내지기도 한다(플라스틱 뚜껑은 소비자가 분리해서 버리면 크기가 작아 선별이 되지 않아 재활용되지 않기 때문이다). 다만, 환경부는 재활용업체가 뚜껑을 폐기하면 비용 부담이 발생하기 때문에 플라스틱 사용량을 종이 팩 무게의 10% 이내로 한정하고 있다고 밝혔다.

철제 캔은 용광로가 1,500°C 이상의 고온이어서 라벨의 대부분이 타서 없어지고, 제철소 규모가 크고 기술이 발달해 약품 처리와 이물질 제거 등이 수월하다고 한다. 마찬가지로 철제 캔은 어떤 뚜껑이든 닫아서 버려도 괜찮다.

알루미늄 캔의 라벨은 꼭 떼는 게 좋다. 철제 캔과 마찬가지로 종이 라벨은 용광로에서 타서 없어지지만, 비닐은 잔탄 형태로 남기 때문이다. 알루미늄이 철에 비해 순도에 민감해 적은 이물질로도 재활용품 품질이 크게 떨어진다. 또 유리와 다르게 파쇄 과정이 없어 비닐 대부분을 수작업으로 벗겨야 해, 강한 접착제를 쓸 경우 재활용에 지장을 준다. 뚜껑 역시 알루미늄이 아니라면 분리배출 해야 한다.

세탁할 때 나오는 미세 플라스틱, 해결 방안이 없을까?

A   우리가 매일 입는 옷은 '미세 플라스틱 덩어리'다. 폴리에 스테르, 나일론, 아크릴 등 플라스틱을 가공한 합성섬유는 우리가 입는 옷의 약 60% 비율을 차지한다. 그러므로 옷을 입고 세탁할 수록 섬유가 마모돼 눈에 보이지 않는 미세 플라스틱이 배출된다. 2017년, 세계자연보전연맹IUCN(International Union for Conservation of Nature)에 따르면 해양 유입 미세 플라스틱의 35% 비율은 미세섬유, 즉 옷에서 발생한 것이었다. 천연섬유라는 해결책이 있지만, 결코 간단하지 않다. 합성섬유로 만들지 않은 옷을 찾기 힘든데다가 무엇보다 천연섬유로 만든 옷은 비싸고 관리가 어렵기 때문이다. 게다가 천연섬유라고 해서 환경에 무조건 이로운 편도 아니다. 동식물을 길러 얻는 천연섬유 특성상 상당한 수질과 토양오염이 불가피하기 때문이다. 합성섬유를 벗어나기 쉽지 않지만, 세탁 방법을 조금만 바꾸고 구매할 때 옷 선택에 신중해진다면 미세 플라스틱을 줄일 수 있다.

100% 합성섬유 대신 혼방섬유 고르기

▶ 2016년, 영국 플리머스 대학교 연구진은 4인 가족의 1회 세탁량과 비슷한 무게 6kg의 의류를 세탁한 뒤 재질별로 비교하는 실험을 했다. 결과, 합성섬유인 아크릴 섬유에서 나온 미세 플라스틱은 72만 8,789개, 폴리에스테르 섬유에서 나온 미세 플라스틱은 49만 6,030개였다. 반면 폴리에스테르 섬유를 면과 혼방한 의류의 경우 미세 플라스틱 검출량은 13만 7,951개였다. 같은 합성섬유라도 천연섬유가 섞이면 플라스틱 배출량이 크게 줄어드는 것이다.

합성섬유라도 플리스(후리스)나 인조 모피는 피해야 한다. 플리스는 가볍고 따뜻한 게 특징인데, 이를 위해 섬유조직을 성기게 가공한 탓에 미세 플라스틱이 많이 배출된다. 합성섬유를 얇게 가공해 동물의 털을 모방한 인조 모피도 마찬가지다. 의류 제조업체들은 동물 복지를 강조하며 '에코 퍼fur'라는 홍보 문구를 내걸지만, 다른 측면에서 환경에 악영향을 주는 셈이다.

낮은 온도로, 짧게 세탁하기

▶ 의류 원단의 손상을 막는 방법으로 세탁하면 미세 플라스틱 배출량도 줄어든다. 이 때문에 환경 전문가들은 가급적 낮은 온도의 물로, 짧은 시간 안에 세탁할 것을 권장한다. 또한 통돌이 세탁기보다 옷을 부드럽게 세탁하는 드럼 세탁기를 사용하는 것이 미세 플라스틱 배출을 줄이는 데 도움이 된다고 한다. 옷을 한꺼번에 모아서 세탁하는 것도 방법이다. 2021년, 한양대학교 연구진이 발표한 논문에 따르

면 세탁물의 중량이 클수록 미세 플라스틱 발생량이 감소했다. 세탁물이 적을수록 옷에 가해지는 마찰이 세지기 때문이라는 분석이다. 세탁을 마친 옷은 가급적 자연 건조를 해야 한다. 건조기를 사용하면 세탁기보다 약 3.5배 많은 미세 플라스틱이 나온다. 오랜 시간 뜨거운 열로 옷을 건조하기 때문이다.

프랑스, 세탁기 내 미세 플라스틱 필터 의무화

▶   세탁 또는 건조 후 남은 섬유 찌꺼기는 일반쓰레기로 버려야 한다. 미세 플라스틱을 걸러주는 필터를 사용하는 것도 방법이다. 해외에는 관련 제품이 많이 출시돼있지만, 한국에는 상용화된 제품이 없다. 프랑스는 2025년부터 판매되는 세탁기에 미세 플라스틱 필터를 의무적으로 설치해야 한다. 한국에서도 미세 플라스틱이 가득한 해산물을 만나고 싶지 않다면, 이같은 강력한 규제가 필요할 것이다.

정부가 재활용해주지 않는 쓰레기, 처리 방법은 없을까?

A   있다. 단, 수고로움을 감내하면.

작은 플라스틱, 멸균 팩, 실리콘, 비닐 완충재(뽁뽁이). 이들은 충분히 재활용 또는 재사용이 가능하지만 수거 체계가 없어서 버려지는 폐기물이기도 하다. 때문에 쓰레기를 줄이는 데 관심 많은 사람들이 모이는 제로웨이스트 온라인 카페에는 재활용 및 재사용 방법을 소개하는 '꿀팁'이 공유된다. "모아서 갖다드리면 받아주시더라고요!" 씻고, 말리고, 모아서, 가져다줘야 하는 수고를 들여야 하지만 받아주는 곳이 있다는 것만으로 감사하다는 반응이다. 폐기물을 받아주는 곳을 소개한다.

작은 플라스틱도 재활용됩니다

- 플라스틱 방앗간

ⓒ한국립브사, 2023

▶ 　　서울환경연합의 프로젝트 '플라스틱 방앗간(이하 '방앗간')'
은 성인 손바닥보다 작은 플라스틱을 수거하는 프로젝트다. 직접 재
활용에 참여하거나 지역별 수거 공간을 안내해주기도 한다. 방앗간
은 고품질 소량 생산 방식이다. 주민들이 작은 플라스틱을 모으고, 정
교하게 재가공해 부가가치를 높여 판매한다. 소량으로 다루는 대신
품질을 높이는 업사이클링upcycling 전략을 취한다. 다만, 재활용 과
정에서 생기는 유해물질을 최소화하기 위해 안전한 폴리프로필렌PP,
폴리에틸렌PE 재질만 받고 있다. 또 '참새 클럽'이라는 이름으로 참가
자를 모집한다. 2021년 3월에 참새 클럽 6,000명을 모집했는데 약
4만 5,000명이 지원했다. 2022년 10월엔 부산광역시에도 방앗간이
생겼다. 2020년 7월 및 9월에 진행한 참새 클럽에서 사람들에게 수거
한 플라스틱 무게만 약 800kg이 되었다고 한다. 재활용을 향한 시민

들의 열망이 얼마나 큰지 보여준다.

김자연 서울환경연합 활동가는 방앗간 홈페이지에 수거 및 업사이클링 업체 50곳을 소개하고 있다며, 어떤 곳이 폐플라스틱을 수거하고 있는지 재활용 설비는 어떻게 사야 하고 재활용품 제조는 어디에 맡겨야 하는지 등을 파악할 수 있도록 정보를 제공하고 있다고 말했다.

참고로 현행 공공 재활용 체계는 플라스틱을 재질별로 손수 분류하는데, 양이 너무 많아서 작은 플라스틱까지 선별하지 못한다. 병뚜껑, 가공 햄 뚜껑 등과 같이 작은 플라스틱은 매립 및 소각한다.

멸균 팩도 실리콘도 받습니다
- 생활협동조합 한살림, 제로웨이스트 숍 알맹상점

▶ 정부가 일반쓰레기로 버리도록 안내하는 멸균 팩이나 분리배출 항목 자체가 없는 실리콘을 모으는 곳도 있다. 두 재질 모두 고품질로 재활용이 가능하지만 별도로 분리 및 선별할 체계가 없어 매립 및 소각된다.

생활협동조합 '한살림'은 전국 매장에서 상시로 멸균 팩을 수거한다. 참고로 멸균 팩은 상온 보관이 가능하도록 알루미늄 코팅이 된 종이 용기다. 일곱 겹이나 붙은 코팅을 제거해야 해 공정이 복잡하지만 재활용이 불가능한 것은 아니다. 한살림은 자체 유통망을 통해 수거한 멸균 팩을 조합 소속 재생업체에 전달해 핸드 타월로 재활용하고 있다. 수량, 구매처, 조합원 여부와 상관없이 깨끗하게 말린 것이라면 전부 받는다.

서울특별시 마포구에 위치한 제로웨이스트 숍 '알맹상점'과 친환경 스테인리스 도시락 용기 제조업체 '데펜소'는 폐실리콘을 수거한다. 알맹상점은 시민들로부터 모은 실리콘을 데펜소에 보내면 업체는 선별 과정을 거친 뒤 중국의 실리콘 재활용업체로 보낸다. 한국에서는 폐실리콘을 재활용하는 업체를 찾을 수 없기 때문이다. 데펜소는 알맹상점 외 제로웨이스트 숍(서울특별시 성동구에 위치한 '더 피커thepicker', 인천광역시 중구에 위치한 '채움소')에서도 폐실리콘을 수거하도록 사업을 확대하고 있다. 실리콘 또한 같은 재질끼리 모여야 재활용도 잘 되므로 단일 재질로 된 것을 보내는 편이 좋다. 참고로, 모래를 원료로 인공 합성 과정을 거쳐 만드는 실리콘은 재활용이 가능하지만, 가정에서 배출되는 폐실리콘은 양이 적고 선별장에서도 일반 플라스틱과 구별하기 어려운 탓에 정부는 일반쓰레기로 버리도록 안내한다.

홈페이지

- 서울환경연합 프로젝트 플라스틱 방앗간 ppseoul.com/mill
- 제로웨이스트 숍 알맹상점 almang.net/recycle

리필 스테이션
100% 활용하는 방법

A 용기에 내용물만 담아가는 '리필 스테이션refill station'에 대한 관심이 높아지고 있다. 2016년, 한국의 첫 리필 스테이션 '더 피커thepicker'가 문을 연 뒤 2021년까지 전국에 약 78곳이 생겼다.

리필 스테이션에서 주로 판매하는 제품은 세제, 샴푸 등 플라스틱 용기가 많이 발생하는 소모품이다. 견과류, 양념 등 음식을 파는 가게도 있다. 세제를 새로 사지 않고 리필 할 경우 1회당 무게 0.1kg의 플라스틱을 절감할 수 있다. 하루에 열 명이 리필 제품을 이용하면 한 해 약 300kg 무게의 플라스틱을 덜 쓰는 것이다.

소비자 입장에서는 가격 면에서도 유리하다. 2021년, 한국소비자원에 따르면 리필 스테이션에서 파는 샴푸 제품은 일반 제품 대비 40%, 바디 워시는 46.7% 정도 저렴한 것으로 조사됐다. 다만, 대부분의 리필 스테이션이 영세한 규모다. 이용하는 소비자가 적은 편이고, 제품을 공급받기도 쉽지 않기 때문이다. 서울특별시 강남구에 위치한 리필 스테이션 '덕분愛(애)' 이윤경 대표는 세제나 견과류 등 포장 용기나 비닐 없이 판매하는 기업이 없어서 상품을 구하다 지친다며, 간혹 100개 이상 사면 내용물만 주겠다는 곳이 있는데, 작은 매장이라 수백만 원씩 들여가며 대량 구입을 하긴 부담스럽다고 말했다. 대도시 외 리필 스테이션을 찾아보기도 어렵다. 더욱이 영업 중인 가게의 절반은 카페나 환경단체 사무실 한 켠에 자리한 초소형 매장. 때문에 리필 스테이션을 이용하려는 소비자들은 다른 도시로 이동하는 수고를 감수하기도 한다.

대형 마트 등 대기업 진출이 활발해지면서 접근성은 조금씩 개선될 것으로 보인다. LG생활건강 사, 아모레퍼시픽 사, 아로마티카 사 등 생활 및 화장품 기업들은 자사매장에 리필 스테이션을 만들어 자사 제품을 판매하고 있다. 이마트 사, 신세계백화점 사, GS25(GS리테일) 사 등도 세제 관련 중소업체와 협업해 매장 안에 리필 스테이션을 설치했다(일부 매장에서 약 2,000~6,500원의 비용을 내고 리필 전용 용기를 팔고 있다는 점은 주의할 부분이다. 전용용기를 파는 이유는 내용물의 양을 정확히 맞추고 위생 관리도 쉽게 하기 위해서다. 하지만 리필을 이유로 플라스틱 용기를 추가적으로 판매하는 것에 대해서는 비판적 시선도 많다. 모든 매장에서 전용 용기 사용이 필수는 아니니 이용하려는 매장에 확인해보는 편이 좋다).

사과에서도 검출된 미세 플라스틱, 안전지대는 없다

● 2020년 여름, 이탈리아의 카타니아 대학교 연구진은 국제 학술지 『환경연구Environmental Research』에 논문 한 편을 발표했다. 우리가 일상적으로 즐겨먹는 채소 및 과일 6종(감자, 당근, 배, 사과, 상추, 브로콜리)을 조사한 결과, 상당한 양의 미세 플라스틱이 발견됐다는 것이다. 사과에는 미세 플라스틱 입자가 1g당 약 22만 3,000개가 검출되었으며, 상추에는 약 5만 2,050개가 검출되었다고 이 논문에서 밝혔다.

채소 및 과일에서 미세 플라스틱 검출을 확인한 건 이 연구가 처음이다. 연구진은 연구 대상인 채소와 과일들을 시칠리아Sicilia 섬에 있는 시장과 슈퍼마켓, 과일 가게에서 구매해 실험을 했다고 전했다. 우리의 식탁에 오르는 평범한 농산물조차 미세 플라스틱에 오염된 것이다.

이 연구는 이탈리아에서 진행됐지만 한국을 비롯한 다른 나라의 상황도 비슷할 것으로 추정된다. 사실, 농업에서도 엄청난 양의 플라스틱이 사용되기 때문이다. 우선, 비닐하우스부터 플라스틱이다. 비닐하우스를 덮는 넓은 비닐은 주로 저밀도 폴리에틸렌LDPE재질이나 구조물을 이루는 파이프 등에는 폴리염화비닐PVC도 사용된다. 멀칭mulching을 위해 사용하는 비닐도 어마어마한 양이다. 참고로, 멀칭은 작물 재배 시 토양을 덮어 수분 및 온도를 조절하기 위해 사용된다. 과거에는 나뭇잎 등을 덮었지만, 오늘날 대부분의 농가에서는 검정색 저밀도 폴리에틸렌LDPE비닐을 토양에 덮어 멀칭을 한다. 병충해 방지 효과가 있기 때문이다.

2018년, 한국의 영농에서 발생한 폐비닐은 31만 8,775톤이다. 정부는 폐비닐을 수거해 처리하고 있지만 사용하는 과정에서 마모돼 땅으로 유입되는 미세 플라스틱은 막지 못하고 있다.

플라스틱을 이용한 저렴하고 손쉬운 농법이 오히려 인간의 건강을 위협하고 있는 셈이다. 2021년, 유엔식량농업기구UNFAO(United Nations Food and Agriculture Organization)는 이와 관련한 문제를 경고하는 보고서를 발표하기도 했다. 유엔식량농업기구가 제시한 해법은 기존에 사용되는 플라스틱 제품을 천연 및 생분해성 제품으로 대체하고, 플라스틱을 사용하지 않는 농업 시스템으로 회복하는 것을 언급했다.

쓰레기로
삶을 이어가는 사람들

● 2019년 11월, 신 기자는 몽골의 사막에서 날아오는 미세먼지에 대해 취재하기 위해 몽골 중남부로 출장을 간 적이 있었다. 몽골의 수도 울란바토르Ulan Bator에서 본 광경 중 여전히 기억나는 것이 있다. 울란촐로트Ulaanchuluutyn에 있는 쓰레기 마을의 사람들이다.

울란촐로트는 울란바토르의 북쪽에서 30분가량 떨어진 곳에 있는 쓰레기장이다. 기후 변화로 몽골 초원의 사막화가 심해지면서 생활 터전을 잃은 유목민들은 이곳으로 떠밀려온다고 한다. 쓰레기장 바로 옆, 쓰러지다시피 한 움막들이 이들의 집이었다. 전기는 물론 난방 설비도 없어 이들은 쓰레기를 태워 난방을 했다. 그래서 겨우내 이곳 하늘에는 검은 연기가 빠지지 않는다고 한다. 이들은 쓰레기 더미에서 페트PET 병이나 유리병 등을 수집해 판매하며 생계를 이어간다.

취재진이 간 날에도 수십여 명이 모여 맨손으로 쓰레기 더미를 파헤치고 있었다. 취재진과 동행한 시민단체 활동가는 이들과 눈을 마주치지 말라고 귀띔했다. 외부인이 자신들의 모습을 기록하는 것을 수치스럽고 불쾌하게 생각하기 때문이라고 말했다.

취재진이 목격한 쓰레기 마을 외에도 지구 곳곳에는 쓰레기를 통해 삶을 연명하는 사람들이 많다. 단순히 폐기물 사업에 종사하는 사람들에 대한 이야기가 아니라, 빈곤의 고리에 갇혀 쓰레기를 줍는 사람들에 관한 이야기다. 중남아메리카와 아프리카, 아시아는 물론 유럽 루마니아 등에도 이렇게 살아가는 사람들이 있다. 2022년, 하인리히 뵐 재단Heinrich Boll Foundation이 펴낸 소책자 『플라스틱 아틀라스Plastic Atlas』에 따르면 중아메리카와 남아메리카에서만 폐기물을 주워 판매하는 비공식 노동을 하는 사람들이 약 400만 명에 이른다고 전한다. 이들 중 상당수는 여성과 아동이다. 이들의 노력을 통해 상당수의 플라스틱이 재활용되고 폐의류가 재사용된다. 따지고 보면 자원순환에서 핵심 역할을 하는 셈이지만 이들 노동에 대한 가치는 제대로 인정받지 못하는 게 현실이다. 이들에게 주어진 건 부상의 위험과 사회적 차별만 도사리고 있을 뿐이다. 이러한 노동을 제도화하고 정당한 임금을 지급하는 방법은 없을까. 수명이 짧은 물건들을 대량생산하고 판매하는 다국적기업들이 책임을 지는 것이 첫 단추일 것이다.

다른 나라의
제로웨이스트 라이프

●　　2022년 7월, 취재진은 전 세계 주요 도시들의 탄소 감축 노력을 취재하기 위해 약 한 달 간 덴마크 코펜하겐Copenhagen, 영국 런던London, 미국 뉴욕New York 등을 찾았다. 탄소 감축 도시에서의 한 달을 기록하던 그때의 여정은 자연스레 '제로웨이스트 한 달 살기'와 맞닿아있었다. 폐기물 관리는 탄소 중립과 뗄 수 없는 문제이기 때문이다. 특히 눈에 띄었던 덴마크와 영국의 사례를 소개한다.

버리지 않는 게 우선이다 - 덴마크 코펜하겐

▶　"금요일을 축하해야죠! 맥주 미켈러Mikkeller 여섯 캔을 45크로네에 가져가세요."

덴마크 코펜하겐의 어느 슈퍼마켓의 광고다. 현지에서 인기 있는 미켈러 사의 330ml 캔 맥주가 6개에 45크로네, 한화 약 8,500원

이다. 원래 이 맥주는 한 캔에 45크로네다. 한 캔 가격으로 여섯 캔을 살 수 있다니, 솔깃한 소식이다.

파격 세일을 하는 슈퍼마켓의 이름은 위푸드, 덴마크의 시민단체 댄처치에이드가 운영하는 사회적 슈퍼마켓이다. 이곳에서는 유통기한이 지났거나 라벨 손상 등으로 팔기 어려운 식음료만 모아 정가보다 20~50% 더 싸게 판매한다. 식료품뿐만 아니라 생활용품과 중고의류까지 취급한다. 위푸드가 이렇게 하는 이유는 코펜하겐의 높은 물가 때문만은 아니다. 멀쩡한데 버려지는 음식물쓰레기를 줄이는 것. 여기서 나오는 온실가스를 줄여 기후 위기에 대응하는 것이 이 슈퍼마켓의 존재 이유다.

2022년 7월 초, 취재진은 코펜하겐 뇌레브로Norrebro(참고로, 뇌레브로는 서울의 성수동처럼 최근 덴마크에서 뜨고 있는 번화가다)에 있는 지점을 방문했다. 매장 안은 여느 슈퍼마켓과 다르지 않았다. 채소와 과일, 육류 및 생선 코너가 있고 음료수를 진열한 냉장고도 있었다. 여름맞이 아이스크림 제품도 진열되어 있었다. 방문한 시간은 낮 12시

즈음이었는데도 많은 사람들이 장을 보고 있었다. 가장 눈에 띄는 차이는 가격이었다. 1리터짜리 저지방 우유 한 팩이 5크로네, 한화 약 950원이었다. 목삼겹살 고기 한 팩은 20크로네, 한화 약 3,700원이었다. 코펜하겐의 다른 슈퍼마켓에서 샀다면 우유는 한화 3~4,000원, 고기도 6,000원은 족히 넘었을 것이다. "여기 있는 제품들은 모두 유통기한이 임박했거나 넘은 것들이에요. 먹어도 되고 맛도 문제가 없지만, 정가보다 싸게 팔고 있죠." 자원봉사자 에밀 미나나 씨의 설명이다. 위푸드는 사회적 기업인 만큼 자원봉사자들 중심으로 운영된다.

위푸드의 상품 가격은 매일 바뀐다. 품질을 위해서 조금이라도 더 빨리 판매하는 것이 좋아, 기한이 지날수록 더 싼 가격표를 붙이기 때문이다. "이 생선도 내일 오시면 훨씬 싸게 살 수 있을 거예요. 버리는 상품 없이 최대한 판매하는 게 목표거든요." 에밀 씨가 말했다.

매일 다른 제품이 진열되는 것도 특징이다. 위푸드는 일반 슈퍼마켓이나 온라인 쇼핑몰 등에서 남은 제품을 기부 받기에 그날그날 다른 제품이 판매된다. 위푸드로 온 제품들은 유통기한 말고도 캔이 찌그러져서 팔지 못하거나, 잘 안 팔려서, 새로운 상품을 판매하기 위해 남게 된 것들이다. 단골 고객들은 퇴근 후 '오늘은 어떤 음식이 들어왔나' 확인하러 들르는 게 소소한 재미다. 얀 마틴 위푸드 운영책임자는 슈퍼마켓 운영 초반에는 판매 가능한 상품들을 공급받기 위해 여러 업체의 문을 두드려야 했지만, 이제는 여러 유통업체에서 기부하겠다고 연락이 온다고 말했다.

2015년, 덴마크는 법 개정으로 유통기한이 지난 음식을 판매하는 것이 허용됐다. 위푸드 또한 법 개정 이후인 2016년에 창립됐다. 유통기한이 지난 음식이라도 먹을 수 있고 안전하다는 것을 꼼꼼히 검수해야 하는 만큼, 위푸드에서도 상품을 매일 꼼꼼히 검사한다. 자원봉사자들이 직접 냄새를 맡고 먹어보며 테스트 하고 있다. 2019~2021년, 위푸드에서 판매한 음식 제품은 1,018톤에 달한다. 이곳에서 팔지 않았다면 쓰레기가 됐을 상품들이다. 덴마크는 2020년 '음식물쓰레기의 날'을 지정할 정도로 이 문제에 관심이 많다. 한 해 동안 덴마크에서 버려지는 식품 폐기물이 약 70만 톤인데, 이를 줄이자는 경각심이 있기 때문이다.

플라스틱 재사용을 책임지는 '판트' - 덴마크 코펜하겐

▶　　덴마크 코펜하겐에서 체류하는 동안 자주 목격한 장면이 있다. 시내에서 빈 병을 찾아다니는 사람들이었다. 노숙인뿐만 아니라 청소년들이 공원을 돌아다니며 페트PET 병을 줍는 모습도 여러 번 봤다. 이들은 빈 병 보증금 제도 '판트Pant'를 이용해 용돈을 벌려는 사람들이다. 참고로, 판트는 독일어로 '환불'이라는 뜻이다.

　　판트는 덴마크는 물론 독일, 네덜란드 등 유럽의 여러 나라들의 빈 병 재사용과 재활용을 책임지는 제도다. 한국에도 '빈 용기 보증금제'가 있지만 소주병과 맥주병만 해당된다. 유럽의 판트는 페트PET 병은 물론 캔에도 적용된다.

　　제도의 원리는 간단하다. 음료수를 구매한 시민이 이를 쓰레기

통에 버리는 대신 마트나 슈퍼마켓에 갖다주고 보증금을 반환 받는다. 핵심은 이 보증금이 쏠쏠하다는 것이다(?). 덴마크의 판트 보증금은 병의 종류와 크기에 따라 A, B, C로 나뉜다. A는 용량이 1리터 이하의 작은 유리병과 알루미늄 캔으로 1크로네(한화 약 188원)다. B는 용량 1리터 이하의 페트PET 병 1개당 1.5크로네(한화 약 280원), C는 용량 1리터 이상의 페트PET 병으로 1개당 3크로네(한화 약 564원)다. 유리 및 알루미늄의 보증금이 페트병보다 싼 이유는 재활용이 용이하기 때문이다. 100원 남짓한 한국의 보증금에 비하면 꽤 넉넉한 편이다.

대학원생 지노 대비 씨는 "어릴 적에는 귀찮아서 빈 병을 버릴 때도 많았는데, 돈을 벌기 시작한 뒤로는 꼬박꼬박 반납하고 보증금을 받는다."고 말했다. 코펜하겐의 평범한 성인들에게도 빈 병 보증금은 챙길만한 금액인 셈이다.

취재진도 빈 병을 들고 숙소 근처의 마트로 가서 12크로네(한화 약 2,256원)를 돌려받았다. 마트 안쪽에 설치된 반환 기계에 병을 하나씩 넣으니 라벨을 스캔 해 자동으로 보증금이 계산됐다. 큼지막한 생수병과 크고 작은 음료 페트PET 병 4개, 맥주 캔 2개, 유리병 1개를 반납한 결과다. 사용한 병을 기계에 넣었을 뿐인데 외화 벌이(?)를 한 셈이었다. 기계에서 출력한 영수증을 들고 계산대로 가서 동전 12크로네를 손에 쥐었을 때의 기쁨이 여전하다. 현금으로 돌려받는 대신 식료품 구매 가격에서 할인을 받는 것도 가능했다.

보증금을 반환 받으면서 알게 된 사실은, 판트의 경우 소비자가 손수 라벨을 떼거나 병을 씻지 않아도 된다는 것이었다. 페트PET 병을 재활용으로 분리배출 할 때 반드시 라벨을 떼라고 권하는 한국과는 상반된다. 똑같이 페트PET 병을 재활용 및 재사용 하는 건데도 왜 차이가 나는 걸까? 빈 병의 라벨을 뗀다면 보증금 반환 자체가 불가능해지기 때문이다. 기계가 라벨에 있는 판트 로고를 스캔 해, 병의 종류와 가격을 계산한다. 재사용 시스템인 만큼 라벨이나 뚜껑을 제거하지 않아도 반환된 그대로 재사용하는 경우도 있다고 한다. 세척 또한 필수가 아니다. 반환 기계를 통해 반납한 빈 병은 수거되어 공장으로 보내지는데, 이곳에서 기계를 통해 빈 병을 분류한 뒤 한꺼번에 세척한다. 그후 기업에 재사용 병으로 되팔거나 재활용자재로 유통된다.

넉넉한 보증금은 소비자들의 실천으로 이어진다. 판트 시스템 운영 회사 댄스크 레투어쉬스팀에 따르면, 2021년 반환된 빈 병은 19억 개, 반환율은 93% 였다. 2002년 빈 병 보증금 제도가 시작된 지 20년 만에 최고 기록이다. 판트 시스템에 등록된 상품 종류는 5만 개가 넘어 시중에 판매되는 대다수의 제품이 이 시스템으로 반환된다고 볼 수 있다. 이렇게 빈 병을 재사용해서 절약한 이산화탄소는 2021년에만 약 21만 톤, 30년생 소나무 약 3만 2,000그루가 있어야 흡수되는 양이다. 새 플라스틱의 원료인 석유를 더 추출하는 대신, 재활용해서 화석연료를 사용하지 않고 탄소 배출까지 줄인 결과다.

재활용 페트 병은 언제쯤 - 영국 런던

▶   "나는 새 것이 아닙니다(I'm not new to this)."

2022년 7월, 영국 런던. 한 마트에 들어가니 생수병에 알쏭달

쏭한 로고가 큼지막하게 써있었다. 무슨 뜻인지 병 아랫면을 살펴보니 금세 이해할 수 있었다. '100% 재생 플라스틱으로 만든 병'이라고 적혀있던 것이다. 한 번 사용한 물병을 다시 물병으로 만드는 보틀 투 보틀bottle to bottle 재활용을 재치 있게 표현했던 것이다. 이미 페트PET 병에 쓰인 플라스틱이 다시 물병으로 쓰였으니 새 것(new)이 아니라는 의미다.

이 로고의 주인공은 코카콜라 사의 생수 브랜드 스마트워터다. 한국에는 잘 알려지지 않았지만, 영국에서는 매년 1억 2,000만 병이 판매되고 있다. 영국 코카콜라 사는 2019년부터 생수병을 100% 재생 플라스틱으로 만들었다. 500ml 이하 콜라 병도 100% 재생 플라스틱을, 그외의 병에는 50% 재생 플라스틱을 사용한다. 생수 회사 하일랜드 스프링, 종합 음료 회사 다논, 네슬레, 브릿빅 등도 100% 재활용 생수병을 내놓는다. 이리 만지고 저리 구겨봐도 일반 페트PET 병과 질감, 색깔, 모양 면에서 새 플라스틱 제품과 큰 차이가 없다.

영국에서도 재생 플라스틱 물병이 하루아침에 등장한 것은 아니다. 영국 정부는 2017년부터 일회용 페트PET 병 규제에 대한 논의를 시작했다. 2018년에는 플라스틱 포장재에 재활용품 비중이 30% 미만인 경우 플라스틱세를 부과하겠다는 방침을 밝혔다. 1톤당 200파운드(한화 약 31만 원)로, 2022년 4월부터 시행되고 있다. 그사이 기업들은 발빠르게 대응했다. 세금을 내지 않기 위해 미리 재생 플라스틱 병 시장을 만들었다. 재생 플라스틱을 식품 용기에 쓰려면 엄격한 규제를 통과해야 하기 때문이다. 이전의 재활용품으로는 그 기준을 만족할 수 없었다. 라벨이나 잉크, 다른 재질의 플라스틱이 섞이지 않은 '순수하고 투명한 페트PET 병'만을 골라낼 수 있어야 했다. 그러려면 깨끗하게 세척하여 순도 높게 재가공할 공장도 필요했다. 그런 플라스틱을 충분히 만들어서 가격 경쟁력도 확보해야 했다. 예컨대, 네슬레 사는 영국의 폐기물 처리업체 비파에서 병을 공급받기 시작했다. 이를 위해 비파 사는 2019년, 영국 더램Durham 카운티에 2,750만 파운드(한화 약 430억 6,445만 원) 규모의 재활용 공장을 지었다. 광학 선별기, 금속 감지기, 습식 분쇄기, 건조 원심 분리기 등 재활용을 위한 고품질 설비들을 갖췄다. 이 설비들을 바탕으로 한 시간에 처리할 수 있는 페트PET 병은 4,000kg, 연간 13억 개의 페트PET 병을 다시 병으로 재활용할 수 있다.

　　정부가 규제 신호를 보내자 대기업을 중심으로 환경 수요가 생겼고, 그에 따라 재활용업체들이 설비 투자를 늘리며 플라스틱 재활용 산업 생태계가 구축되었던 것이다. 1kg에 약 310원이라는 세금만으로. 이러한 노력은 전 세계적으로 진행되고 있다. 유럽 연합EU은 2025년까지 음료수 병에 재생 원료를 25% 이상 쓰도록 규제했다. 미국 캘리포니아California 주는 2023년부터 재생 원료 사용을 의무화 했다. 코카콜라 사는 네덜란드, 독일, 미국, 스위스, 일본, 프랑스 등 30개 나라에서 100% 재생 플라스틱 병을 사용하고 있다.

　　그러나 국민 분리배출 의식이 세계 2위(경제협력개발기구OECD, 2013년 기준)라는 재활용 강국 한국은 이 목록에서 제외돼있다. 재생 플라스틱을 식품 용기에 사용하는 것이 법으로 금지되어있다가 2022

년 2월에서야 허용됐기 때문이다. 법안이 통과된 지 1년이 지났지만, 아직 공급망이 마련되지 못했다. 한국 코카콜라(LG생활건강) 사는 일본 등 해외 주요 나라의 사례를 참고하여 재활용 생태계 구축을 위해 힘쓰고 있다고 했다. 우려도 있다. 재생 플라스틱이 신체에 유해하지 않냐는 것이다. 2022년 5월, 영국 브루넬 대학교 연구진은 일반 페트PET 병보다 재생 페트PET 병에서 비스페놀 A 등 신체에 유해한 화학물질이 더 많이 발견되었다고 발표했다. 재처리 과정에서 각종 오염물질이 제대로 세척되지 않은 탓이다. 이 연구진은 재생 플라스틱을 안전하게 사용하도록 보장하는 데엔 경제적 손실이 따르는데, 이는 재활용 산업이 해결해야 하는 비용이라고 했다.

갈 길도 멀다. 영국 플라스틱 연합BPF(British Plastic Federation)에 따르면, 2020년 기준 영국 전체 페트PET 식품 포장 용기(약 35만 톤) 중 약 10%(약 3만 5,000톤)만 재활용품으로 조달되고 있다. 90%의 페트PET 병은 일회용품으로 만들어지는 상황에서, 기업이 재활용에 힘쓴다는 주장이 면죄부가 되어선 안 된다는 우려도 뒤따른다.

■　　매일같이 새로운 환경 재난 뉴스가 등장하는 지금, 일회용품을 줄이기 위한 기업의 노력은 필요하다. 재생 플라스틱 병 공급에 환경과 국민 건강 모두 걸려있는 만큼 촘촘한 규제와 꼼꼼한 관리 감독, 기업의 노력이 필요할 것이다. 완벽하진 않지만 조금이나마 더 나은 방법일 테니까. 한국에서도 재활용이 잘 되는 페트PET 병을 볼 수 있길 바란다.

연재기사 《제로웨이스트 실험실》의
실험 과정과 비하인드 스토리가 담긴
한국일보 프란 채널 '일회용 하나 주세요'
영상들을 유튜브에서 볼 수 있다.

Chapter 01 먹는 일

라면 01

과자 01

배달 음식

소스(튜브형 용기)

Chapter 02 마시는 일

페트 병

일회용 컵

Chapter 03 포장하는 일

화장품

앨범

한국일보사 프란 채널
'일회용 지구 하나 주세요'

플라스틱 게임

쓰는 시간 5초 썩는 시간 500년, 애증의 플라스틱 추적기

초판 1쇄 발행 2023년 9월 20일

지은이 신혜정, 김현종
펴낸이 김영신

미디어사업팀장 이수정
편집 강경선 이소현 조민선
디자인 말리북 스튜디오 @mallybook
사진 제공 (주)한국일보사, 강준구, 김현종, 배우한, 서재훈, 송진호, 신동준, 신혜정, 이한호, 이현지, 한지은,
　　　　　한진탁, 홍인기
취재 도움 박고은, 이수연, 현유리

펴낸곳 (주)동그람이
주소 서울특별시 마포구 성미산로 183, 1층
출판등록 2018년 12월 10일 제2018-000144호

ISBN 979-11-978921-6-5 03330

홈페이지 blog.naver.com/animalandhuman
페이스북 facebook.com/animalandhuman
이메일 dgri_concon@naver.com
인스타그램 @dbooks_official
트위터 twitter.com/DbooksOfficial

프란북스는 (주)동그람이가 (주)한국일보사와 제휴하여 만든 다양성 단행본 임프린트입니다.

프란북스는 다양한 독자 여러분의 다양한 이야기를 기다립니다.
책으로 만들고 싶은 아이디어나 원고를 이메일로 보내주세요.